驚天動地!!

プロレス取調室

さすらいのアウトロー編

玉袋筋太郎
+プロレス伝説継承委員会

毎日新聞出版

まえがき

お待たせしました。お待たせしすぎたかもしれません（村西とおる監督調）。

俺たちプロレスファンのハートを長年盗み続けた、罪深き大泥棒であるプロレスラーたちを片っ端からしょっ引いて、わたくし玉袋筋太郎と、ライターの堀江ガンツ、椎名基樹という、変態的なプロレス捜査官が、彼らの波乱万丈の人生を徹底的に吐かせた〝調書の束〟である、この『プロレス取調室』。

今回は、第４弾にして過去最強の凶悪犯揃い！　長年、海外遠征という名の海外高飛びをして生き抜いてきた、ある意味での〝国際指名手配犯〟ばかりだから！

登場するのはみな、ネットもスマホも何もねえ時代に、身体ひとつで世界を渡り歩いてきた〝漢〟たちなんですよ。契約金があって海をわたったわけじゃない。保証も保険も何もねえなかで、腕一本で生き抜いて、自分の人生を切り拓いてきた人たちだからね。「こんなところに日本人」を地でいってるんだよ！

いま、海外で活躍する日本人スポーツ選手がたくさんいる。ダルビッシュも田中マー君も凄え。錦織圭も大坂なおみも凄えよ。でも、その何十年も前に、祖国を心にしまって、異国で名を上げた人たちがいたことを知ってほしい。

このあいだ引退したイチローが国民栄誉賞を辞退したことで話題になったけど、ここに出ている人たちは、国民栄誉賞みてえな〝光〟とは無縁なんだ。でも、光あるところに影があり、その影を見て初めて立体的に見えてくるものがあると思うんだよな。

その影に光を当てようってぃのが本書なわけ。

元号が平成から令和に変わり、東京オリンピックを来年に控えているけど。この先行き不透明な世のなかで、皆さん、ちょっと浮かれすぎじゃないですか？

いまだからこそ、プロレス界という御法度の裏街道を裸一貫で歩いてきて、人生を切り拓いてきた漢たちの、たくましい生きざまを知ってほしいね。

とうわけで、昭和94年を生きる現代のアウトローたちの人生、むさぼり読んでくれ！

目次

カバーイラスト
師岡とおる

装幀
金井久幸［TwoThree］

DTP
TwoThree

註釈作成協力
大銀河砕蔵

写真
大甲邦喜（以下を除くすべて）
笹井タカマサ（36p, 51p, 258p, 275p）
堀江ガンツ（66p, 79p）
当山礼子（130p, 151p）

東洋の神秘
ザ・グレート・カブキ

ザ・グレート・カブキ(ざ・ぐれーと・かぶき)

1948年9月8日、宮崎県延岡市出身。中学卒業後の1964年に日本プロレスに入団。同年10月に高千穂明久のリングネームでデビューする。最初のアメリカ遠征を経て、帰国後は日プロ崩壊を受けて、全日本プロレスに移籍。しかし、再びアメリカを主戦場とするようになり、1981年にはザ・グレート・カブキに変身。トップヒールとして全米に名を轟かせる。1983年に帰国すると、日本でもカブキ人気が爆発。1990年に全日本を退団し、SWSに移籍。SWS崩壊後はWARで活躍し、平成維震軍の一員として新日本プロレスのリングにも上がるなど、幅広い活躍を見せた。現在は東京の飯田橋で居酒屋『かぶき・うぃず・ふぁみりぃ』を営みながら、たまにリングに上がり、ファンを喜ばせている。

堀江ガンツ（以下、ガンツ）　玉ちゃん！　今回の取り調べはプロレスファンの聖地、「かぶき・うぃず・ふぁみりぃ」にやってまいりました！

玉袋筋太郎（以下、玉袋）　聖地だよな〜。後楽園ホールにも近えし、ここに来ればプロレスについて、カブキさんに何でも教えてもらえるっていうね。

椎名基樹（以下、椎名）　カブキさんが語るジャイアント馬場※01さんの話は大好物ですから（笑）。

カブキ　馬場さんの悪口？（笑）。

玉袋　いやいや、哀悼ですよ！（笑）。

ガンツ　というわけで、カブキさんにいろいろ聞いていきたいんですけど、もともとプロレスラーになるきっかけは何だったんですか？

カブキ　やっぱり力道山※02に憧れてっていうのはあったですね。

玉袋　スポーツはやられていたんですか？

カブキ　中学で柔道と水泳のバタフライやっていて、身体は学校でも大きいほうだったんで、なんとかなるんじゃないかと思ってね。で、お相撲さんの話なんか聞いてると、14歳とか15歳で入ってるじゃないですか？

ガンツ　当時はとくにそうですよね。

カブキ　だから、中学卒業して行けば、なんとかなるんじゃないかと思ったんだよね。

玉袋　親の反対とかあったんですか？

カブキ　いや、親はそんな反対とかしなかったですよ。親父は小学校5年のときに亡くなって、兄貴は大阪で就職したし、おふくろも「好きなことやんなさい」みたいな感じでしたからね。

一筆書かせる中学生

玉袋　でも、お母さんひとり置いて、中学卒業で単身東京に出てプロレス入りっていうのは、凄いエネルギーですね。

ガンツ　九州の宮崎から出ていくわけですからね。

玉袋　プロレス界にツテはあったんですか？

カブキ　全然ないです。

玉袋　なしですか（笑）。

カブキ　だから中学3年のとき、昭和38年の10月10日、当時は体育の日で祭日だったから、夜行列車に乗って東京に出てきたの。そしたら鶴見あたりで列車事故があった関係で新橋で降ろされて、新橋から人に道を聞きながら、赤坂にあった日プロ（**日本プロレス**）※03の合宿所まで行ったんですよ。

玉袋　地方から出てきて、なかなか東京の道はわかんないよ。スマホなんかねえ時代なんだから（笑）。

カブキ　それで着いたのが朝5時。まだ誰も起きてないから、玄関の石段の上に座って、おふくろが作ってくれた握りメシをボソボソ食いながら時間潰して（笑）。

椎名　詳細に憶えてますね（笑）。

カブキ　それで朝6時半ぐらいに（**グレート**）**小鹿**※04さんが降りてきたんで、「新弟子になりたいんです」って言ったら、「今日は日曜日だから（力道山）先生には会えないから、日をあらためて来い」って言われて。ちょうど鶴見で列車事故もあったから、親が心配してるといけないと思って、「じゃあ、出直してきます」って、その日は帰ったわけ。そしたら、その年の12月に力道山が亡くなったの。

玉袋　ああ！　その年なんだ。

カブキ　それで泡食って、明けて1月の15日、当時は成人の日で休みだから、その日にまた東京に出てきて、合宿所を訪ねて行ったら、「先生が亡くなって、どうなるかわかんないから、事務所の**リキパレス**※05のほうに行ってくれ」って言われて。それでリキパレスに行ったら、当時社長代行してた**豊登**※06さんが入ってきたの。

玉袋　来た！

カブキ　で、事務所の人が「新弟子希望らしいです」って俺を紹介してくれたら、豊さんが俺のほうを見て、「坊や、いくつだ？」って。俺は「15です。まだ在学中ですけど」って言ったら、「ああいいよ、かまわないよ」って。

玉袋　早いな、合格通知が（笑）。

カブキ　で、「中学卒業したらおいで」って言われたの。でも、「すいません、口約束じゃ不安だから、一筆書いてください」ってお願いして（笑）。

椎名　しっかりしてますね（笑）。

玉袋　しっかりしてる！　でも、そりゃそうだよ。遠いところから出てきてんだから。ちゃんと入門許可証をもらっとかないと。

カブキ　それで事務所の人に一筆書かせて。本当は地元で就職決まってたんだけど、その一筆書いてもらった紙を持っていって、「すいません、東京で就職が決まりました」って断りを入れて、日本プロレスに入ったんですよ。

玉袋　すぐに寮には入れたんですか？

カブキ　入れたんですよ。証明書持っていたから（笑）。

玉袋　なるほど（笑）。

カブキ　上京したその日から合宿所に住むようになって。もちろん寝泊まりは大部屋なんですけど。40畳ぐらいの大部屋に寝てるのは3人だけ。それぐらい新弟子がいなかったんです。

玉袋　へえ！　カブキさんとあとふたりは誰だったんですか？

カブキ　すぐ辞めちゃったヤツです。個室は**（アントニオ）猪木**[※07]さん、それから**大木**[※08]の金ちゃん**（金太郎）**が一番大きな部屋を取って。あと6畳間に金栄珠っていう韓国の2メートルぐらいある馬場さんそっくりなヤツがいて。そいつはヘルニアでもう寝たきりでダメだったけどね。

玉袋　韓国のジャイアント馬場になり損ねた男がいたんですね（笑）。

カブキ　あとは**星野**[※09]**（勘太郎）**さん、こてっちゃん**（山本小鉄）**[※10]、**（ミツ・）ヒライ**[※11]さん、**本間**[※12]の久六**（和夫）**、**竹村**[※13]**（正明・土佐の花）**さん……それぐらいかな？

玉袋　年齢的にはカブキさんが一番下ですよね？

カブキ　一番下です。

玉袋　じゃあ、ホントに雑用は何から何までですよね？

カブキ　飯炊き、掃除、洗濯、全部ですよ。もう「坊や、坊や」で。自分と一番近い人がヒライさんで、21歳だから。

玉袋　ひとりだけ15歳が紛れ込んじゃったんだ。で、鉄拳制裁みたいなものもあったわけですよね？

カブキ　もうボコボコきますよ。バカーンと蹴っ飛ばされて、「メシのよそい方が悪い！」とか。

玉袋　うへ～！　誰が一番厳しかったんですか？

カブキ　**松岡巌鉄**[※14]。あれが一番イジメてきた。えげつな～くね。

玉袋　えげつなく（笑）。厳しいなぁ。

カブキ　だけどね、「この世界はこういうもんなんだな」って思ったんですよ。そうしたら、凄くラクになった。

ガンツ　修行の時期は、これで当たり前なんだと。

カブキ　そうそう。そうしたら、凄くラクになってね。もう、「はい！　はい！」って言ってればいいって。

日プロの栄枯盛衰

玉袋　カブキさんの下っつぅのは誰になるんですか？

カブキ　ずっといないの。2年半のあいだに新弟子が50～60人入ってきたけど、みんな2～3日で逃げちゃうから、誰も残らない。

ガンツ　あの日プロの合宿所で2年半もずっと一番下って凄いですね。

カブキ　だから、逆に兄弟子たちが俺をかわいそうに思ってきて、優しくされるようになったから（笑）。で、2年半後に入ってきたのが、**ラッシャー木村**[※15]、**マサ斎藤**[※16]、**サンダー杉山**[※17]。

玉袋　おお！　みんな年上で、しかもキャリアがある人ですね。

カブキ　東京オリンピックに出たふたり（マサ、杉山）と、幕下のいいところまでいって、親方と揉めて辞めてきた人（木村）だから。

椎名　凄いルーキーが入ってきちゃったんですね。

玉袋　でも、お笑いの世界でもそうだけど、早く入った順番だから、歳は関係ないんじゃないですか？

カブキ　そうそう。だから、俺は2年半でようやくちゃんこ番が終わって、そのあとがサンダー杉山だから。

玉袋　カブキさんは、付き人は誰に付かれてたんですか？

カブキ　新弟子の頃は、豊さんと**芳の里**[※18]さんと**吉村道明**[※19]さんと3人。

玉袋　凄え！　幹部の3人じゃないですか。

カブキ　だって、ほかに新弟子誰もいないから、俺が全部やるしかないのよ（苦笑）。だから、サムソナイトの一番大きなバッグをふたつ抱えてさ。青森駅から青函連絡船に乗り継ぐときなんか、火吹いてたもん（笑）。

玉袋　ワッハハハハ！　でも、その3人は、いま思い返すと人間的にどうだったんですか？

カブキ　優しかったですよ。吉村さんも芳の里さんも豊さんも。

椎名　カブキさんは一時、ヨシノ・サトっていう名前でアメリカで闘ってたんですよね？

カブキ　そうですね。最初にアメリカに行ったとき、一番お世話になった人の名前を使わせてもらって。

ガンツ　2代目襲名っていう感じでそれをアメリカで名乗ってたんですね。日プロがおかしくなったのは、カブキさんがアメリカに行っているときですか？

カブキ　うん、アメリカに行っているとき。ミスター・モトさんが「いま日本は大変なことになってる。猪木さんが辞めて、芳の里さんが『帰ってこい』って言ってるよ」って言うんで、それで帰国したんだけど、もうゴタゴタしてたね。

ガンツ　猪木派はもう**新日本プロレス**[※20]設立のため、みんな離脱してたんですよね？

カブキ　そう。ラッシャーやサンダーも**国際プロレス**[※21]に行ってるし。会社がガタガタで、人がどんどん抜けてる時期でね。このままだと会社が潰れて、日プロが持ってた日本テレビとテレビ朝日を手放すだけっていう状態になってたから。

玉袋　もう、そこまでいってたんですか。

カブキ　それで、潰れる前に芳の里さんが馬場さんに「俺は日本プロレスを潰すから、おまえは日テレを持って行って、自分で立ち上げろ」って言って。**坂口征二**[※22]には「テレ朝（NET）はおまえに任せる」って言って、それで坂口征二がテレ朝を持って猪木さんのところに行って、新日本がポーンと上がったんですよ。

ガンツ　本当は坂口さんがNETテレビを持って、新日本と日プロが合併するはずが、頓挫しちゃったんですよね。

玉袋　カブキさんは、そのときどうしたんですか？

カブキ　自分は芳の里さんに「アメリカに戻ります」って言ったんだけど、「馬場のところが人が足りないから助けてやれ」って言われたんで、馬場さんのところに行ったの。結局、みんな行くところがなくなって、日プロ残党は馬場さんのところが引き取るようになったんだけど、だいたい馬場さんと手が合わなくて辞めていっちゃったね。

玉袋　すぐに海外に出されたりしたんですよね。

ガンツ　やっぱり、日プロ残党組と生え抜き組では、待遇の差みたいなのがあったんですか？

カブキ　いや、最初から馬場さんに付いていった人のほうが、そりゃ馬場さんもかわいがりますよ。おっつけ来たヤツよりかはね。

玉袋　小鹿さんもそういう状態だったのかな？

カブキ　そうですよ。だから一生懸命これ（ゴマ擦り）やってたけどね（笑）。「日プロの若いのは俺が全部まとめてますから」。（馬場の口調で）「ばぁかやろう、おまえも調子いいな」って。全然まとまってないんだけど（笑）。

玉袋　まとまってなかったんだ！（笑）。

ガンツ　カブキさんは**全日本プロレス**[※23]の初期の頃、居心地的にどうだったんですか？

カブキ　自分はとくに口も出さず、マジメに試合だけやってるっていう感じで。練習は教えるほうに回ってたけどね。

ガンツ　じゃあ、全日本は「自分の団体」というより、「いま上がってるリング、職場」って感じですか？

カブキ　そう！　自分だけじゃないけど、あの頃の全日本は待遇がよくなかったからね。

玉袋　やっぱりそうなんだ。

J&Bという新会社

カブキ　みんな不満を持ってたから。それで、1977年に**ジャンボ（鶴田）**[※24]と**サムソン・クツワダ**[※25]が別会社やろうとしたじゃない？

玉袋　そうなんですか⁉

ガンツ　なんか、新団体計画があったんですよね？

カブキ　うん。

椎名　そうなんだ！

カブキ　それで、サムソンが若いのからいろいろ声をかけはじめたんだけど、そりゃバレるよ（笑）。

椎名　途中で馬場さんにバレちゃいましたか（笑）。

カブキ　お喋りサムソンつってさ（笑）。それでジャンボとクツワダが呼ばれて、（また馬場さん口調で）「ばぁかやろう、何考えてんだ、おまえら。サムソンは、クビだ！」って。

玉袋　え、それでクビですか？

カブキ　クビ。で、ジャンボは抱え込まれたの。「J&B」という会社を作られて。「ジャンボ&馬場」で「J&B」ね。

玉袋　へえ！　J&B！（笑）。

カブキ　**（馬場）元子**[※26]さんが社長で、そこに押し込まれたわけ。だから、それ以降はジャンボは選手会とは一切付き合わせないで、馬場さんが全部ブロックしてたから。

玉袋　J&Bは知らなかったな〜！　B&Bなら知ってるけど（笑）。

カブキ　だから、ジャンボが巡業先で、営業とかみんなと飲みに行ったりしなかったのは、馬場さんがブロックしてたっていうのもあるの。他のレスラーとつるんで、またそういうのやられんのが嫌だから。

ガンツ　子飼いのジャンボに変な知恵をつけさせないように。

カブキ　そうそう。だから、ジャンボは地方に行くと、付き人だった**菊地**[※27]（**毅**）に2000円渡して、コンビニに弁当買いに行かせて、ふたりで弁当食ってた（笑）。

椎名　トップレスラーが（笑）。

カブキ　ジャンボはみんなと別行動だったから。それで地方なんかだと、俺らはリングができると会場入って練習するんだけど、馬場さんとジャンボは5時か5時半ぐらいに入って来るわけ。馬場さんがジャンボと（馬場さんのマネをしながら）こうやって入ってくるの。

玉袋　J&Bが（笑）。

カブキ　こっちが「ジャンボ、おまえも練習ぐらいせえや！」って言っても、後ろで馬場さんが、（またまた馬場さんの口調で）「ばぁかやろう。いいんだよ、こいつのことはほっとけ」って。

椎名　そうなんだ（笑）。

ガンツ　鶴田さんだけは別格で、抱え込んでたんですね。

玉袋　でも、これは**天龍**[※28]（**源一郎**）さんから聞いたんですけど、世田谷区砧にあった道場は、ジャンボさんが作ったんですよね？　それでも練習しなかったんですか？

カブキ　いや、それも全日本のためとか、自分が練習するために作ったわけじゃないの。あれはジャンボが、たまたま知り合いの建築屋から買って、無理矢理道場を開いて全日本に貸し付けたの。

ガンツ　道場経営だったわけですか（笑）。

カブキ　そう。それで馬場さんが、全日本のお金で家賃払ってあげてたんですよ。

玉袋　それってJとBの間で、お金がグルグル回ってるだけじゃねえか（笑）。

カブキ　だから、ジャンボ以外のレスラーは全然もらえなくてね。自分なんかも「これは違うな。もう全日本はいいや」と思って、馬場さんに「アメリカに行かせてください」って言ったら、（また馬場さんの口調で）「ばぁかやろう、ダメだよ」って。元子さんも「高千穂（カブキの本名）さんが行ったら、誰が練習教えるんですか？」なんて言ってさ。なんだよ、俺はもうトレーナーかよって。

ガンツ　カブキさんは当時30歳くらいで、まだまだこれからのし上がろうっていう時期ですよね。

カブキ　だから、「1年だけでいいですから」って、なんとか説得して、ようやく行けたんだけど。そのあと5年、連絡なしですからね（笑）。

椎名　ほったらかし（笑）。

玉袋　前に小鹿さんが言ってたとおりだな（笑）。

毒霧誕生の瞬間

ガンツ　でも、それでアメリカに行って、フロリダでマサ斎藤さんとのコンビで大成功したんですよね？

カブキ　そう。凄かったですよ。11カ月間、休みなしだもん。

玉袋　凄え！

椎名　めちゃくちゃ売れっ子ですね（笑）。

カブキ　土日なんかダブルヘッダーだから。でも、フロリダはサーキットの距離があんまりなかったから、毎日タンパに帰ってこられたんですよ。それでタンパに着くと、毎日インペリアル・ラウンジっていうバーに行く。

ガンツ　レスラーご用達（笑）。

玉袋　いいねぇ（笑）。

カブキ　そこに行って、毎晩毎晩どんちゃん騒ぎ。で、モーテル帰って、起きたら出発。楽しかったねえ。

玉袋　アリーナラッツもずいぶん持ち帰ったんだろうな（笑）。

カブキ　そのときがまた、いいメンバー揃ってたんですよ。自分とマサやんがいて、そのあとまだ駆け出しの天龍が来て、**キラー・カーン**[※29]が来て、**プリンス・トンガ**[※30]が来て。

玉袋　キング・ハクも来ましたか（笑）。

カブキ　そのメンバーで毎晩どんちゃん騒ぎですから。

玉袋　カブキさんが、ペイントしたりするギミックを使うようになったのは、いつからなんですか？

カブキ　1980年です。ダラス時代。

ガンツ　のちのマネージャーである**ゲーリー・ハート**[※31]のアイデアだったんですよね？

カブキ　そうそう。カンサスシティからダラスに入ったとき、ゲーリーが雑誌を持ってきて、「おまえこういう格好できるか？」って言われて見せられたのが、連獅子の格好だったの。

玉袋　おお！

椎名　カブキさんと言えば、あの格好ですもんね。

カブキ　で、ちょうど似たような衣装も持ってたんで、「できなくはないよ」って答えたら、「じゃあ、マスク被ってやってくれ」って言うから、「バカ野郎、これは俳優さんでペイントなんだよ」って説明したの。

ガンツ　歌舞伎の隈取りを教えたんですね。

カブキ　それで「じゃあ、おまえそれでやってくれ」って言われて、やったんですよ。でも、アメリカってハロウィンがあるから、ペイントしただけじゃ、「ハロウィンみたいなもんか」っていうだけでインパクトがない。「じゃあ、他にも何かやらなきゃいけないな」と思ってたとき、たまたまメイク落とすため

にシャワー浴びてたら、シャワー口が高くて、自分の口にお湯が入ってくるから、天井の向けてフーッと吹き出したの。そしたら、ライトに照らされて、そこに虹がスーッと現われたんだよ。

玉袋　おお、虹が！

カブキ　そのとき、「これだ！」と思ってね。帰りの車の中で「ゲーリー、明日はおもしろいもんを見せてやるから、リングのライトを全部点けてくれ」って言ったの。それでモーテルに帰ったあと、寝ずに真っ白とか真っ黒とか、できる色を全部作って。

ガンツ　毒霧の素を自分で配合して（笑）。

カブキ　それで次の日の試合前、全部の色を吹いてみたんだけど、真っ白とか真っ黒なのは、色が出なくて、水滴にしか見えなかった。ところが赤とグリーンを吹いてみたら、きれいな色で霧がスーッと伸びたの。「おお、これだよ、これ！」って。それで赤とグリーンになったんですよ。

玉袋　それが毒霧誕生の瞬間ですね。

カブキ　それで今度は、どうやって口に含んで吹こうか考えて。最初はポンポンを作って最初から口に入れてたんだけど、これは苦しくて試合できないなと思って。今度はゴム風船に入れて、ぺちゃんこにして口に入れて、結び目を噛んでおけばマウスピースと一緒になるなって。

玉袋　なるほど！

カブキ　「あ、こっちのほうがラクだ」って。

椎名　ずっと口に入ってるんですか？

カブキ　1個は最初から入ってる。で、最初に入場したときに、そのまま口に含んだグリーンを吹いて、あと赤はゴム風船に入れて口の中で噛んでおく。

椎名　そうやって色を変えてたんですね！

ガンツ　あれ子どもの頃、不思議だったんですよ。途中で色が変わるから、どうやってやってんだろうって。

カブキ　アメリカでも最初に食いついたのは子どもたちなんですよ。カブキのマネしてメロンフレーバーとか、いちごフレーバーのジュースをプーッと吹き出して。そしたら親が怒って事務所とかテレビ局に「あんなの出すな」って電話しだしたんだけど、その辺りからハウスがみるみる入るようになった。

玉袋　そうだよな〜、あれはインパクトあるもん！　カブキさんが毒霧を権利かなんか取ってたら、大金持ちになってたよ。

椎名　あの毒霧とか誰が考えたのかと思ってたら、カブキさん本人だったんですね。

玉袋　しかも、自分で配合までしてな（笑）。

毒霧はなぜ上に吹くのか

カブキ　何でも自分で作っちゃうんですよ。だから、（店内の写真を指さして）ああいう忍者マスクあるじゃないですか？　あれも自分で作ったから。

玉袋　凄い！　手先器用ですね〜！

カブキ　ホームセンターに行って買ってきて（笑）。

玉袋　ワッハハハハ！　アメリカの島忠みてえなところで調達（笑）。

カブキ　1枚1枚チェーンと繋いでね。ヌンチャクも自分で作ったから。

椎名　あのヌンチャクって、どこで練習したんですか？

カブキ　あれは前から振れたの。

椎名　そうなんですか!?　日本初登場のときは「ヌンチャクうめえ！　凄え！」ってなりましたよ。

ガンツ　カブキさんの影響で、おもちゃのヌンチャク買ってもらったりしましたからね（笑）。

カブキ　コスチュームも、チャンチャンコみたいな上から羽織るやつあるじゃないですか？　あれのうしろに「龍」って刺繍を入れてね。

椎名　あれも自分でですか？

カブキ　自分で。

椎名　刺繍までできるんですか！（笑）。

玉袋　凄い！　マルチだね。

カブキ　全部手縫いだよ（笑）。

玉袋　凄えな〜！

ガンツ　あと毒霧については後期、観客の心理を読んで、試合中に口に含むカタチにしたんですよね？

カブキ　そう。リングの真ん中で口に含んでも、相手を場外に落としたり、レフェリーを使ったりして、観客の目線を外せばわからないのよ。

玉袋　へえ、そうなんだ！

カブキ　リングの真ん中だから、逆にわかんないの。これがリングの外でなんかゴチャゴチャやってると、「何かやってるな」ってバレちゃうから。でも、リングの中では「まさか」と思ってるから。

ガンツ　観客の視線が自分に来ないタイミングを作り出して、堂々とリングのど真ん中で口に含むと。

玉袋　それは観客心理を知りつくしたうえで、四方が見えてねえとできねえことだから。職人技だな〜。

ガンツ　だから、現役時代は一度もバレなかったんですよね？

カブキ　バレない。
椎名　カブキさんが言うまで、毒霧の仕組みって全然わからなかったもんね。
カブキ　それでゴム風船を口に入れたら、今度はなるべく受けまくるわけ。相手にどんどん攻めさせて、なるべくコーナーに近いところで受け身をとる。すると、相手はコーナーに上がって飛び技をやろうとするから、そのとき、下にいる自分とコーナーの相手とその上のライトが一直線になるから、相手が飛ぶと同時にフーッと吹き上げれば、その霧がズーッと伸びていって、毒霧になるんだよ。
玉袋　凄え！　ライティングまで考えてるんだ（笑）。
椎名　最初にシャワー室に虹が出てから、ずっとライティングが大事という（笑）。
ガンツ　だから、いま毒霧吹く人けっこういますけど、カブキさんは水平には絶対に吹かないんですよね。
カブキ　そう、上に向かって吹かないと、霧がちゃんと見えない。それをみんなわかってないんだよな。
玉袋　色彩の魔術師だよ！
ガンツ　さすが元祖は違いますね。それでダラスのトップを獲ったわけですもんね。
カブキ　一番入ったときは、テキサス・スタジアムがアリーナもスタンドも超満員になったからね。あれ12万ぐらい入った。
玉袋　凄え！　12万人（笑）。
カブキ　もうスタンドのてっぺんのお客さんなんか、見えないですよ。大きなモニターが２つあっただけで。
ガンツ　ちょうど80年代前半のダラス、エリック王国が一番いいときですよね。ブロディがいて、エリック兄弟がいて、フリーバーズがいるっていう。
玉袋　そうか。日本ではＧＬＡＹが10万人入れて騒がれたけど、もっと早く10万人入れた〝グレイト〟がいたんだよな（笑）。
椎名　当時、カブキさんは凄いメンバーとやってますよね？

カブキ　大物はだいたいやったね。**ブルーザー・ブロディ**[※32]、**ハーリー・レイス**[※33]、**リック・フレアー**[※34]とか。

玉袋　当時、仲がよかった外国人レスラーは誰だったんですか？

カブキ　**テリー・ゴディ**[※35]はよかったね。17歳のときから知ってるから、俺がなんか言うと「イエッサー！」って感じだから（笑）。

玉袋　人間魚雷を舎弟にしちゃってるよ～（笑）。

カブキ　また、あいつが飲むんだよな～。ジャック・ダニエルをラッパ飲みだから。

玉袋　ジャック・ダニエルをストレートでラッパ飲み！（笑）。

ガンツ　ホント、80年代の南部の悪ガキそのものですよね。

カブキ　そう、あのまんま。

ガンツ　カブキさんが一番稼いだのもダラス時代ですか？

カブキ　やっぱり、ダラス時代が一番よかったね。

まだ見ぬ強豪として

ガンツ　でも、その絶頂期に馬場さんに日本に呼び戻されて（笑）。

カブキ　（しかめっ面で）そうなんだよ。（また馬場さん口調で）「おい、そろそろ帰って来い、ばぁかやろう」って。

玉袋　まあ、俺らは「カブキを生で観てえ！」っていう欲求が凄え高まってたから、帰国したときはうれしかったけどね。

ガンツ　次期シリーズにカブキ初登場っていうときの、『全日本プロレス中継』の予告映像が凄くいいんですよ！

玉袋　ヌンチャク振っちゃってな、「ついに来るぞ～！」って興奮したよ！　こっちは**『世界のプロレス』**[※36]でさんざん盛り上がっちゃってんだから。

ガンツ　帰国前から日本で人気が爆発してるっていうのは、カブキさん自身は知ってたんですか？

カブキ　一応、情報は入ってた。確か1982年に12チャンネル（テレビ東京）から、**フリッツ（・フォン・エリック）**[※37]の事務所に電話があったんだよ。で、フリッツのオヤジに呼ばれて、「おまえ、東京の12チャンネル知ってるか？」っていうから、「知ってる」と。「どういうステーションなんだ？」って聞かれたから、「東京エリアは全部網羅してるから悪くない局だよ」って説明したの。そしたら、「じつはウチの（VTR）テープを買いに来てんだ」って。

玉袋　それが『世界のプロレス』だ！

カブキ　で、「高く買ってくれるなら売ったほうがいいよ」って言って。それからフリッツが映像を売り始めて、それもあって『世界のプロレス』の第1回放送に俺が出たらしい。

玉袋　あ〜、そうでしたっけ。『世界のプロレス』は最高だったな〜。

椎名　あの頃は、アメリカには凄いのがたくさんいるらしいって、ワクワクしてましたもんね。

ガンツ　『世界のプロレス』でしか見られない、まだ見ぬ強豪がたくさんいたんですよ！

椎名　その筆頭がカブキさんと、**ロード・ウォリアーズ**[※38]だよね！

ガンツ　あとは**ジャイアント・キマラ**[※39]とか**ミッシング・リンク**[※40]とか（笑）。

カブキ　あのときはね、ダラスでプロモーション用のテープを作ったんですよ。それで自分がヌンチャク振ったり、**ケリー（・フォン・エリック）**[※41]が裸馬に乗ってバーッと飛ばしたり。

ガンツ　**エリック兄弟**[※42]もカッコよかったんですよね。

玉袋　そりゃそうだよ！　カッコよかったよな〜。俺、エリック一家って理想のファミリーだと思ってたもん。こんないいファミリーがあるんだって。

ガンツ　親父がビッグボスで、息子は全員プロレスラーで（笑）。

玉袋　全員カッコよくてさ、憧れの家族だったよね。

椎名　まさか、のちに〝呪われたエリック一家〟と言われるなんて、思いもよらず（笑）。

玉袋　そうだよ。どうして、ああなっちゃったのかね〜。

椎名　でも、初期『世界のプロレス』は、ダラスのエリック王国の試合が一番おもしろかったと思う。

カブキ　お客が入ってたし、いいレスラー揃ってたからね。

ガンツ　そんな絶頂期に、カブキさんは無理矢理日本に呼び戻されて（笑）。

カブキ　あれはね、一回は馬場さんに義理返さなきゃいけないっていうのもあったから、フリッツのオヤジにスケジュール切ってもらったの。それで全日本に行ったら、馬場さんはハワイ行ってて巡業休んで〝馬場抜き〟になったんだけど、お客が入って、全日始まって以来の黒字シリーズになったんですよ。

ガンツ　カブキ人気が爆発して、どこも満員だったんですよね。

カブキ　馬場さんは、そんなに入ると思ってなかったから、泡食って急いでハワイから帰ってきて。最終戦の蔵前には出たんですけど、試合前、控え室に入ってきたんですよ。で、こっちはお客を入れたねぎらいの言葉でも掛けてくれるのかと思ったら、（またまた馬場さん口調で）「おい、高千穂。おまえな、**大熊**[※43]**（元司）**とか小鹿とか先輩がいるから、あいつら以上にギャラを上げてやることはできねえからな」って。もうカネの話だよ！（笑）。

玉袋　ワッハハハハ！

カブキ　普通だったら、「ご苦労さん」とかあるじゃないですか？

玉袋　普通はボーナスが出るところだよ！

カブキ　ところが「客は入ったけど、ギャラは上げられない」って、わざわざ言いにくるんだから。

ガンツ　でも、当時のカブキさんは、ダラスでアメリカのトップレスラー並に稼いでいたわけですよね？

でも、日本に来たら……。

カブキ　前のギャラよ（笑）。5年前から据え置き。

玉袋　据え置き！　信じらんねえ（笑）。

椎名　そのとき、さすがにキレなかったんですか？

カブキ　いや、全日はそれ1回きりのつもりだったから。べつに1回、義理を果たすだけなら、安いギャラでもいいやって。すぐにアメリカに帰ってまた稼ぐつもりだったから。そうじゃないと、向こうも3カ月おきにストーリーを作ってるから、それがズタズタになっちゃうでしょ？

ガンツ　そう何度も日本に行ってたら、ダラスでの抗争ストーリーができないと。

カブキ　うん。ブツブツに切れちゃうからね。ところが馬場さんは、その舌の根が乾かないうちに、（また馬場さん口調で）「次のシリーズも頼むぞ」って。「いや馬場さん、それは無理ですから」って（笑）。

椎名　そんな安いギャラで何度もやってらんねえぞって（笑）。

カブキ　そしたら馬場さんが、今度はダラスのフリッツに直接電話して、勝手にスケジュール切っちゃったんですよ。そうするとアメリカのストーリーがズタズタになって、また第1試合からやり直しになっちゃったの。

玉袋　うわぁ、それはつれえなあ。

カブキ　1回義理を返さなきゃいけないと思ったのがいけなかったね（笑）。

玉袋　優しい顔見せるんじゃなかったと（笑）。でも、本国である日本でも人気が爆発して、「やったぞ！」っていうような気持ちはなかったんですか？

カブキ　いやぁ、嫌で嫌でしょうがなかったですね。

玉袋　嫌で嫌で？（笑）。

カブキ　当時はメイクとか誰もやってなかったじゃないですか？　で、本物の歌舞伎役者がいる日本で、カブキって名乗ってやるのが、なんか嫌でね。

ガンツ　ああ、アメリカでやるぶんにはいいけども。

カブキ　そうそう。日本でやるのは嫌で嫌でしょうがなかった。だから、すぐアメリカに帰りたかったんですよ。

『笑っていいとも！』をドタキャン

ガンツ　なんかタイガーマスク[※44]に似てますね。佐山[※45]（サトル）さんも「一回だけでいいから、タイガーとして帰ってきてくれ」って言われたのに、人気が爆発しちゃったもんだから、そのままなし崩し的に継続参戦させられて。漫画のキャラクターで試合するのが嫌でしょうがなかったのに、イギリスに戻れなくなったという。それとまったく一緒ですね。

カブキ　タイガーマスクも大変だったみたいよ。サイン会とかやると、凄い人が集まったから、最初は封筒の中にお金がたくさん入ってたんだって。それが回を重ねるごとに、なぜかだんだん減っていったって（笑）。

玉袋　出た！（懐に入れる動作で）これだ！

カブキ　ハハハハ！

玉袋　ハイセルだよ～！

カブキ　それで新日本が嫌になったって。

玉袋　カブキさんもそういう営業みたいなオファーはたくさんあったんじゃないですか？

カブキ　ありましたよ。でも、ほとんど馬場さんに潰された。

玉袋　えぇ～～!?　そうなんですか？　俺が高校の頃に『カランバ』っていう残酷映画があって、そのプロモーションでカブキさんの両腕をジープで引っ張るっていうのがあったじゃないですか？

カブキ　やりましたね、後楽園で。

玉袋　あれもお金はもらえなかったんですか？

カブキ　あれはもらえた（笑）。

玉袋　よかった～（笑）。

カブキ　ハハハハ！　だけど、『笑っていいとも！』の出演依頼もあったけど、それは潰されたからね。

椎名　えぇ～～！　潰されちゃうんですか。

カブキ　最初、フジテレビが来て、「こういう女優さん知ってますか？」って聞かれたの。「いや、自分は5年間日本を離れていたので、ちょっとわかりません」って言ったら、「じゃあ、電話かかってきますから、『ご無沙汰してます』とか言って、すぐにタモリに代わりますんで、『いいとも！』って言ってください」って言われたんだよ（笑）。

玉袋　ダハハハ！　テレホンショッキング！（わざとらしく）友だちじゃない人から繋ぐ打ち合わせって、本当にあったんですね！（笑）。

カブキ　そこまで打ち合わせして決まってたのに、馬場さんが（馬場さん口調で）「ばぁかやろう、あんな番組出たらダメだよ」って言って、ドタキャンさせられたよ。

玉袋　そんなことがあったんですか！

カブキ　あとは日本テレビからカブキがアニメ化される話があったんだけど、それもダメ。コマーシャルの話もダメ。

椎名　なんでダメなんですか？

カブキ　全日本は馬場さんが出なきゃダメなんですよ。それ以外の選手が馬場さんより目立つのはダメなの。

椎名　ええっ⁉　所属選手はいろんなところに出演させて、馬場さんがお金を少し抜けばいいじゃないですか（笑）。

カブキ　いや、それじゃダメなんですよ。馬場さんが出なきゃダメっていう。元子さんはそうなんです。

ガンツ　元子ルールで「馬場さんより目立っちゃダメ」（笑）。

玉袋　でも、鶴田さんはトラクターのコマーシャルに出てましたよね？　でっかいおにぎり持っちゃって（笑）。

カブキ　J&Bだけは大丈夫なの（笑）。

玉袋　ワハハハハ！　そこでもJ&Bだよ〜〜！（笑）。

ガンツ　当時のカブキさんと言えば、新日のタイガーマスク、全日のカブキっていうくらいの人気だったのに、そんな扱いだったんですね。

椎名　ジュニア王者は**大仁田**[※46]（**厚**）だったけど、全然タイガーの対抗馬じゃなかったもんね（笑）。

ガンツ　子どもはみんなカブキファンですよ。校庭で口に水含んで、よく毒霧のマネしましたし。

玉袋　銭湯行ったってやってたよ。いまみたいにフィギュアとかあったら、そっちでもカブキさんの人気は凄いことになってたよ。

ガンツ　そういえばボク、カブキさんのチョロQ持ってましたよ。それはよかったんですかね？

椎名　抜かれてるかもしれない（笑）。

ガンツ　あ、あれはカブキさんだけじゃなく、馬場さんのチョロQも出てたからオッケーだったのかもしれない（笑）。

玉袋　クネクネ人形みたいなのもあったよな。あれはジャンボと馬場さんだったから、J&Bか（笑）。

ガンツ　カブキさんのTシャツとかも会場で売ってましたけど、あれはカブキさんにもお金が入ったんですか？

カブキ　いや、最初は入ってなかったよ。で、みんなで文句を言い始めたら、チョロチョロって入り始めた。

椎名　**ジャイアントサービス**[※47]は当初、ロイヤリティも払ってなかったんだ（笑）。

玉袋　全然、ジャイアントなサービスしてねえんだよ（笑）。元子さんとは最後までそういった感じの関係だったんですか？

カブキ　元子さんは弱いヤツには言えるんだけど、強いヤツには言えないんですよ。だから、自分に対しては絶対に何も言わないです。そういうときだけ馬場さんに言わせるわけ。

ガンツ　人を見て、元子さんが言うか、馬場さんが言うか決めてたんですね（笑）。

玉袋　大変だな〜。プロレス界って大変だよ〜（笑）。

カブキ　コレ（小指）が絡んできたらダメですよ。

男の世界に女が口出しちゃダメ。

椎名　そうですよね。新日本では、坂口さんの奥さんとか（笑）。そっちへの文句が、皆さん多いですもんね。

全日離脱からSWSへ

ガンツ　カブキさんが、全日本を辞めるときはどうだったんですか？

カブキ　あれは横浜文体で天龍とジャンボが試合やったあと、控え室で天龍から「じつは自分、全日本辞めるんですよ」って明かされたんですよ。全然知らなかったから、「ええ!?　そりゃないだろう！」って言ったの。そうしたら、「いろいろあるんですけど、ここでは話せないんで」って言うから、「じゃあ、一緒に帰ろう」って、横浜のホテルのラウンジに行って話したら、「じつは全日辞めて、新しいところに行きます」って言われて。俺は「なんだよ、俺も連れてってよ」って言ったんだよね。

ガンツ　水臭いじゃないかと（笑）。

カブキ　そしたら天龍が「いや、女房子どもがいる人は誘えないですよ。この先どうなるかわからないから」って。でも、「頼むよ。俺ももう全日にいたくないから」って言ったら、すぐにメガネスーパーに電話を入れてくれて。そうしたら「オッケー出ました」と。で、「全日から何人ぐらい出るの？」って聞いたら、「4～5人出ます」って言うから、「じゃあ、俺がしんがり務めるから」って。

ガンツ　それでカブキさんは、次のシリーズ全部出たあと、全日本辞めたんですか。

カブキ　そうそう。「もし（SWS[※48]に移籍する）選手に手を出すヤツがいたら、俺がいくから」って言って。

椎名　なるほど。離脱が決まった選手が、試合中に潰しにかかられたりしないように。

カブキ　それでひとり抜け、ふたり抜けってなって、全部出きったとき、馬場さんが俺のところに来て、(馬場さん口調で)「カブキな、おまえ、ジャンボと組んで世界タッグやってくれよ」って。いまさらそんなのやらねえよと思ったんだけどさ(笑)。

ガンツ　馬場さんからすると、「カブキは残ってくれたからベルトを巻くチャンスをやる」と(笑)。

カブキ　それで「よし、一回かましてやろう」と思って、「いいですよ」って答えて。「相手誰ですか?」って聞いたら、「**スティーブ・ウイリアムス**[※49]とテリー・ゴディだよ」って言うから、「やった!」と思って。テリーなんて17歳の時からの仲だから、テリーに「今度、タイトルマッチやるけど、おまえわかってるんだろう?」って言ったら、「イエッサー!」って(笑)。

ガンツ　それで、見事に世界タッグ王座奪取(笑)。

カブキ　で、その2日後にベルトと辞表を持って馬場さんのところに行って「お世話になりました〜」って言って。そしたら馬場さん、(馬場さん口調で)「あ……おまえもか」って。

玉袋　へえ!(笑)。それでSWSですか。

ガンツ　最後のシリーズ前から移籍は決めてたんですね。

玉袋　そこは、まさに傾いたわけですね。SWSの**田中八郎**[※50]社長はどうだったんですか?

カブキ　よかったですよ、あの人は。情熱があって。

椎名　だけど、内部のレスラーがどうしようもなかったっていう(笑)。

カブキ　自分がSに移ったばかりのとき、アメリカにいる娘がピストル事故にあったんですよ。ボーイフレンドが持ってたピストルが暴発しちゃって、それが娘の脊髄に当たって、下半身不随になったの。

玉袋　うわぁ……(絶句)。

カブキ　そしたら、田中社長が「こっちは大丈夫だから、すぐ行ってやんなさい」って言ってくれて。一番大変なときに、いろいろ助けてくれたんですよね。

玉袋　そんなこともあったんですか。

カブキ　でも、いまは娘も大丈夫ですよ。車イスだけど、子どもが3人いて、幸せに暮らしてるから。

玉袋　よかった〜。

カブキ　まあ、SWSはいろいろあったけど、やるのが20年早かったね。

椎名　いまほしいですよね、あれだけの親会社（笑）。

ガンツ　では、お店の開店時間も迫ってきたので、そろそろお開きにしようと思うんですが……。

椎名　最後にひとつ聞いていいですか？　**（グレート・）ムタ**[※51]戦のときに額から血を噴水みたいに出してますけど、あれは意識的に出せるんですか？

カブキ　ああ、あれね。あれは額から管を通しておくんですよ。それでポンプでピュッピュと出す（笑）。

玉袋　ウソだ、ウソだ（笑）。でも、あの噴水ならぬ噴血は最高だね。カブキさんだけの芸当だよ。

椎名　実際、どうなんですか？（笑）。

カブキ　あれは、ここ（額）にキズがあるんですよ。

椎名　（傷を見て）うわ、確かに大きなキズがありますね。

カブキ　これ、最初にやられたのは、ダラスでブルーザー・ブロディとやったときなんですよ。パイプイスで殴られたとき、ボルトの出っ張った部分が当たっちゃって。それで、あいつが蹴りに来たから、歯を食いしばって、全身に力を入れて受ける態勢を取ったら、額からピューって血が出たんですよね。

玉袋　踏ん張ったら、血が噴き出た（笑）。

カブキ　おお、こりゃおもしろいなと思って、もう一回全身に力を入れたらピューって出て。それを手のひらですくって、口に含んで吹いたら、観客の女どもは「キャー！」ってなったの。「おお、これは使えるな」と思ってね。試合後、医者に診てもらったら、ちょうどその傷の場所は静脈が流れているところで、静脈っていうのは切れてもダラダラ血は流れない。ちょっと血が出るくらいなんだけど、俺はガッと力を入れて、血管を膨らませたから、ピューって飛んだんだよ。

椎名　それを偶然、発見したんですか？

カブキ　そう。「ああ、ここが切れたとき、力を入れれば飛ぶんだな」って。

ガンツ　そこから、大一番のときに噴血するようになって（笑）。

カブキ　だから、ムタとやったときは、ブロディにやられたこの傷からピューッと飛ばしたんですよ。まあ、流血が凄惨すぎて、テレ朝で流せなくなっちゃったんだけど（笑）。

ガンツ　急きょ、ビデオで発売されたんですよね。

椎名　そうそうそう！　あれは凄い試合でした！

玉袋　いや〜、今日は毒霧から噴血の秘密まで、いろいろ聞かせてもらって、収穫あったね〜。でも、とにかくJ&Bには驚かされた（笑）。

カブキ　（馬場さん口調で）「ばぁかやろう。カブキ、何言ってんだ」って、怒られるかな（笑）。

玉袋　いや、これも供養ですよ。今日はJ&Bに乾杯！（笑）。

野生の虎

タイガー戸口

タイガー戸口（たいがー・とぐち）

1948年2月7日生まれ、東京都葛飾区出身。プロレスラー。高校時代よりバスケットボールと柔道で活躍し、柔道では各強豪大学からスカウトをされたが1967年3月に日本プロレスに入門。1968年8月30日、柴田勝久戦で正式デビュー。1972年、日本プロレス崩壊直前に敢行したアメリカ修行では「キム・ドク」と名乗り活躍。1976年に大木金太郎との韓国師弟タッグで全日本プロレスに参戦すると、馬場&鶴田からインターナショナル・タッグ王座を奪取するなど存在感を示す。1981年、新日本プロレスに移籍。新日本、NWA、WWF、メキシコUWAなどを渡り歩いた。2018年2月17日、『PRO-WRESTLING MASTERS』に出場し、健在ぶりをアピールした。

玉袋　ガンツ！　今日のゲストはデッカイな！

椎名　まさに〝プロレスラー〟って感じだよね。

ガンツ　というわけで、今回のゲストはタイガー戸口さんです！

玉袋　戸口さん、今日はひとつよろしくお願いします！

戸口　よろしく！　ビートたけしの弟子なんだよね？

玉袋　はい。そうなんですよ。

戸口　俺もこないだ、たけし軍団だっていうヤツに会ったよ。

玉袋　誰だろう？

戸口　え〜っと、名前なんだったかな？　いま**ZERO1**[※52]に関わってるヤツ。

玉袋　あーっ！　**三又（又三）**[※53]ですね！　アイツのことは忘れてもらって大丈夫です！　脳みその許容量の無駄なんで（笑）。

椎名　データごと削除したほうがいい（笑）。

戸口　あと、この雑誌ってなんて名前だっけ？

ガンツ　『KAMINOGE』ですね。

戸口　昔、似たような名前の『紙プロ』って雑誌でインタビュー受けたとき、担当者がなかなかギャラ払わなくてこらしめたことがあるんだよ。

ガンツ　あーっ！　それ、**松澤チョロ**[※54]さんですよね？（苦笑）。

戸口　そんな名前のヤツだったよ。

玉袋　チョロ、またやらかしてんのか！（笑）。

戸口　連絡してもなかなか振り込んでこないからさ。こっちもあきらめた頃にたまたまバッタリ電車の中で会ったから、「おまえ、使い込んだろ、この野郎！」って怒ってやったよ。

ガンツ　そんなことがありましたか……。今回はそういったことはございませんので（苦笑）。

椎名　でも電車でバッタリ会っちゃうってさすがチョロだね（笑）。

玉袋　変な引きが強すぎるんだよ！　それにしても最初に出てきた名前が三又とチョロって、このインタビュー大丈夫か？（笑）。

ガンツ　なかなか幸先の悪いスタートですね（笑）。

力道山兄弟子の息子

戸口　聞いたところによると、その『紙プロ』の社長（**山口日昇**[※55]）は**小川**[※56]（**直也**）が好きなんだって？

ガンツ　『**ハッスル**[※57]』などで小川さんをプロデュースしてましたね。

戸口　俺も本当は小川と同じ明治の柔道部に行くはずだったんだよ。ウチの監督が明治の出だったから、高校3年間、毎日あそこに行ってたんだから。

椎名　高校時代から明大の柔道部で練習してたんですか？

戸口　俺みたいなのは特待だから。校長先生から「はいこれ、定期代」って5000円もらってたからさ（笑）。

玉袋　やっぱりこれだけの身体の大きさもあるし、期待されてたんでしょうね。

戸口　それなのにどこの大学も行かずにプロレスに入ったから、東京の柔道連盟から文句がきたよ。しかも坂口さんが柔道からプロレスに来たすぐあとだから。

玉袋　坂口さんの直後だったんですか！　同じ明治に行くはずだったし。

戸口　明治だけじゃなくて、**木村**[※58]（**政彦**）先生に「絶対におまえを全日本で優勝させるからウチに来い！」って拓大に誘われてたからね。

玉袋　へえ、凄え！

戸口　あと、ウチ（修徳高校）は天理系列の高校だったから、当然天理からも来たし。その他、日大、専修と6校ぐらいいきたよ。

椎名　それを振り切ってでもプロレス入りしたかったんですか？

戸口　俺はもともと、中学卒業したらプロレスに入るつもりだったから。ウチの親父と力道山先生は、二所ノ関部屋の兄弟弟子だからね。
玉袋　凄え！　どっちが兄弟子なんですか？
戸口　ウチの親父のほうが兄貴だよ。それで中学3年のときにリキパレスに行って、親父が「おいリキ、ウチの息子を預かれ」って言ったんだよ。そしたら「たっちゃん、悪いけど俺は友達の子どもは預かれない」って断わられて、しょうがないから高校に行ったんだよ。
ガンツ　兄弟子の息子に鉄拳制裁はできないってことなんでしょうね（笑）。
戸口　そういうことなんだよ（笑）。
玉袋　その点、家族がブラジルにいる猪木さんなんか、殴られまくってたわけだもんね（笑）。
戸口　ウチの親父は初代・玉錦が師匠で、韓国にいるときに「おまえ、日本に来い！」って言われて相撲界に入ったんだよ。
玉袋　じゃあ、戸口さんは二世になるんですね。
戸口　そう。それで母親が日本人で、「戸口」っていうのは母方の姓なんだよ。
玉袋　そう考えると、力道山先生と戸口さんのお父さんの関係っていうのも同胞的なつながりがあったんですか？
戸口　そうそう。同じルーツだからね。
玉袋　いまのモンゴル会みたいなもんだ（笑）。それにしても最初から木村政彦、力道山、玉錦とか、凄え名前ばっかり出てくるよ！
椎名　三又、チョロから始まったと思えない（笑）。
玉袋　いきなりおもしろすぎるよ。じゃあ、日本プロレスには力道山先生が亡くなったから入れたんですか？
戸口　それもあるね。豊登さんは元相撲取りだけど、ウチの親父のことは知らないから。でも芳の里さんは二所ノ関部屋だから親父の後輩で、**田中米太郎**[※59]もそう。それで事務所の中にも何人かいたんだよ。だから、子どもの頃からウチの親父と一緒に日本プロレスに行くと、「ああ、関取！」ってみんな挨拶してたからね。リキパレスに行ってカネ払ったことないよ。

玉袋　子どもの頃からリキパレスに出入りしてるってのが凄いね。

戸口　小学4年のときに、初めて人形町の日プロ事務所に行ってね。そしたら千円札がこんな束になってて凄かったよ。

玉袋　当時の千円札はいまの万札ですもんね。

戸口　その札束が詰まったボストンバッグが2～3個無造作に置いてあるんだから。

最初のゴッチ教室

玉袋　それは乱脈経営になりますよね。お金が人を狂わせるというか。戸口さんのプロレスの同期は誰になるんですか？

戸口　同期だとクツワダ。

玉袋　おー、出ました！　サムソン・クツワダ！

戸口　それで**永源**[※60]**（遙）**さんとか安達（勝治＝**ミスター・ヒト**[※61]）さんが、俺の少し先輩ってことになってるんだけど、本当は俺のほうが早いんだよ。なぜかと言うと坂口さんの1カ月後に俺は入ったから、大木さんに「柔道界がうるさいからおまえは俺についてこい！」って言われて俺は韓国に飛ばされたんだから。

ガンツ　ほとぼり冷めるまで韓国に行ってろと（笑）。

戸口　そうそう（笑）。

椎名　坂口さんがプロレス入りしたとき、柔道界は相当怒ったって言いますもんね。

戸口　あの頃の柔道界で身長1メートル90センチ以上あるの、俺と坂口さんだけだもん。その2人がほぼ同時にヒュッて抜けてるんだから（笑）。

椎名　それで柔道界がカンカンになったと（笑）。

玉袋　大木さんもプロレス入りする前から知ってたんですか？

戸口　大木さんは韓国から密航してきて、力道山先生に手紙を書いてプロレス入りしたでしょ？　だから日本に身寄りはなかったんだけど、ウチの親父の友達のお父さんと、大木さんのお父さんが仲よかったから、そこの家に大木さんはしょっちゅう来てたの。だから俺は大木さんも子どもの頃から知ってて、高校時代は青山にあった大木さんの家にもよく遊びに行ってたんだけど、行くたびに小遣い1万円もらってたよ。

玉袋　凄え！　当時の1万だからいまの10万ぐれえか。

ガンツ　そういう関係があったから、戸口さんがプロレス入りしたとき、大木さんが身元引き受け人みたいな感じで韓国に連れて行ったと。

戸口　そういうこと。でも半年して戻ってきたらあとから入ってきた連中よりも後輩扱いなんだよ。我慢したもん、俺。差別的なことでいろいろいじめられたしね。

玉袋　やっぱそうなんだ〜。

戸口　その頃から俺は「絶対に人に負けたくない」っていうのがあったね。やっぱり実力つけたら、何も言われなくなるから。あなたの世界もそうでしょ？

玉袋　そうなんですよね。腕を磨いて売れるしかないんですよね。

戸口　だから俺は早くにアメリカに行けてよかったと思うよ。向こうは先輩後輩の上下関係なんかないし、実力社会だから。しかも全部自分でやらなきゃトップは獲れない。まず最初に英語を覚えなきゃダメだろ、それで次はクルマを買って、自分でアメリカ中どこでも行けなきゃならない。

ガンツ　戸口さんはもともと英語はできたんですよね？

戸口　ウチの親父が英語しゃべれたんだよ。立川の米軍基地にいたから。その親父にちょっとずつ教えてもらってたから、相手が英語で何を言ってるかぐらいはわかったわけ。

ガンツ　だから日本プロレス時代、**カール・ゴッチ**※62

教室では戸口さんが言葉の面でサポートしてたんですよね？

戸口　そうだね。だからゴッチが俺の最初の師匠だよ。韓国は基礎の前段階みたいなもんで、本当の基礎はゴッチに教わったんだから。

玉袋　戸口さん、この身体で柔道のベースがあって、師匠がゴッチさんなんだから、無敵じゃないですか！（笑）。

戸口　あの人はホントのガチンコだからね。知ってる？　あの人ぐらいだよ、ニューヨークのハーレムに平気で入って出てきたのは。いまはよくなったけど、当時、普通は出てこれないよ。

玉袋　そこに白人が入って行くわけですもんね。

ガンツ　ゴッチ教室っていうのは、いわゆるセメントの練習ばかりなんですか？

戸口　そうそう、ガチンコばっかり。それでゴッチのおっさんがいないとき、山本さんとか星野さんは「こら、プロレス練習しろ！」って言うんだけど、ゴッチが来たらガチンコだよ（笑）。

玉袋　最高だね。

ガンツ　戸口さんと一緒にやってたメンバーは誰なんですか？

戸口　木戸※63（修）、俺、永源、クツワダ、あとは誰がいたかな……。

ガンツ　藤波※64（辰爾）さんは？

戸口　あっ、藤波もそうだね。入ってくるのはもっとあとだけど。

椎名　それが最初のゴッチ教室なんですね。

玉袋　まあ、いざというときにコレ（シュート）があると便利だったんじゃないですか？　便利っていうとあれだけど（笑）。

戸口　いや、ホントに便利だったよ。それがあるからどこでも渡り歩いていけたからね。

玉袋　やっぱそういうのがあるんですね。『拳銃（コルト）は俺のパスポート』みたいなもんだよ。

アメリカマットでトップに

ガンツ　アメリカには日プロ崩壊をきっかけに行ったんですか?

戸口　いや、その前だね。俺はけっこう早くから「アメリカに来い」って誘われてたんだよ。まず、**ミスター・モト**※65さんが事務所に来たとき、俺がちょっと英語できるって知って、「ロサンゼルスに来い。おまえはそれだけ英語がしゃべれるんだったら映画をやれ」って言うんだよ。

ガンツ　おー、ハリウッドですね。

戸口　うん。「ハリウッドに入れてやるから来い」って言われて。それで行こうかなと思ったら、今度は**ドリー・ファンク・ジュニア**※66のお父さんが来たでしょ?

ガンツ　ドリーの初来日のとき、シニアが一緒に来ましたね。

戸口　そしたら(テキサス州)アマリロにいたことがある大木さんにシニアが言ったらしいよ。「戸口をアマリロに送れ」って。そしたら日プロが坂口さんを送っちゃったんだよ。

ガンツ　日プロ的には、アマリロというエリートコースにはスーパールーキーの坂口さんを送りたかったってことですね。

戸口　だから**パク・ソンナン**※67が言ってたからね。「なんでおまえ、来なかったんだ?」って。ホントは俺とタッグ組むはずだったから。

ガンツ　大型韓国人コンビとして売り出されるはずが(笑)。

戸口　会社の方針で坂口さんになっちゃったんだよ(笑)。

ガンツ　そのあと、戸口さんは日プロ末期である1972年12月にアメリカに旅立ちますけど、その前にすでに猪木さんの新日本、馬場さんの全日本ができていたわけじゃないですか?　戸口さんがどちらにも行かずに日プロに残ったというのは、やはり大木さんとの関係があったからですか？

戸口　それもあるね。アメリカにも大木さんがロスでブッカーやってたモトさんに話つけて行ったものだから。

椎名　馬場派、猪木派のほかに大木派っていうのもあったんですね。

戸口　うん。だけどね、裏を返すと馬場さんは俺のことを認めてたんだよね。

ガンツ　のちにアメリカから全日本に呼ぶわけですもんね。

戸口　でもさ、日プロが潰れる寸前の頃、俺はロスで馬場さんと話をしたんだよ。モトさんが「おい、馬場さんが来てるぞ」って言うから宿泊先のホテルに電話入れてね。そのとき、「すみません、戸口ですけど。日本プロレスはどうなったんでしょうか？」って聞いたら「あの会社なんか知らねえよ」って言われてさ。それはねえだろってね（笑）。

玉袋　「知らねえよ」って、凄え言い方だな（笑）。

戸口　もうちょっと言い方があるよな（笑）。それで俺はヘソを曲げたんだよ。「ふざけんな！　勝手にやってろ。俺はこっちで絶対にトップになってやるからな」って。

ガンツ　そこでアメリカで生きていく決心をしたわけですか。

玉袋　馬場さんも「おまえの会社がどうなっても心配するな」ぐらい言ってくれりゃあ、違ったんでしょうけどね。

戸口　でもよかったよ。馬場さんのところで下っ端やるより、アメリカでトップ獲れたからさ。

玉袋　それが凄えんだよな〜。

戸口　まず、ロサンゼルス、それからオクラホマでもトップ獲って。そこからインディアナポリスに行って、**ディック・ザ・ブルーザー**[※68]のところでもトップを獲らせてもらって。**ウイルバー・スナイダー**[※69]とずっと試合をしたら、スナイダーが気に入っちゃってずっと考えてるんだよ。だから「何を考えてるの？　俺との試合がまずかったか？」って聞いたら、「いや違う。あまりによすぎて考えすぎちゃった」って。それがトップですよ。

玉袋　「あまりによすぎて」って凄えな（笑）。

ガンツ　向こうではずっとヒールだったんですか？

戸口　ずっとヒール。それでブルーザーのところと**バーン・ガニア**[※70]のところがシカゴで合同興行をやったときは、バーン・ガニアのせがれとやったんだよ。俺と荒川さんが組んで、**グレッグ・ガニア**[※71]とタッグでね。

椎名　荒川さんって……**ドン荒川**[※72]さんですか？

ガンツ　（日系レスラーの）**ミツ荒川**[※73]さんですよね。

戸口　そう、ミツ荒川。

玉袋　でも合同興行のビッグマッチでガニアの息子とやるっていうのは、凄えことなんでしょうね。

戸口　メインどころだからね。それでブルーザーのインディアナポリスのあとは、ダラスのフリッツ（・フォン・エリック）のところに行ったわけ。ところが4カ月もしないうちに、フリッツから「ガニアから電話が来て、おまえをほしいって言うんだけどどうする？」って言われてさ。そのときフリッツは「おまえが行きたかったら行け。行ってダメだったらダラスに戻ってこい」って言ってくれたんだ。そんなプロモーターはいないよ。

椎名　馬場さんの「おまえの会社なんか知らねえよ」とはずいぶん違いますね（笑）。

戸口　それで俺はガニアのところに行ったんだ。

AWA黄金時代

ガンツ　当時のAWA[※74]は黄金時代ですよね。

戸口　そうそう。まだガニアがチャンピオンで、**ニック（・ボックウィンクル）**[※75]がいて、**レイ・スティーブンス**[※76]がいて、**ビル・ロビンソン**[※77]もいたしね。そんなメンバーの中で俺はミルウォーキーでガニアとチャンピオンシップやってるんだよ。だからジャンボがやったのやらないのって、あんなの後釜だよ。ハッキリ言って俺のほうが先だよ（笑）。

ガンツ　全日本のレールに乗って日本でやるのと、自分の実力でアメリカのメインを勝ち取るのとでは、全然違うぞと（笑）。

玉袋　そりゃ違うよね。そういう話を俺は少年時代に聞きたかったな（笑）。やっぱり全日本ではジャンボと戸口さんのライバル関係っていうのがあったけど、いいとこ獲るのはジャンボだったからね。

戸口　俺はアメリカで先にトップ獲ってるから、どうってことないけどな。

ガンツ　鶴田さんが**試練の十番勝負**[※78]をやり始めた頃（1976年）、戸口さんはすでにアメリカでAWA世界戦やってたってことですもんね。

玉袋　あの時代にもうアメリカでトップ獲ってるって早えな〜！

戸口　ハッキリ言って俺が30年間アメリカにいる中で、一番いいところに住んでたのはミネアポリス（AWA時代）だもん。あそこは豪雪地帯だけどさ、クルマのガレージにはヒーターがついてて、雪が溶けて積もらないようになってたりさ。家賃を払いに事務所に行くにも地下でつながってて、雪の中を歩かなくても済むようになってるんだよ。凄くいいところだったよ。

ガンツ　それが現代じゃなくて、40年前の話っていうのが凄いですね（笑）。

椎名　アメリカってやっぱり進んでたね（笑）。

玉袋　戦勝国だよ（笑）。

戸口　それだけ稼げてるから俺は馬場さんともケンカできるわけ。知らないだろ？　ノースキャロライナで**ワフー・マクダニエル**[※79]とやってたときなんて、毎週6000ドルだ、7000ドルだってもらってるんだよ。

玉袋　そりゃ、日本に帰る必要ないよ（笑）。

ガンツ　当時の週6000ドルって言ったら相当凄

いですよね。たしか1ドル250円以上した時代だから。

戸口　凄いよ。だから新車なんかもすぐ買えるし。当時、1週間サーキットに1000ドル持って行ってたけど、バカ食い、バカ飲みして、クルマにガソリン入れて、いいところのホテルに泊まっても500ドル残るんだから。

玉袋　最高じゃないですか！

戸口　それでプロレスの会場とかでパーっと見てたら、「おっ、このオンナいいな」って思うでしょ。俺らはいつもホテルに泊まると下のバーに行くからさ。

椎名　出ました！（笑）。

戸口　そしたら来るじゃん（笑）。

玉袋　そっちも食べ放題だったと（笑）。

戸口　そうやって楽しくやれてるから、アメリカで30年もいたんだろ（笑）。

玉袋　でも、なんでアメリカでそれだけ売れてたのに大木さんとの韓国師弟コンビとして全日本に行くことになったんですか？

椎名　そうですよね。アメリカに来たばかりのときに冷たくされたのに。

戸口　まあ、あのときは大木さんが「俺のパートナーとして来てくれ」って言うからさ。本当は全日本の安いギャラじゃ行きたくなかったんだけどね。だから俺は（ドリー・ファンク・）ジュニアにハッキリ言ったんだよ。「カネが安かったら俺は行かないよ」って。それをジュニアが馬場さんに伝えたらさ、馬場さんが怒っちゃったんだよ。日本テレビの原（章プロデューサー）さんが「おまえ、馬場ちゃんが怒ってるぞ」って言ってきてね。怒るも怒らないも俺に関係があるかって思ったんだけど。「じゃあ、それだけのカネを払ってくれるのか？　俺がひとりだったらいいよ。だけど俺には家族もいるし、子どももいるしさ。どうするんだ？」って。

玉袋　そうですよね。でも、結局全日本に来たのは大木さんの頼みだったからなんですか？

戸口　それもあるし、誰かが馬場さんに言ったんだろ。馬場さんが「じゃあ、おまえとジャンボを一緒にしてやるから」って上げてくれたわけ。それでもアメリカの稼ぎより少なかったけど、義理を通して帰ったんだよ。

手が合った鶴田

玉袋　結婚は向こうでいくつのときにしたんですか？

戸口　結婚はいくつだったかな……28くらいのときかな。

ガンツ　じゃあ、全日本で大木さんと組んでた頃は家族をアメリカに残して日本に来てたんですか？

戸口　そう、ひとりでこっちに来てたんだよ。

玉袋　単身赴任ですか。

戸口　だから女房が怒っちゃってさ。オンナはこっちのほうがいいんだけどね（笑）。

玉袋　まあ、向こうにもいたでしょうけどね（笑）。

戸口　穴をほじくるなよ（笑）。

玉袋　そうだ、「虎穴に入らずんば虎児を得ず」だ（笑）。でも当時、俺はなぜか馬場&鶴田の師弟コンビよりも韓国師弟コンビのほうに惹かれてたんだよな～。

椎名　小学生で韓国師弟コンビのファンって、かなりシブいですね（笑）。

玉袋　アウトローな感じに惹かれてたのかな？　なんか馬場&鶴田より好きだったんだよね。

戸口　きっと、ニンニクとキムチの匂いにつられてたんだよ（笑）。

ガンツ　戸口さん自身、大木さんとのコンビはいかがでしたか？

戸口　まあ、言っちゃ悪いけどやりづらかったよな（苦笑）。

ガンツ　アメリカでトップ張ってるのに、大先輩を立てなきゃいけないわけですもんね（笑）。

戸口　そうそう。（試合は）10あるなかで、俺が7で大木さんは3なんだよ。わかる？　大木さんはいいところだけ出てね。

ガンツ　役割としてどうしてもそうなっちゃうと。

戸口　それはしょうがないんだよ。鶴田だってそうじゃん。

ガンツ　馬場&鶴田組も、鶴田さんがあれだけ動けた時代にいいところを獲るのは馬場さんでしたもんね（笑）。

椎名　なるほど（笑）。

戸口　そうなんだよ。お互いに獲ってたらタッグとして成立しないわけだから。プロレスの中身をわかってる人は「ああ、そうか」って思うけど、わからない人は「なんでかな？」って思うよね。

ガンツ　なんでバリバリの鶴田と戸口が、タッグになると引き立て役に回るんだろうと（笑）。

玉袋　だから全日本で鶴田さんと名勝負を繰り広げたっていうのも、鶴田さん相手だったら全力出せるみたいな感じはあったんですか？

戸口　鶴田とやるときはクルマと一緒。エンジンかけたらそのまんま。

玉袋　いいね〜（笑）。

ガンツ　ブレーキなしで行けると（笑）。

戸口　俺は鶴田にあんなセンスがあるとは思わなかったよ。

玉袋　それは肌を合わせて感じたわけですか。

戸口　俺と鶴田が名古屋でやった試合（1978年9月13日・愛知県体育館でのUNヘビー級選手権）があったでしょ、65分やった。

ガンツ　60分フルタイムやったあと、延長5分やった伝説の一戦ですね。

戸口　あの試合後、俺がホテルの部屋に帰ったときに馬場さんの奥さんから電話があったんだよ。「社長からのことづけです」って言うから「何か悪いことありましたか？」って聞いたら「いや、違います。社長が『ひさしぶりに試合を見て興奮した』と言ってました」って言うから、「えっ⁉」って（笑）。
椎名　馬場さんも凄いこと言いますね〜（笑）。
戸口　馬場さんがそこまで言ってくれたのは、正直うれしかったよ。
玉袋　でも65分間、観客をダレさせずに動き続けたふたりが凄い！　漫才だって長くやるのは大変なんだよ。途中でダレるし。それを65分、飽きさせないのは名人芸だと思うよ。
戸口　それは俺と鶴田の理論と理論が合ってたからできたんだよ。俺は鶴田が何をしようとしてたかわかってたし、鶴田も俺が何をしようとしてるのか考えてるんだよね。それだからうまくいったんだよ。普通だったらそうはいかないよ。
玉袋　お互いを理解し合って成立したのが65分だと。
戸口　こんなの、どっちかが変なテンポでバーッといったら大変だよ。
ガンツ　だから、のちに**長州（力）**※80さんが鶴田さんと60分やったとき（1985年11月4日・大阪城ホール）、長州さんは超ヘロヘロになってましたもんね。
玉袋　そこで鶴田さんの評価がグーッと上がったんだよな。無尽蔵のスタミナだって。
戸口　そこが新日本と全日本の違いだよな。新日本のペースじゃ長い時間はもたないよ。ヤツらは「試合中に休むな」って言ってたんだから。でも落語だって息抜きがあるでしょ？
玉袋　ああ、ありますね。
戸口　それって大事な要素なんだけど、ヤツらは息抜きしないでバババババって行っちゃうからさ。60分なんてできないんだよね。猪木さんだけは別だけどさ。

全日本に正式入団

ガンツ　戸口さんはそのあと、1979年に全日本に入団しますよね。あれはなぜ所属選手になろうと思ったんですか？

戸口　馬場さんが俺のことを凄く期待してくれてたんだよ。知ってる？　あの頃、俺と鶴田が馬場さんに呼ばれて「俺はもうトシだから、おまえらふたりで全日本を引っ張っていけ」って言われたんだから。

玉袋　えっ！　後継者に指名されたんですか？

戸口　そうだよ。それで俺もゆくゆくは全日本でブッカーをやってみたいっていう気持ちもあったから、ジャンボと「わかりました！」って答えたんだから。

玉袋　凄えな～。ガンツ、これは時系列的に言うとクツワダさんが鶴田さんを引き連れて新団体作ろうとした時期と、どっちが先なんだ？

椎名　馬場さんにバレてクツワダさんが解雇されたという（笑）。

ガンツ　あれが1977年ですから、その2年後ですね。

玉袋　そっか～。馬場さんはもう鶴田さんと戸口さんに、全日ごと任せちゃおうとしたんだな。

戸口　ちょうどあの頃、クツワダの知人から馬場さんのところに「クツワダを戻してやってくれ」っていう話があったらしいよ。

玉袋　そうなんですか⁉

戸口　それで馬場さんから通達があったんだよ。「クツワダを知ってる人から『戻してくれ』って言われてるんだけど、おまえらはどうする？」と。そこまではいいんだけど、そのあとに「俺の腹は決まってるけどな」って馬場さんは一言多いんだよな。

ガンツ　もうイエス・ノーの答えは馬場さんの中で決まっちゃってる（笑）。

戸口　そうなんだよ。「どうする？」で止まってたら、まず俺はクツワダをアメリカに連れて行こうと思ってたんだよ。クツワダとは友達だからそこまでしてやろうと思ったんだけど、馬場さんに「俺の腹は決まってる」と言われちゃったらさ、連れていけねえよ（笑）。あなただってそうでしょ？

玉袋　ウチの師匠に「俺の腹は決まってる」って言われたら、反対のことは言えないよ～（笑）。

ガンツ　結局クツワダさんは戻れず、戸口さんは全日入りしたわけですね。

玉袋　それで戸口さんは緑のパンツから星が入ったパンツに変わったという。

戸口　よく知ってるなあ（笑）。

椎名　あのとき、リングネームを公募したじゃないですか。あれが凄く斬新に感じました。俺たちが名付けていいんだって（笑）。

ガンツ　日本陣営に入ったからには「キム・ドク」じゃないほうがいいってことになったんでしょうね。

椎名　でもあのとき、投票って言いながら「最初から〝タイガー戸口〟って決まってなかった？」っていう気がしたんですよ（笑）。

戸口　あれはね、馬場さんが付けたんだよ（笑）。

椎名　やっぱりそうですよね（笑）。

戸口　だって投票で来たのは、笑っちゃうような名前ばかりなんだよ。それで馬場さんが「これじゃあダメだな」って自分で付けたんだから。

ガンツ　ファンの大喜利みたいになってたんでしょうね（笑）。

玉袋　ラジオのハガキ投稿と一緒だから！（笑）。でも俺らのイメージではヒールだったキム・ドクが、タイガー戸口になったらいい人になってさ。子ども心に「人って変わるんだな」「悪い人もよくなるんだな」みたいに感じましたよ（笑）。

ガンツ　改心したぞと（笑）。

玉袋　よかった、よかったと思ったんだけど。戸口さん自身はとまどいみたいなものもあったんじゃないですか？

戸口　とまどいはあったよ。ベビーフェースなんてやったことないから。

玉袋　そうですよね。

戸口　俺は悪いことをやらせたら天下一品だけど、鶴田みたいないい子になるのは性に合わなかったな（笑）。

ガンツ　全米を股にかけるアウトローだから「全日本第3の男」という枠に収まらなかったんですね（笑）。

玉袋　そうだよな。まだ天龍さんが出てくる前だもんな。

戸口　おもしろい話をしようか？　天龍はアメリカにいる頃、日本に帰るのを嫌がってたんだよ。なぜかって言うと、向こうに彼女がいてさ、俺も一緒になるもんだと思ってたから。

玉袋　向こうに長くいたら当然そうなりますよね。

戸口　アイツはノースキャロライナの俺の家のすぐそばに住んでたの。だからしょっちゅうウチに遊びに来てさ。それがあるとき、俺が全日本を辞めてアメリカに帰って来たときにアイツから連絡があってね。「戸口さん、日本から電話があって『帰ってこい』って言われたんですよ」って言うんだよ。だから「いいじゃん。俺がいた第3の男ってポジション獲るんだから」って言ったんだけど、アイツは「帰りたくない、帰りたくない」って言ってたんだよね（笑）。

玉袋　天龍さんに話を聞いたときも、「アメリカに永住するつもりだった」って言ってたもんな。
戸口　こんなこと言ったら失礼だけど、アメリカで生活できてたら日本になんかいられないよ。
玉袋　セックス、ドラッグ、レスリングの日々で最高だって言いますもんね。これはナガサキさんから聞いたんですけど（笑）。
戸口　アメリカでちゃんと仕事ができるヤツは、日本に帰ろうなんて思わないよ。
ガンツ　たしかにカブキさんにマサさん、武藤さんもそうでしたもんね。

眼前で「こんばんは事件」

玉袋　戸口さんが全日本を辞めたのは、やっぱりアメリカに戻りたかったからだったんですか？　それとも新日の引き抜きだったんですか？
戸口　それはあとづけ。俺は馬場さんとケンカしたんだよ。
玉袋　何が原因だったんですか？
戸口　馬場さんが「日本に定着しろ」って言うからさ、俺も家族みんなを日本に連れて来ようと思ったの。でも、ずっとアメリカで暮らしてた家族を連れて来るなんて大変でしょ？　それを馬場さんに言ったら「じゃあ、俺が飛行機代ぐらい払ってやるよ」って言ってたんだよ。で、女房とも話して、いざ日本に引っ越して来ようとしたときにその話をしたら「そんなの知らねえよ」って言うんだよ！　「ふざけんな、このやろう！」ってなるだろ？
玉袋　それは怒りますよ！
椎名　馬場さんのケチ伝説がまたひとつ増えましたね（笑）。
戸口　それでケンカになって俺は帰っちゃったんだよ。わかるでしょ、俺の気持ち。
玉袋　家族をこっちに連れて来るっていうのは、大変な決断ですもんね。

戸口　連れてきてもウチの子どもは英語しかしゃべれないから、アメリカンスクールに通わせなきゃいけないでしょ。そしたらカネもかかるじゃん。

玉袋　そうですよね。戸口さんが正論ですよ。

ガンツ　新日本からは、全日本を辞めたあとに話が来たんですか？

戸口　いや、俺と馬場さんがケンカしたって誰かから聞いたのか、モメてるときに**新間（寿）**[※81]さんから連絡が来たんだよ。それで「シリーズが終わったらアメリカに帰してくれと。その条件だったら行ってもいい」って言ったんだ。

ガンツ　要は外国人と同じように、シリーズごとに来日する形ならいいと。

戸口　そういうこと。

ガンツ　新日本では全日本のときよりもギャラはだいぶ上がったんですか？

戸口　いや、そんなでもないよ。でも俺が全日本にしてた借金をチャラにしてくれた。なぜかって言うと、俺が名古屋で着てたガウンがあるでしょ。あれは1回しか着てないんだよ。加賀の友禅の。

玉袋　えーっ、大変でしょ。

戸口　あのガウン、１５０万だよ。昇り竜の刺繍入れてさ。そういうものを作ったり、アメリカの家族にカネを送らなきゃいけなかったりしたから、前借りしてたカネがあったんだよね。だから全日本との契約が終わって、借金もチャラにして、少し前金をもらって、俺は新日本に行ったんだよ。

ガンツ　でも当時の新日本って、**アブドーラ・ザ・ブッチャー**[※82]もそうですけど、全日本から引き抜くだけ引き抜いて、あとは飼い殺しみたいなところがありましたよね。

戸口　あのね、それはなぜか教えようか？　俺が引っ張られたとき、「新日本は全日本を潰す気でいるな」とそれは感じていた。だけど俺を引っ張ったとき、俺の居場所を作ってくれなかった。藤波もいたろ、坂口さんもいて、長州もいた。

ガンツ　なおかつ、外敵としてはラッシャー木村さんら国際軍団も来たわけですからね。

戸口　そうすると俺の居場所はどこにあるの？

玉袋　戸口さんが力を発揮しようとしても、その発揮するためのポジションを用意してくれなかったってことですね。

戸口　そう。プロレスっていうのはポジションが大事なんですよ。そのポジションによって自分のやるべき仕事があるわけだから。俺は仕事をしたくても、そのポジションを用意されなかったから。

玉袋　ましてや、（1981年9月23日の）田コロで実現した猪木さんとの初対決のときは、猪木vs戸口戦の前に、**ハンセンvsアンドレ**[※83]があって。しかもメインの直前でラッシャー木村さんの「**こんばんは事件**[※84]」があったわけですもんね。

戸口　あれはよくないよな（笑）。

ガンツ　よくないですね。さあ、猪木と戸口の初対決っていうときに、**国際軍団**[※85]という次の外敵がすでに現われてるわけですからね（笑）。

玉袋　しかも「こんばんは」のインパクトで全部持っていっちゃったからね！　そのあと、**アニマル浜口**さんがマイクを持って挑発したりさ。

ガンツ　その一通りのやりとりを、戸口さんはリング上でずっと待っているという（笑）。

椎名　あまりにもひどい扱い（笑）。

戸口　俺も呆れちゃったよ。新日本としたら俺たちを冷遇することで、「全日本なんてこんなもんだ」と見せつけて自分たちを上げようとしたんだろうけどね。

玉袋　そうなんだろうな〜。でも凄えもったいねえ！

ガンツ　一方の全日本は、引き抜いたハンセンを活かしまくって人気回復させたわけですからね。

玉袋　あのときの引き抜き合戦は、全日本のほうが上手だったよ。だから戸口さんも当時はイライラしてたのか、中学生だった俺が蔵前国技館で「握手してください」って近づいて行ったら、俺の手をはたいたからね（笑）。

戸口　ワハハハハ！

玉袋　それを俺はいつ言おうかと思ってたんだけど（笑）。

戸口　うわ〜、ずっと恨まれてたんだ（笑）。

玉袋　恨みじゃないですけどね（笑）。

ガンツ　全日本から殴り込んできたヒールってことで、握手とかに応じてなかったんでしょうね。

玉袋　まあ、そういう図式だもんな。

ガンツ　で、ボクらにとって新日本での戸口さんは、やっぱりキラー・カーンさんとのコンビで「第3回MSGタッグリーグ戦」（1982年）に準優勝したときの印象が強いですよね。

玉袋　そうだ！　でっかい韓国人とモンゴル人のコンビ！

戸口　大陸つながりだよな（笑）。

玉袋　いま考えれば、モンゴル人じゃなくて新潟出身じゃねえかっていうね（笑）。

戸口　俺なんか東京の葛飾、金町だよ（笑）。

玉袋　金町と燕三条の男がさ、なんで韓国人とモンゴル人なんだって（笑）。でも、その準優勝をいただけるっていうのはおいしいですよね。評価ですよね。

戸口　そうかもしれないね。

ガンツ　決勝の相手はアントニオ猪木&ハルク・ホーガン組ですからね。やっぱりあれが新日本でのハイライトですか？

戸口　そうだろうな。

禁断のステロイド

ガンツ　そのあと、戸口さんはニューヨークのWWF[※96]（現WWE）入りするんですよね？

椎名　そっからWWFか。凄いなあ。

戸口　だけど俺はニューヨークでは成功しなかったんだよ。あそこはとにかくパワーファイターで、単調な試合が求められるからさ。俺の場合、レスリングをやっちゃうから。レスリングを重視するバーン・ガニアのところでは成功したけど、ニューヨークはレスリングじゃないからダメだった。

玉袋　やっぱり、その土地によって違うんですね。

戸口　だから自分で考えてやらなきゃダメなんだよね。ここの場所は何をやったらいいとか。ダラスなんかだと、荒っぽい試合が求められるから、俺も荒い試合したしね。

ガンツ　でも、パワー一辺倒だった当時のＷＷＦだけは合わなかったわけですか。

戸口　俺もいちおう合わせようとはしてさ。1年目はそうでもなかったけど、2年目からステロイドをガンガン打ったんだよ。

椎名　やるしかなかったんですね。

戸口　そう。周りは全員やってるから。**ビンス**[※87]（・**マクマホン**）もやってたからね。

玉袋　なぜかレスラーじゃないビンスまで（笑）。

戸口　アイツはホントはレスラーになりたかったんだよ。だけど身体が小さいからできなかったんだよな。

ガンツ　いまのレスラーと比べると相当デカいですけどね（笑）。

椎名　いまのＷＷＥだとデカイほうだよね（笑）。

戸口　でも、あまりにもステロイドやりすぎるからコミッショナーから文句がきちゃって、それでみんなやめちゃったんだよ。

ガンツ　ステロイド汚染がアメリカスポーツ界の社会問題になってましたもんね。

戸口　俺なんかも最後のほうは2日に1回ずつ打ってたから。あれを打つと、筋肉がつくだけじゃなくて関節の痛みが取れるんだよ。リウマチにも効く薬だからね。

玉袋　へえ～。でもステロイドを打ちすぎると身を滅ぼすって言いますけど、戸口さんは凄え元気ですね（笑）。

戸口　いや、俺も一応後遺症あるんだよ。いま心臓肥大だから。

椎名　やっぱり筋肉だけじゃなく心臓まで大きくなっちゃうんですね。

戸口　そうそう。あとはキンタマもでかくなって。

椎名　キンタマもですか⁉

戸口　だって女がステロイドを打つだろ。ここに喉仏が出てくるんだよ。

玉袋　男のボディビルダーもやりすぎちゃうと、今度は逆におっぱいが膨らむっていいますもんね。ホルモンのバランスが崩れて。

戸口　ステロイドを打つときにテストステロンっていうのを一緒に入れるんだよ。なぜかって言うと睾丸がちっちゃくなって、子どもができなくなるから。それで睾丸を大きくするためにテストステロンも入れるんだよ。

玉袋　睾丸を大きくするために[※88]**（ハルク・）ホーガン**も打ってたと（笑）。

戸口　アッハッハッハ！

椎名　ハルク睾丸（笑）。

戸口　これが今日のオチだな（笑）。

椎名　WWFでは[※89]**ダイナマイト・キッド**も一緒だったんですか？

戸口　アイツらは丸々だよ（笑）。

ガンツ　丸々ステロイド（笑）。

戸口　俺は最初、3週間に一度くらいしか打ってなかったんだよ。テレビマッチの前に疲れてるときは、控え室で「おい、持ってないか？」って聞いて。1回助かったのが、ホーガンに「持ってないか？」って聞いたら「あるよ、ほら」ってケツに打たせてもらったことがあるよ（笑）。

ガンツ　なんか、ステロイドがタバコ感覚ですね（笑）。

玉袋　「おい、持ってねえか？　買ってきてくれ」ってな（笑）。

戸口　当時はそうだった。あれ打たないと身体がもたないなって。だって当時のWWFは1年365日で休みは3日だけだぞ？　スーパーボウルとクリスマスと、ニューイヤーの元旦だけだよ。それで年中、飛行機で飛んだり、クルマで行ったりしてるんだから、いくら俺の身体が頑丈でももたないよ。

一番うまいレスラー

ガンツ　そんな中、戸口さんがやさしいのはニューヨークに来た日本人をみんなケアしてあげたんですよね？　**JBエンジェルス**[※90]（山崎五紀&立野記代）とか、あと**前田日明**[※91]さんとか。

椎名　前田さんも!?

ガンツ　第1次**UWF**[※92]旗揚げのとき、WWFインター王者になるために新聞さんに行かされたんですよ（笑）。

椎名　あ〜、あのときか！

戸口　でも俺が日本に帰って来ても、ヤツらは一言もありがとうございましたってなんにも言わないだろ？　右も左もわからないヤツを、ホテル取って、メシまで食わせてやったのにさ（笑）。

玉袋　戸口さんは人がいい！（笑）。

戸口　恩着せがましいことを言ってるんじゃなくて、何も知らないで来てるから、俺が助けてやろうと思っただけでね。それをあとになって仇で返されちゃったらさ。

玉袋　そりゃいけねえや。

戸口　すぐ帰っちゃうヤツはわからないんだよね。長く向こうで生きていくなら、こういうのはお互い様なんだから。

椎名　戸口さんはWWFには何年ぐらいいたんですか？

戸口　5年いたよ。

玉袋　ニューヨークに5年いたっていうだけですげえよ。

椎名　日本人でそんなに長くいた人っていました？

戸口　いないいない。でもさ、ホントは最後の頃にキラー・カーンとタッグを組んで売り出されるはずだったんだけどさ、アイツが日本に帰っちゃってダメになったんだよ。急にいなくなったから、事務所から「どうしたんだ、アイツは？」って聞かれたんだけど、「いや、わかんない」って答えてさ。

ガンツ　**ジャパンプロレス**[※93]分裂のゴタゴタで、カーンさんはＷＷＦを辞めてそのまま引退しちゃったんですよね。

玉袋　それで「スナックかんちゃん」オープンだもんな。

戸口　アイツは俺に何も言わないで帰ったんだよ。それで何年もあとに会ったときに、俺が「なんでおまえ帰ったんだよ、バカ野郎！」って言ったら「いや、長州が新日本から1億もらって戻ったからバカバカしくなって辞めた」って。それがホントかウソかわからないけどね。

ガンツ　でも、それによって東洋の大型コンビとしてＷＷＦのトップヒールになるチャンスを逃しちゃったんですね。

戸口　だから結局、俺が唯一うまくいかなかったのはニューヨークだけだよ（笑）。

玉袋　逃した魚はデカイ（笑）。

ガンツ　戸口さんはそのあと、メキシコでも**カネック**[※94]から**ＵＷＡ**[※95]世界ヘビー級王座を奪取してトップになってますもんね。

戸口　よく知ってるじゃない。みんな俺のそういう歴史を知らないんだよな。あとプエルトリコでもトップ獲ったし、ドイツのハノーバーでもトップだったからね。

玉袋　アメリカだけじゃねえんだもんな。そこが凄えよ。

ガンツ　世界中のトップレスラーと闘ってきた戸口さんが「このレスラーは凄い！」と思った方は誰ですか？

戸口　あのね、レスラーで一番うまいと思ったのはレイ・スティーブンス、**ジョニー・バレンタイン**[※96]。あと技で言えば**ジャック・ブリスコ**[※97]とかドリー・ファンク・ジュニアも入るね。そして一般的に試合を観てうまいと思ったのは**ジン・キニスキー**[※98]。

玉袋　荒法師だよ〜。

ガンツ　キニスキーは馬場さんの「生涯のベストバウト」の相手ですし、ジョニー・バレンタインは、猪木さんの初期の最高の名勝負の相手ですからね。やっぱり超一流だからこそできた名勝負だったんでしょうね。

玉袋　日本人で選ぶとしたら誰ですか？

戸口　日本人で俺の最高のライバルはジャンボ鶴田だけど、一番うまいのは馬場さんだろうね。あの人はデカイけどうまいよ。

馬場プロレスの凄さ

玉袋　うわ〜、やっぱり馬場さんなんだ！　俺たちの世代って思春期はみんな猪木プロレスに夢中になったんだけど。いま50歳で、この歳になってからようやく馬場さんのプロレスの凄さもわかるようになってきたんですよね。

戸口　ようやく目が肥えてきたな（笑）。まあ、馬場さんが凄かったのは日本プロレス時代だからね。あなたたちが物心つく前でしょう。

ガンツ　ボクはまだ生まれてませんからね（笑）。

戸口　昔、大阪球場でやった馬場さんのキニスキーの試合（１９６７年8月14日）なんて最高だよ。すっごい試合だった。俺はあの頃はまだぺーぺーだったけど、あんないい試合は観たことがない。

玉袋　戸口さんみたいなプロフェッショナルが言うんだから、間違いないよね。重みが違う！

戸口　あとは真夏の大阪府立体育会館でやった、馬場さんと（ドリー・ファンク）ジュニアの試合も凄かったな。

ガンツ　冷房がない灼熱地獄の試合ですよね（笑）。

戸口　そう！　テレビライトに照らされて、リング上は50度近くあってな。もうロープを触っただけで熱いんだよ。そんな中、馬場さんとジュニアは3本勝負やってさ。試合が終わって控え室に帰ってきたら、馬場さんは靴も脱がないでそのまま風呂場に行ったもんね。そこで大の字になって「おい戸口！　水かけろー！」って言うから俺とクツワダさんで水かけたよ。靴も脱がずに大の字の馬場さんにさ（笑）。

椎名　ガリバー旅行記ですね（笑）。

玉袋　でも、その馬場さんや、ライバルだった鶴田さんが亡くなってもう20年近く経ちますけど。亡くなったときの気持ちはどうだったんですか？

戸口　やっぱり悲しいよ。俺はケンカ別れで全日本を飛び出したけど、馬場さんが亡くなったって聞いたときはすぐに恵比寿のマンションに駆けつけたからね。鶴田もあまりにも早すぎたけどさ、俺はB型肝炎だっていうのは前から知ってたんだよね。

ガンツ　鶴田さんが亡くなったのは２０００年でしたけど、１９９２年に長期欠場して、もう第一線は退いてましたもんね。

戸口　こんなことを言ったら酷だけど、仕方ないっていうかさ、自業自得でもあるんだよな。なぜかっていうと、地方に行ってあまりにもアレをヤりすぎてたからさ。それも素人ならいいけど、当時はソープランドのタニマチが全国にいたからそっちばかりだったから。

椎名　そういう時代だったんですね（笑）。

戸口　鶴田は、仲がよかった日本テレビのアナウンサーといっつも一緒に行ってたから。

椎名　お好きなふたりだったんですね（笑）。

戸口　それであのアナウンサー、「タイガーはいいなあ、女房が金髪で。俺もタイガーの女房みたいな女とヤリたいよ」とか言うからぶっ飛ばしてやろうかと思ったよ（笑）。

玉袋　それはもう、**ザ・シーク**※99に襲われてもいいよ！（笑）。戸口さん、それはね、冒頭に出てきた三叉もそうなんですよ。
戸口　そうなの？
玉袋　正月に後輩芸人がみんな俺の家に来て宴会やってたんですけど、最後酔っ払った三又だけが残って。アイツ、俺とカミさんの前で急に素っ裸になって、「玉さ〜ん、奥さんと俺とで3Pやりましょうよ」って言ったのと同じですよ！
椎名　それはいけませんね（笑）。
玉袋　その場で食らわせてやったよ。あのバカ野郎（笑）。それでアイツは俺の家は出禁だから。
戸口　よく、人の女房に対してそういう言葉が出てくるよな。常識的にもそういうことを言えないよね。
椎名　たしかに（笑）。
戸口　酒飲んだときの冗談だとしても、そんなこと言っちゃいけないよ。
玉袋　いけない！　やっぱり戸口さんはヒールだけど、中身は常識人でベビーフェイスだな（笑）。
椎名　ヒールほど、素顔は常識人っていいますからね。
玉袋　軸がしっかりしてねえとプロレスにならないしね。いや〜、戸口さん。今日はありがとうございました！
戸口　どう？　こんな話でよかった？
玉袋　いや、最高でしたよ。力道山、木村政彦から、三又、チョロまで（笑）。
ガンツ　レスリングスタイル同様、幅が広すぎる（笑）。
玉袋　戸口さん最高！　やっぱり俺たちは、昔っからキムタクよりキム・ドクですから！
戸口　あ、そう？　それはキノドクに（笑）。
玉袋　ワハハハハ！　オチまでつけてもらってありがとうございます！

イス大王

栗栖正伸

栗栖正伸（くりす・まさのぶ）

1946年11月15日生まれ、鹿児島県肝属郡出身。プロレスラー。国士舘大学を卒業後にプロレスラーを志して単身アメリカに渡り、ロサンゼルスで修行中にアントニオ猪木と出会い、1972年4月に新日本プロレスに入門。同年9月26日にリトル浜田戦でデビュー。1979年、メキシコに遠征して「マサノブ・クルス」のリングネームでUWAマットでトップルードとして大活躍。1984年、ジャパンプロレスに参加し、その後全日本プロレスに入団。1988年に一度引退。1989年、大阪市平野区に「栗栖正伸トレーニングジム」を設立して、後進の育成に力を注ぎ、同年にFMWで現役に復帰。イス攻撃を中心としたラフファイトで人気を博し、あらゆるインディー団体やWAR、新日本で活躍した。

ガンツ　玉さん！　今日は取調室初の「地方出張版」ということで、ここ大阪で行なわせていただきます！

玉袋　大阪っつったら、ミスター・ヒトさんのお好み焼き屋「ゆき」かと思ったら違うのか？

ガンツ　ヒトさんは残念ながら亡くなられていますから（笑）。というわけで、今日のゲストは栗栖正伸さんです！

玉袋　よっ！　イス大王！

栗栖　ごめんね、遠くまで来てもらって。

玉袋　いやいや、今日は栗栖さんと飲めるってことで楽しみにして来たんですよ。奥さんにも来ていただいちゃって。

栗栖夫人　よろしくお願いします。

栗栖　俺は嫁さんがいないとロクに出歩けないから（笑）。

玉袋　で、本当はテーブル席だったんですけど座敷にしてもらったんです。イスがあると危ねえなってことで（笑）。

ガンツ　いつイス攻撃を喰らいかねないっていう（笑）。

栗栖　まあ、こんな座布団で殴っても、痛くもかゆくもないもんな。でも、こんな棺桶に片足突っ込んだ人間に何が聞きたいのよ？

ガンツ　栗栖さんのレスラー人生をたっぷり語ってもらいたいんですよ。

栗栖　語るほどのもんじゃないよ。ただ、不思議なもんでね、最近になっていろんな話が来るんだよ。先月なんかメキシコに呼ばれて行ってきたのよ。クソ遠いのに（笑）。

玉袋　なんで呼ばれたんですか？

栗栖　なんかルチャのイベントでね。

栗栖夫人　ルチャエキスポがあったんですよ。

ガンツ　ああ、『レッスルマニア』前日とかにやっている、往年の名レスラーを呼んで行なうファンイベントのメキシコ版ですね！

栗栖　元『ゴング』の清水（勉＝**ドクトル・ルチャ**※100）

くんが一緒に行ってくれてね。記者会見が終わったら「映画に出てくれ」って話が来てさ。

玉袋 メキシコで映画出演ですか？　国際スターじゃないですか！（笑）。

ガンツ 伝説の日本人ルードとして声がかかって（笑）。

玉袋 メキシコで名を残してるっつーのが凄いね。

栗栖 でもさ、この歳になって、またメキシコに行けるとは思わないじゃん。しかも「映画に出てくれ」ってさ。「俺をおちょくってるのか？」って思ったよ。

玉袋 それぐらい、当時のメキシコの子どもたちに強烈なインパクトがあったんでしょうね。大悪党で、言ってみれば**タイガー・ジェット・シン**[※101]みたいなもんだからね。

栗栖夫人 だから誘拐犯の親子の話なんですよ（笑）。

玉袋 当然、役柄も悪党だと（笑）。

栗栖 俺に悪党以外、何をやらすのよ！（笑）。でも、いまさらスパニッシュなんて覚えてねえと思ったんだけど、俺は日本語でしゃべればいいって言うからさ。ごっちゃんだよね。

玉袋 では、今日は国際映画スターになるまでの人生をたっぷりうかがわせてください！

皿洗いで猪木と出会う

栗栖 そんな俺なんて、校長先生を喰らわせて（殴って）、高校を退学になってる人間だからね。

玉袋 エリートだな〜（笑）。

栗栖 べつに俺は不良じゃなかったけど、許せないことは許せないからね。それで高校3年の卒業間近だったけど退学にされて。ほかの学校に入り直そうと思ったんだけど、（地元の）九州だとどこも取ってくれなくてね、唯一拾ってくれたのが国士舘高校。それで東京に出たのよ。そのあと国士舘大学に行って。

玉袋 あの頃の国士舘っていうのは凄い時代ですよ

ね。

栗栖　でも、一本筋が通っていてよかったと思いますよ。変にチャラチャラするより、ビシッとしていてね。その精神があったからメキシコでもやってこれたと思ってる。

玉袋　国士舘で下地ができてたんですね。

ガンツ　栗栖さんは大学時代からプロレスラーになろうと思ってたんですか？

栗栖　いま思うと、なんでかわかんねえけどね。ただ、俺は校長を喰らわせてるでしょ？　いわゆる日本の裏表のある人間関係が嫌だったのよ。だから何のアテもなく、向こうでプロレスラーになろうと思って、カネ貯めてひとりでアメリカに飛んでね。

玉袋　何のツテもアテもなく、アメリカに単身飛ぶって凄えな～！

栗栖　若かったからできたんだよ。いまだったら嫁さんいないと、どこ行くにも全然ダメ。

玉袋　若さゆえか。

栗栖　バカさゆえだね。バカさは絶対にある。

ガンツ　「若さ」と同時に「バカさ」（笑）。

栗栖　俺が大学時代に通っていたボディビルセンターに田村っていうチャンピオンがいてね。その人がロスでサウナかなんかを経営していて、一応面識があったからその人を頼って行っただけだから。それで下宿を紹介してもらって、しばらく日本食レストランで皿洗いして働いてたら、猪木さんと知り合ったんだよ。

玉袋　凄え！　それはどういうシチュエーションだったんですか？

栗栖　俺が働いてたレストランの2軒隣の店が、ロスに来た日本人レスラーの溜まり場みたいになっていたところでね。そこのオーナーが昔から猪木さんをかわいがってたんだよ。で、ある日、猪木さんがロスに来たとき、そのオーナーは俺がレスラーを目指してるの知ってたから、「栗栖、今度猪木さんが新しい団体を作るから、そこで世話になれ」って言ってさ。猪木さんにも「コイツを連れて行ってやってくれ」って言ってくれて、それで日本に帰ることになったんだよね。

玉袋　運命の出会いだな〜。レスラーになるっていう漠然とした夢を持って皿洗いをしてたら、猪木さんに出会うわけだもんな。それで人生が変わっちゃったわけですもんね。

栗栖　変わっちゃったね。そこからはヤクザの親分・子分の関係と一緒よ。

玉袋　考えてみれば、猪木さんもブラジルで力道山先生と出会って、日本に連れて帰ってもらったわけだから、同じような境遇でもあったわけですよね。

栗栖　まあ、猪木さんと俺ではスケールが違うけど、俺は俺なりの夢がそれで叶ったわけだから。こっちはごっちゃんですよ。

玉袋　それで新日本が旗揚げ直後でドタバタしてるなか、ちょっとした帰国子女的に帰ってくるわけですよね。

栗栖　だから俺が行く前から、「猪木さんがロサンゼルスから連れて帰ってきたヤツが入る」っていうのが道場の人間には知られてたみたいで。「クリスっていう外国人が来るから、言葉わかんねえけどどうする？」みたいな話をしてたらしいよ（笑）。

猪木の付き人として

玉袋　ダハハハハ！　[※102]**クリス・ベノワ**的なね（笑）。当時の道場はどんなメンバーだったんですか？

栗栖　合宿所にいたのは藤波さん、木戸さん、あとは荒川のおっさんと、[※103]**（グラン）浜田**かな。[※104]**藤原（喜明）**は俺のあとだからね。

玉袋　キラー・カーンさんは？

栗栖　カンちゃんはあとから入ってきたんじゃないの。日プロから。

玉袋　あっ、そうか。坂口さんと一緒にあとから来たのか。[※105]**ミスター・ポーゴ**は？

栗栖　関川はもう辞めてた。
玉袋　もう逃げてるんだ（笑）。
栗栖　あれはナマクラだから（笑）。
玉袋　栗栖さんは、猪木さんが連れてきた人間ってことで、ちょっとほかの人とは立場が違ったりしたんですか？
栗栖　まあ、やっぱりいじめられたよね。道場の練習を仕切ってるのは山本さんだったけどさ、「なんで、こんなにいじめられなきゃならないんだ？」っていうときはさ、ビール瓶を叩き割って、それで刺してやろうと思ったことはあったよ。それぐらい意地悪をされたからね。おとなしい俺でもそう思うんだから。
玉袋　なんでそこまでされちゃうんですか？
栗栖　わかんねえけどね。俺は猪木さんに拾ってもらった人間で、新日本に入ってからもずっと猪木さんに付いていたんだよ。
玉袋　運転手もやってたんですよね。
栗栖　そうすると「栗栖だけおいしい思いをしてる」とか、まわりがそういうふうに見てくるんですよ。俺はそんなことで天狗になるような人間じゃなかったから、べつにいいんだけどさ。でも道場は山本さんが仕切ってるから、自分の下についてる荒川とか藤原はかわいがるけど、猪木さんに付いてる俺はいじめられたのよ。でも俺は猪木さんに入れてもらった人間だから、猪木さんの顔は潰せないって頭で黙ってたのよ。
玉袋　凄いよね、それは。
栗栖　親分に忠義を尽くすっていうだけなんだけどさ。猪木さんは、俺が嫁さんと一緒になったときも気を遣ってよくしてくれたからね。猪木さんっていうのはそういう人なのよ。いろんなことを言う人がいるけど、いいことはいいって言わなきゃね。
玉袋　栗栖さんは猪木さんのお付きをやられる中で、教わった言葉とかはありますか？
栗栖　言葉とかじゃなくてさ、俺もなんて言っていいかわからないけど、やっぱり猪木さんの姿じゃないかな？　それをこっちが何を感じるかってだけでね。

栗栖夫人　当時は最高にオシャレで、何を着ても流行の最先端をいっていて、そういう人だったんですよね。

玉袋　そういう最高の人を間近で見られるんですもんね。

栗栖　それがお手本でしょ。俺が人の足を引っ張ったりしないのは、そういう姿を見てるからじゃないの。

玉袋　やっぱり猪木さんは品がありますよね。カッコよすぎますもんね。

栗栖　うん、カッコよすぎ。猪木さんみたいな人はもう出ないよ。

玉袋　栗栖さんが若い頃伸ばしてたモミアゲは、猪木さんのモミアゲに憧れたんですか？

栗栖　そうかもしんないけど、わかんねえよ。

玉袋　でも、カッコよかったじゃないですか。それを受け継ぐモミアゲイズムがあんだなっていう。

ガンツ　栗栖さんはちょっと七三っぽくして、レッゴー三匹のじゅんみたいな感じで（笑）。

栗栖　なにバカなこと言ってるんだよ（笑）。

玉袋　でも、あれだけの人に付いていたら影響を受けますよね。

ガンツ　栗栖さんは、**モハメド・アリ戦**※106のときもずっと付いていたわけですよね？

栗栖　うん、一緒。嫁さんなんか、あれ一番前で観てたんだから。猪木さんが気を遣って席を用意してくれて。

玉袋　あの当時で30万円の席ですよ！（笑）。

栗栖　そういう意味ではウチの嫁さんもいい思いをしてるからね。

玉袋　アリ戦はいまでこそ評価されてますけど、当時は世間の評価が散々だったじゃないですか。

栗栖　あれは素人は知らないから言ってるのよ。

玉袋　でも、当時は栗栖さんも悔しかったんじゃないですか？
栗栖夫人　しばらく機嫌が悪かったんですよ。話しかけても返事もしなくて。
栗栖　だからマスコミもいい加減なんだよ。わかりもしねえのに偉そうに言ったらアカンよ。
玉袋　そのときの猪木さんはどうだったんですか？「なんでわかってくれないいんだ！」っていうジレンマを感じたりとかは？
栗栖　いやいや、そういうことは絶対にない。
ガンツ　そういう姿は見せないいんですか？
栗栖　うん、全然見せない。
玉袋　カッコいいですねえ。
栗栖　俺はそういう猪木さんの姿しか見てないからさ。だから、俺は人の足を引っ張ったことはないよ。浜田のことだって、最近まで話すことはなかったしね。
玉袋　メキシコに行った人は、みんな浜田さんのことを言うんだよな〜。栗栖さんも手が合わなかったんですか？
栗栖　いや、日本にいたときは手が合ってたのよ。浜田も俺も柔道をやってたから試合でも呼吸が合ったし、若手の頃からいい試合ができていた。それがまさか向こうに行って、人を陥れるようなことをされるとは思わなかった。
玉袋　じゃあ、浜田さんとはメキシコに行ってから合わなくなったんですか。
栗栖　結局はそういうことだよな。アイツはみんなとコレしてる（モメてる）もん。

結婚でメキシコへ

玉袋　メキシコではどんなことをされたんですか？
栗栖　まあ、アイツは俺がメキシコであれだけ売れるとは思わなかったんじゃない？　それがジェラシーなのか、おもしろくないのか……。浜田とは向こうでもいい試合ができたんですよ。俺がメヒコに行って2カ月で、アイツとトレオっていう大きなところで試合が組まれてね。

玉袋 お〜、**エル・トレオ**[※107]だ！

ガンツ 2万人以上入る闘牛場で、UWAの総本山ですよね。

栗栖 浜田はベビーフェイスで向こうのヒーロー。俺はその浜田を追ってきた日本の悪党っていう構図でやってね。そこで俺は新日本のスタイルでガンガンやったんですよ。そうしたらその試合が「30年に一度の名勝負だ」って言われてね、俺は認められたんだよ。そこからメキシコ一円のプロモーターがみんな「栗栖、栗栖」ってなって、いろんなところに引っ張りだこになったんですよ。

玉袋 ルード（ヒール）として一夜にしてブレイクしたんですね。カッケー！

栗栖 ところが、そうなると浜田はおもしろくないわけよ。いままでメキシコでコツコツとやってきて自分がトップを取れるようになったのに、俺がひと晩でおいしいところをいただくようになったからさ。そこからは裏から手を回して、妨害ばかりよ。おいしいところを取らせないようにしてさ、そこまでやるかっていうくらい。あんな他人を陥れること、人間としてやっちゃいけないよ。

ガンツ メヒコの第一人者なんだから、そんなことをする必要なさそうなもんですけどね。

栗栖 だから俺はメキシコに来てたタイガー・ジェット・シンの目の前で浜田に言ったんだよ。「おまえはここの頭なんだからちゃんとせんかい。バカもんが！」ってね。俺も裏でグジュグジュ言うのは嫌だからさ。だから大きな試合が終わったあとは、浜田の家で打ち上げをやってどんちゃん騒ぎをするわけよ。そこにも俺は変わらず行ってたし、嫁さんなんかお土産をいつも持って行ってたから、向こうの子どもや嫁さんが喜んでくれてたしね。

栗栖夫人 そのときに赤ちゃんだったのが（**浜田**[※108]）

文子なんですよ。

玉袋　あ〜、こないだ問題起こしちゃって。残念ですよね。

栗栖　俺に言わせりゃあれも浜田が悪いのよ。日本に帰ってきて、てめえの子どもが家に遊びに来られないような状況を作りやがってさ、バカだよ。若い頃からそういうところがだらしなかったから。俺は何も言わなかったけどね。

玉袋　こっちはこっちでやってるからと。

栗栖　だから俺がアイツのことをこうやって言い出したのは最近だよ。

玉袋　よく耐えましたね（笑）。そもそもメキシコには栗栖さんが志願して行ったんですか？

栗栖　俺も身体がちっこいから、新間さんに「メキシコに行かせてくれ」って言ってね。まあ、いま思うとメキシコに行けてよかったんじゃない？　いまになって映画の話もくるぐらいだからさ。

玉袋　でも、メキシコは水が合わなくて、みんな大変な思いをしてるじゃないですか。体重が何十キロも落ちたり、また標高が高いから苦しいところで試合しなきゃならなかったり。「行きたくねえ」って人も多いと思うんですけど。

栗栖　みんな能書き垂れすぎよ。俺だって腹は下すけど、節制して体重落ちないようにキープしたしね。それに俺が行ける海外はメキシコしかなかったし。ちょうど結婚したあとだったしさ。

玉袋　新婚でメキシコに行ったんですか！　そうだ、馴れ初めを聞きたいですよ。

栗栖　そんなもん、話すことじゃないでしょうが！（笑）。

玉袋　いや、プロレスラーの妻になるっていうのは、奥さんにとっても冒険でしょう。いくら若さがあったとはいえ。

栗栖　何をバカなことを（笑）。ウチの嫁さんがバカだって言うの？

玉袋　言ってませんよ！（笑）。

栗栖　この人、芸人だから凄いこと言うね。

玉袋　いやいや（笑）。ボク自身、まだいろいろ整ってないときに結婚しちゃったんで。やっぱり、それでも一緒になるっつー、燃え上がる炎があったわけですか？

栗栖　うん、そういうのはあるね。いいじゃん、べつに（笑）。

ガンツ　でも、結婚したと思ったら、すぐに「メキシコに行く」って言い出して、奥さんもびっくりされたんじゃないですか？

栗栖夫人　まだ娘が10カ月で、「メキシコに行くからあとで来いや」って言われて「いや、あとで来いやって言われても……」って（笑）。

ガンツ　乳飲み子を連れてメキシコって凄い話ですね（笑）。

栗栖　ウチの嫁さんだったからいいけど、ほかの女性だったらたぶんトラブってるね。

玉袋　坂口さんの奥さんだったらたぶん無理でしょうね。

栗栖　ちょっと、なんでそれを知ってるの？（笑）。

玉袋　いろいろ聞いてます（笑）。

ガンツ　でも、新婚で子どもも小さいのにメキシコ行きを決めたのは、相当な覚悟もあったんでしょうね。

栗栖　このまま日本にいても、この先自分がどうなるのかっていうのが見えたから。で、結婚して猪木さんの付き人も離れたし、一発ここでやるだけやって、ダメならダメ、よけりゃよいでいけばいいっていう感覚だよね。まあ、嫁さんには苦労かけることになってしまったけど、結果的にはよかったんじゃないかな。

ガンツ　男として勝負するときがきたわけですもんね。

栗栖　結局はそういうことよ。グチグチ言ってても仕方ないしさ。だから「行くときは行かなきゃ」って思うよ。

売れっ子ルードの矜持

玉袋　とは言っても、奥様はビックリされましたよね？（笑）。

栗栖夫人　「来いや」って言われた3カ月後にメキシコに行ったんですけど、毎日試合だから家に全然いないんですよ。

ガンツ　栗栖さんが売れっ子になっていて、行ったもののいきなりすれ違い生活（笑）。

栗栖夫人　帰ってきたとしても、ご飯を食べてすぐ夕方の試合に行くし。

栗栖　試合するために行ってるんだから、遊んでてもしょうがないでしょ。

玉袋　でも家族をメキシコに呼んで、それっていうのが凄い。

栗栖夫人　ちょうどそのときメキシコに来てた佐山さんや**小林**[※109]**（邦昭）**さんが、ちょくちょく家に遊びに来てくれたからまだ大丈夫でしたけど。ひとりだったら辛かったかなって。

ガンツ　ホームシックになりますよね。幼い子を抱えながら異国でひとりと思ったら。

玉袋　でも、ちびっこハウスからタイガーマスクが来て、虎ハンターまでついてきたと（笑）。そんだけ試合をしたら向こうの稼ぎも凄かったんじゃないですか？

栗栖　まあ、稼いだけど、しょせんはペソだからね。

ガンツ　日本に持ち帰ったら、たいした額じゃなくなっちゃう（笑）。

玉袋　でも、向こうではいい生活ができたんじゃないですか？

栗栖夫人　そうですね。セキュリティのしっかりした、広いマンションに住ませてもらったので。

ガンツ　メキシコでは「安全はお金で買わなきゃいけない」って言われますもんね。

玉袋　メキシコでは週に何試合やってたんですか？

栗栖　毎日だよ。

玉袋　毎日（笑）。

栗栖　毎日やったら身体を壊すからやめたほうがいいよ（笑）。

ガンツ　栗栖さんはそのメキシコに3年もいたんですよね？

玉袋　3年は凄え！

栗栖　いや、ウチ（**栗栖ジム**）[※110]にいた**奥村**[※111]（**茂雄**）なんか14年だぞ。

ガンツ　それはそうなんですけど（笑）。

栗栖　奥村はあっちのコと結婚したからいいんだろうけどな。

ガンツ　栗栖さんの場合、新婚生活3年が丸々メキシコって凄いですよ（笑）。

栗栖　だから嫁さんには悪いなと思ってる。これが嫁さん以外の女性だったらたぶん別れてるよ。

玉袋　破綻してますか（笑）。

栗栖夫人　だってね、向こうはご飯を炊こうにも、高地だからうまく炊けないし。そもそも家になかなか帰ってこないし。

ガンツ　当時はそれだけ売れたからでしょうね。

栗栖夫人　だって悪かったもん。凄かったもん（笑）。

栗栖　バーカ！　悪いって言うな。

玉袋　仕事、仕事（笑）。

栗栖　ねえ。一生懸命仕事してたんですよ。

ガンツ　エル・トレオが暴動みたいになっていたわけですよね。観衆3万人に嫌われて（笑）。

玉袋　客をヒートさせるっていうのは、やっぱり気持ちいいですか？

栗栖　気持ちいい。最高。トレオの3階の一番上に向かって、「コラ！　おまえらバカ！　アホンダラ！」って言うと、そこの一角だけ蜂の巣を突いたように騒いでね。

玉袋　ロックスターですね。桑田佳祐ですよ（笑）。

ガンツ　「スタンド〜！　アリーナ〜！」って感じで（笑）。

玉袋　最高のルードは3階席の客も怒らせるっていうね。漫才も「手前じゃなくて、一番後ろの客から笑わせろ」っていうのがあるんですよ。そうすると後ろから笑いがドミノ倒しでくるっていうね。

栗栖　あの快感はやった者にしかわかんないよ。

ガンツ　でも、栗栖さんはメキシコでそれだけ売れたのに、日本に帰ってきたらまた粛々と前座を務めていたわけですよね。

栗栖　清水くんにもそれは言われたけどね。まあ、割り切らないとしょうがない。あっちでおいしいところやってたって、日本の人間にはわからないんだもん。

玉袋　いまみたいにネットがあればね、「栗栖がメキシコでトップ取ってるぞ」っていうのがわかるけど、それがない時代ですもんね。

栗栖　でも、俺はべつに日本で目立ちたいとか、そういう頭は全然なかったよ。ジェラシーとかはホントになかったね。

玉袋　それがルードの矜持だな。ベビーフェイスをやる人はやっぱり「俺が、俺が」の人が多いからね。

栗栖　あのね、やっぱり精神が悪いよ。

ガンツ　やっぱりそうですか（笑）。

栗栖　名前を言うてみ。だいたいそうだから。でも俺は底を見てるじゃん。だから浮かれた気持ちは全然ないんだ。

玉袋　なるほどな～。メキシコで売れてたことを、帰国後にことさらひけらかさねえところもカッケェ。

栗栖　俺はメキシコで3階席の人間をワイワイ言わせてさ、またこの歳になって呼ばれるんだから、ごっちゃんだよ。

全日本で卍固め

ガンツ　そんな栗栖さんが、1984年に新日本を離脱してジャパンプロレスに行ったのは、どんな理由があったんですか？

栗栖　これはもう、（ジャパンプロレス社長の）大塚（直樹）[※112]さんに尽きるよ。あの人はナイスガイで、俺は認めてるよ。

玉袋　当時の新日本はクーデターとかでゴタゴタしてたから、大塚さんっていうのは、そうじゃないクリーンで新しいことをやりたい気持ちがあったんですかね？

栗栖　そういう詳しいことは俺は知らないけど、やっぱり大塚さんの性格に俺はぞっこんだったよね。猪木さんのところを出た理由はそれだよ。俺は純粋に大塚直樹という人間が好きだったから。ただそれだけ。

ガンツ　大塚さんといえば日本一のプロレス営業マンですから、人の心をつかむのが凄い人なんでしょうね。

栗栖　ハッキリ言っていい男だよ。ほかのバカとは違うよ。これは俺が推薦するよ。人間的に最高。

ガンツ　だから馬場さんも、長州さんを引き抜いたわけじゃないんですよね。まず大塚さんを抱き込んで、そこに大塚さんが引き抜いた長州さんたちがついてきたという。

栗栖　それぐらい大塚直樹っていうのはいい男だよ。あんたも惚れるよ。

ガンツ　では奥様も、大塚さんの新団体だったらということで納得したんですか？

栗栖夫人　いやもう、彼が「行く」って言うから（笑）。

玉袋　行くって言ったらもう聞かねえと（笑）。栗栖さんは新日本を抜けるとき、猪木さんに挨拶は行ったんですか？

栗栖　行かない。

玉袋　行かなかったんですか？

栗栖　行けるわけないじゃない、あんなの！

玉袋　会ってしまったら、「辞めます」とは言えないか。それぐらい猪木さんも凄えってことだな。

栗栖夫人　新日本での最後の試合は大阪だったんですけど、そのときに新しいジャージの採寸があったんですね。それで一応採寸をしたんですよ（笑）。

ガンツ　辞める決心はついてるけど、それは内密だったので（笑）。

栗栖夫人　でも、そのときに坂口さんが「おまえは要らないだろ」って言ったから「あれ？　どうなのかな……」と。

ガンツ　坂口さんには情報が漏れてたんですね。

玉袋　まあ、誰かチクるヤツがいたんだな。そっから全日本に移るわけですけど、馬場さんはどうでした？

栗栖　いい人よ。俺のことも買ってくれてね、だからテレビでもおいしいところに出してくれたよね。あれはごっちゃんですよ。長野に行ったときも「おい！　おまえ、今日はテレビだぞ」って言われてさ。あのときはテンタか。

ガンツ　**ジョン・テンタ**[※113]のシングル初戦の相手が栗栖さんなんですよね。

玉袋　それは凄え。「任せられる」ってことですもんね。

栗栖　それは俺からするとごっちゃんですよ。（長州軍が新日本に戻って）ジャパンから全日本に移ったばかりだからさ。テンタはゴツいから苦しかったけどね。

ガンツ　あの試合で栗栖さんが卍固めを初めて出したのを憶えてるんですよ。

栗栖　あっ、ホント？　全日本には山本小鉄がいなかったからな（笑）。昔はあれやっちゃいけない、これやっちゃいけないで、「じゃあ、あとは何ができるの？」と。そういう時代だったからさ。

玉袋　前座を任されるとそうなんでしょうね。

栗栖　だから蹴飛ばして、ぶっとばすしかできねえもん。俺がドロップキックやるわけにいかねえしね。しょっぱいのに（笑）。

ガンツ　だからこそ、栗栖さんのあの強烈なストンピングが身についたわけですね。

栗栖　痛そうに見えればごっちゃんじゃん。そうでしょ？

玉袋　大事ですよ。

栗栖　ああいうので魅せるのも大事だからね。

玉袋　じゃあ、全日本は居心地がけっこうよかったんですか？

栗栖　よかったんじゃない？　山本小鉄もいないから、ぐちゅぐちゅ言われないし。まあ、元子さんはちょっとあったけど、俺なんかやりたい放題だもん。ジャパンから全日本に移ってみんなで酒を飲んだとき、小鹿さんに「コラ！　おまえ、ボケが！」って言ったことあるもん。そうしたら小鹿さんがもうビビってるの（笑）。

玉袋　あの小鹿ですよ！（笑）。

栗栖　俺は知らんよ。俺は酔ったマネをしてさ、「おまえ、ガタガタ言ってると、いってまうど、この野郎！」っていうようなことを言ったと思う。俺も小鹿さんのいろんな評判は聞いてたけどさ。

望まざる引退

ガンツ　全日本の若い衆はビビったでしょうね（笑）。
栗栖　俺は俺でもう我が物顔よ。
ガンツ　１９８７年春に長州さんたちが新日本に戻って、ジャパンが分裂したときはどうだったんですか？
栗栖　あんなの、ハッキリ言っておかしいよね。俺は長州が何を言おうが知らん。馬耳東風。俺は大塚さんについてきたんだから、長州は関係ないもん。
ガンツ　あれは長州さんは自分が動かしやすい子分を連れて行ったたっていうことなんですよね。
栗栖　結局はそういうことよ。だから大塚さんの友達だった加藤っていうのがいただろ？
ガンツ　ジャパンプロレスの加藤専務ですね。
栗栖　加藤は大塚さんと友達だったんだよ。それで大塚さんに誘われて来たんだけど、結局は長州をヨイショしたんだよ。
ガンツ　リキプロダクションのマネージャーになったんですよね。
栗栖　あの加藤っていうのもおかしいんだよ。だから俺は電話番号を交換したんだけど、こないだ切ったよ。俺は大塚さんとはいまでも付き合いがあるけど、加藤は関係ねえもん。だから合わないのはしょせん合わないのよ。
玉袋　キラー・カーンさんは、そのタイミングでプロレスを辞めちゃったんですよね。
栗栖　あれも言っちゃ悪いけど、変わり者なんだよ！
玉袋　ガハハハハハ！
栗栖　俺はこの前、カンちゃんの店に行ったんだけど、いまだにあの頃のことをグジグジ言うんだよ。
ガンツ　たしかにグチグチ言いますね（笑）。
栗栖　あれは言いすぎよ。ジャパンのときも、移動のバスの中でアイツがグチグチ言うから、俺は頭にきてスリッパでぶっ叩いたのよ。そうしたら「親にもどつかれたことないのにこの野郎！」ってぬかしやがってさ、長州と浜さん（アニマル浜口）が俺を止めにきたんだよ。

玉袋　スリッパで頭を叩くってコントじゃねえんだからさ（笑）。でも、カーンさんはあのジャパン分裂のときに人間関係が嫌になったって言ってましたね。

栗栖　あっ、ホント。カーンもいい男なんだけど昔からそういうところがあった。仲がいいはずなのにグチグチ言ってて、俺はこぼすっていうのがあまり好きじゃないのよ。で、こぼしすぎるから俺はバトルロイヤルのときにケンカしたことあるから。

玉袋　バトルロイヤルって、わかりあった者同士で盛り上げて、賞金を山分けするもんだと思ってたけど、そんな人間関係もあるんだ（笑）。

栗栖　だから普通にやることがいいのよ。俺はいままでまっすぐにやってきてよかったと思うよ。おべんちゃらを使ってやってきたわけじゃないし。

ガンツ　でも、栗栖さんはジャパンに残ったのに、そのあとすぐに引退させられて。「ふざけるな！」って思ったんじゃないですか？

栗栖　そりゃそうよ！　俺は泣いたもん。

ガンツ　あの頃、『全日本プロレス中継』がゴールデンタイムを外れるってことでリストラを進めてたんですよね。

栗栖　そういうときに真っ先に切られるのは外様ですよ。

玉袋　退職金は出たんですか？

栗栖　出るわけないじゃないの！　クソダコが馬場さんに取り入って、俺を辞めさせるようにしてね。

玉袋　クソダコ？

栗栖　永源のことよ。あんなのクソダコだよ。キラー・カーンも、あのクソダコにずいぶんコレ（懐に手を入れる）されたらしいからね。だからカーンがグチグチ言うのもわかるのよ。そりゃ誰だって「なんじゃコラ、おまえ！」ってなるよ。俺だったらぶっ殺しに行くよ。キラー・カーンはお人好しだから殺さないだけで。

玉袋　根はやさしいですからね（笑）。

栗栖　結局はそういうことよ。俺はクソダコに引退させられて、明日からどうやって生活したらいいか。

ガンツ　当時は全日本、新日本、UWFしかない時代だから、事実上の廃業だったわけですもんね。しかも当時の栗栖さんは41歳とかで。

栗栖　一番の働き盛りですよ。嫁さんが支えてくれなかったら路頭に迷ってた。

栗栖夫人　それで「ジムするわ」ってことで、栗栖ジムをオープンしてね。

栗栖　この嫁さんだからやれてるのよ。これが別の女だったら別れてるからね。

玉袋　さっきから2時間近く、ずっとラブラブな話ばっかだよ（笑）。

栗栖　あんたのところと一緒だよ（笑）。

玉袋　いやいや（笑）。

FMWでイス大王に

ガンツ　でも単なるフィットネスではなく、プロレスラーを養成するジムとしては、アニマル浜口ジム[※114]とともに先駆けですよね。

玉袋　東の浜口ジム、西の栗栖ジムだったもんな。

ガンツ　ジムはどういうことを教えていたんですか？

栗栖　もうコレ（シュート）しかないもん。

玉袋　うわっ、ピストルですか!?

栗栖　レスラーが極めることを知らなかったらどうするの。

玉袋　懐にナイフを持ってなけりゃ生きていけないってことですね。

栗栖　結局はそういうことよ。コレさえ知っておけば一目置かれるし、それは世界中どこに行っても一緒。

玉袋　そこはやっぱり新日イズムなんだなあ。

ガンツ　新日の上野毛道場を大阪に作ったような。

栗栖　そんなオーバーな話じゃないけどね。でも、軽い気持ちでやろうとしてる子も多かったから、そのギャップはあるよね。

栗栖夫人　だから「こんなに大変だとは思わなかった」って辞めちゃう子もけっこういて。

栗栖　でもプロレスは結局、根性がなきゃできない仕事ですよ。当たり前のことができない人間に、リングに上がる資格はないっちゅうんですよ。

玉袋　栗栖さんがそういう姿勢だから、栗栖ジムから巣立った人たちもしっかり生き残ってるんだろうな。

ガンツ　でも、栗栖さんはジムをはじめてすぐFMW[※115]のリングに上がり始めたんですよね？

栗栖夫人　そうなんです。結婚してすぐ「メキシコに行く」って言い出したのと同じように、ジムを始めた途端に大仁田さんのところに行くっていう話になって（笑）。

ガンツ　「さあ、これからジムをやっていくぞ」というときに（笑）。

玉袋　ＦＭＷはどういうきっかけで上がることになったんですか？

栗栖　俺はアイツとは全然接点なかったんだけど、どこで聞いたのか、嫁さんの実家に大仁田から電話がかかってきたのよ。それで大阪の難波で会うことになってね。

ガンツ　ＦＭＷが始まったばかりの頃ですよね？　それで「自分の新しい団体に上がってください」っていう話だったんですか？

栗栖夫人　いや、「ボクを助けてください！」って頭を下げられたんですよ。

ガンツ　下から来るんですね！

玉袋　うまいねえ（笑）。

栗栖　アイツは役者よ（笑）。

玉袋　ドサ回りの芝居だよ。最後はおじいちゃん、おばあちゃんを泣かすぐらいのテクニックがある！

あとは入ったらしで。
ガンツ　「助けてください」と言われたら、栗栖さんも「助けてやるか」ってなったわけですか。
栗栖　まあ、俺にとっても渡りに船だよね。まだまだやれる自信はあったから。それでナチュラルにすっと入ったよね。
ガンツ　でも、そこからブレイクするわけですもんね。
栗栖　あれは俺もビックリしたよ。試合をするたびに反応が凄かったから。
玉袋　イス大王だからね。凄えんだ、あのイス攻撃が。
栗栖　イス攻撃は音がするからいいんだよ。あれはひどいことをやってるように見えて、俺はケガさせるようなことはしてないからね。
玉袋　そこがプロなんだよな〜。イス攻撃のプロだよ（笑）。
栗栖　それで反応があったんだから、ごっちゃんだよ。べつに「俺をイス大王にしてくれ」とか自分から言ったわけじゃなくて、マスコミがそう言ったからそうなったわけで。
ガンツ　でも、ＹｏｕＴｕｂｅであがってる、ＦＭＷでのモンキーマジック・ワキタ[※116]（**スペル・デルフィン**）戦と秋吉昭二[※117]（**邪道**）戦は、イスだけじゃなく、かなりガッツリいってましたよね？
栗栖　あれは〝ナマ〟だったね。
ガンツ　思いっきりナマでしたよ（笑）。でも、あれは邪道選手が先に栗栖さんの顔面にナマで頭突きを入れるという恐れ知らずのことをやったから、倍返しでやられただけでしたけどね。
玉袋　そりゃ、怖いもの知らずすぎるよ！
栗栖　やっぱり何でもルールがあるでしょ？　それを知らずにやるとこういう目に遭うよっていうだけよ。
ガンツ　プロレスの作法を教えてあげているということか。

栗栖　俺はそういう意味でやっただけだから。

玉袋　ストリートファイトマッチとかもカッコよかったもんな～。栗栖さんが穿いていたウエスタンブーツを脱いで、それを凶器にして殴りだしてね（笑）。

栗栖　あれ、誰のブーツだか知ってる？

玉袋　誰ですか？

栗栖　大仁田のブーツだよ。俺、ブーツなんか持ってねえもん（笑）。

玉袋　大仁田さんも敵に塩を送るならぬ、ブーツを送っていたというね（笑）。最高、最高。

新日本のガイジンバス

ガンツ　でも人の運命ってわからないものですよね。全日本をクビになって、強制的に引退させられた栗栖さんが、ＦＭＷで大ブレイクして、今度は古巣の新日本からオファーが来るわけですから。

栗栖　そうなんだよ！　ごっちゃんだよね。

玉袋　新日本に帰ってみてどうでした？　90年代に入ったら、だいぶ変わっていたと思うんですけど。

栗栖　まあ、古巣に戻ったと言っても、俺は正規軍じゃないからね。

ガンツ　[※118]**ブロンド・アウトローズ**と結託したり、ヒール側でしたもんね。

栗栖　俺はバスもガイジンバスだったから。

玉袋　ガイジンバスで移動はいいなあ。

栗栖夫人　ウチは家族みんな、そのバスに乗せてもらってたんですよ。

玉袋　えっ、ガイジンレスラーのバスに家族が乗れちゃうんですか⁉

栗栖　子どももウチの嫁さんもね（笑）。

栗栖夫人　ちょうど夏休みのシリーズやったもんですから（笑）。

玉袋　凄えーっ！（笑）。[※119]**ベイダー**とかと一緒に全国を回ってたんですか⁉

栗栖　そうよ（笑）。

玉袋　最高！（笑）。

玉袋　子どもにとってはたまんねえぜ。ディズニーランドなんて行く必要がないよ。うらやましい〜！

ガンツ　いい外国人レスラーがいっぱいいいた頃ですよね。ベイダーとか**スコット・ノートン**[※120]、ペガサス・キッド（クリス・ベノワ）とか。

栗栖　いいヤツばかりだったよ。ただベイダーは性格にクセがあったから、ちょっと浮いてたけどね。

ガンツ　それはマサ斎藤さんも言ってましたね（笑）。

玉袋　でも、いま名前が出てきてるメンバーなんかほとんどが死んじゃってるんだもんな。

栗栖夫人　あと、**（バンバン・）ビガロ**[※121]とか、**トニー・ホーム**[※122]もねえ。

玉袋　奥さん、トニー・ホームとバスで一緒だったんですか（笑）。

栗栖　トニー・ホームは日本に来始めたばかりだったから、俺も「面倒みてやってくれ」って言われて。ウチの家族と一緒にメシ食いにいったりとかしたよ。

玉袋　トニー・ホームと家族が一緒にメシですか！（笑）。

栗栖　いや、最高よ。

玉袋　それね、お子さんの絵日記に「きょうはトニー・ホームとご飯を食べに行きました」なんて書いてあったらさ、しびれちゃう話だなあ。そこについて行ってる、奥さんも凄いですよ（笑）。

栗栖　ウチの嫁さんも意外と図々しいのよ（笑）。あっ、ちょっとトイレに行っていい？

玉袋　どうぞどうぞ。

（※栗栖、トイレに行く）

玉袋　でも、どういうきっかけでガイジンバスに乗せてもらうことになったんですか？

栗栖夫人　私は高校生のときから新日本に出入りをしてたので、新日本の人たちは、みんなその頃から私のことを知ってたんです。

玉袋　知ってたっていうのは？

栗栖夫人　私、新日の大阪大会でいつも花束嬢をやってたんですよ。
玉袋　えっー、そうなんですか⁉　凄え！（笑）。
栗栖夫人　それで大塚さんも猪木さんも、その頃から知っていて。
玉袋　新日の大阪ってことは、（タイガー・ジェット・）シンの〝腕折り〟も観てるわけですか？
栗栖夫人　そうです（笑）。それで私がメキシコに行くとき、シンもカナダに帰るときで飛行機が一緒やったんですよ。それでシンが私の横に来て子どもをあやしてくれるんですけど、ずっといるもんだから「ちょっと自分の席に帰ってほしいな……」とか思って（笑）。
玉袋　シンに抱かれた我が子。世間的に見たら「危ない！　子どもが殺される！」だよ（笑）。
栗栖夫人　もう、凄いあやしてくれて。あの人、凄い紳士なんですよ（笑）。
（※栗栖がトイレから戻ってくる）
栗栖　何の話？
玉袋　いやあ、いま奥様から話を聞いて腰が抜けましたよ。新日本の花束嬢だったという。
栗栖　ウチの嫁さんはファンだからね。
ガンツ　っていうか、栗栖さんは花束嬢に手を出したんですか（笑）。
栗栖　誰が手を出すか、バカ者が！　何をバカなことを（笑）。
ガンツ　失礼しました（笑）。
栗栖　でも、なんかウマが合ったんだろうね。
栗栖夫人　だからみんな昔から私のことを知ってるから、新日本の誰かが「いいよ」って言ってくれて、娘とガイジンバスに乗せてもらったんです。
栗栖　ウチの嫁さんはそういうのですーっと入っちゃうから不思議なんだよ。俺もバスに乗ってるなんて聞いてなかったからさ。
栗栖夫人　「おまえら、なんでここにおるんや！」って言われて（笑）。
玉袋　いやー、最高！

娘が破壊王をビンタ

ガンツ　移動のバスに突然家族が乗っていたら、そりゃあ驚きますよね（笑）。

玉袋　でもお嬢さんが思春期の頃、パパがヒールとして悪の限りをつくしてるとき、どういうふうに教育されてたんですか？

ガンツ　リアル『パパはわるものチャンピオン』だったわけですもんね。

栗栖夫人　上の子は凄く尊敬してましたよ。

ガンツ　へえ〜、素晴らしいですね！

栗栖夫人　だから孫もこないだ試合を観たら、「じいじ、カッコいい！」って言ってくれて。

玉袋　お孫さんが「じいじ、カッコいい！」って言ってくれるって最高じゃないですか！　そこまで言われるプロレスラーが何人いるんだと。

栗栖　そういう意味ではうれしいよね。

玉袋　いい家族だな〜！　なんかこっちまでうれしくなりますよ。

栗栖　まさかこんなことになるとは思わなかったからさ。

栗栖夫人　ただね、大阪で試合があるときとか、私らもいろんな人にチケットを売って、お客さんを連れて観に行くんですよ。せやから「もうちょっと盛り上げて」って思うんやけど、だいたいスコーンと早い時間で試合が終わってしまって、それだけがもう（笑）。

栗栖　だっておまえ、会社から言われてるんだから、バカ野郎。

ガンツ　そういう役割ですからね（笑）。

栗栖夫人　大阪で長州力とのシングルマッチがセミファイナルで組まれたことがあるんですよ。そのときは子どもの友達も含めた大勢で観に行ったんですけど、スコーンと負けて。そうしたら子どもの友達が「なんで負けるん？」って言うんですけど、娘は

「わざと負けてんねん」って（笑）。

玉袋　素晴らしい！　お父さんの仕事をよく理解してる！

栗栖　浜口さんのところの京子ちゃんは、それが言えなかったみたいなんですけどね。ウチの娘は**橋本真也**[※123]を叩いたくらいやから（笑）。

玉袋　えっ、破壊王を叩いたんですか？

栗栖夫人　もうビンタをバチーンとね（笑）。

ガンツ　あの伝説の**後楽園での一騎打ち**[※124]（1990年8月3日）のあと、バックステージで栗栖さんの娘さんが破壊王をビンタしたんですよね（笑）。

栗栖夫人　試合が終わってから通路ですれ違ったとき、娘が食ってかかってビンタをして（笑）。

栗栖　まあ、それはそれでいいんですよ。本音の部分が出たんだから。

ガンツ　子どもがそこまでなるくらいの試合だったっていうことですよね。

玉袋　最高だよ！

栗栖　まあ、何かを感じてもらえたらごっちゃんですよ。

玉袋　しかも、お孫さんも「じいじ、カッコいい！」って言ってくれているわけですからね。

栗栖夫人　孫が3歳くらいのとき、「じいじ、イスは人を叩くものじゃないよ」って言ったんですよ。それが最近は「もっと行けー！」って（笑）。

栗栖　わかってきたんだよ、世の中のことを（笑）。

玉袋　こんなこと言っちゃあなんだけど、栗栖さんはベビーフェイスの大スターではなかったけど、ある意味で、こんな幸せなレスラー人生ってねえと思う。というか、栗栖さんの生き方自体が素敵だから、こういう人生になったんだろうなと思って、今日はちょっと泣いちゃったよ。

栗栖　いいか悪いかは知らないけどね。でも今日は肩の力を抜いて、本音でしゃべれたからさ。これはもう、あなたの性格がよかったからだと思う。

玉袋　いやいや（笑）。

栗栖　いや、関係あるんだよ。俺なんかはもの凄く難しい男よ？　自分でも思うもん。そんな俺を素直に話させてくれたあなたはいい芸人さんだね。これはホントよ。今日は話ができてうれしいもん。

玉袋　ボクもうれしかったです。

栗栖　こういう人とこういう接点を持てたっていうのがさ、もうごっちゃんですよ。だから今度もメキシコの映画で……。

栗栖夫人　またその話？　もうええでしょう（笑）。

栗栖　あっ、もういいか（笑）。

玉袋　でもね、栗栖さん。俺はプロレスラーって、みんな名優だと思ってるから。

栗栖　それはなきにしもあらずだね。ただ、それに気づかないのよ。

玉袋　だから結局、ジョン・ウェインばかりじゃねえぞっていう。長谷川一夫、高倉健ばっかかじゃねえぞっていうところに東映のピラニア軍団がいたりするわけでしょ？　そっちにしびれる気持ちを芽生えさせてくれたのが、新日本の前座で暗い照明の中で闘っていた人たちなんですよ。

栗栖　そういうことをわかってくれる人がいるのは、ホントにうれしいね。

玉袋　そういう立場だと、「どうせ世間はわかってくれない……」ってやけっぱちになっちゃったりする人もいると思うんですけど、栗栖さんは一番わかってくれてる家族がいたわけだから。俺はホントに素晴らしいと思いますよ。

栗栖　もう、ごっちゃんだね。芸人の人でこういう理解者がいてくれるのは。今日はありがとう！

玉袋　こちらこそ、ホントにありがとうございます。今日わかったことは、栗栖さんのレスラー人生の一番の目撃者は奥さんだったってことですよ。最初から栗栖さん抜きで、奥さんにインタビューすればよかったんじゃねえかっていう話でさ（笑）。

栗栖　もう帰るわ！（笑）。でもね、今日はホントにうれしかった。俺はあんまり本音は言わないけど、今日は本音が言えた。ありがとう。また機会があったら飲みましょうや。

玉袋　こちらこそ、またよろしくお願いします！

喧嘩最強

ケンドー・ナガサキ

ケンドー・ナガサキ(けんどー・ながさき)

1948年9月26日生まれ、北海道網走市出身。中学卒業後、大相撲・立浪部屋に入門。廃業後の1971年に日本プロレスでデビュー。日プロ崩壊後は全日本プロレスに移籍、1976年よりアメリカ、カナダ、プエルトリコなどの各地をトップヒールとして転戦。1985年には全日本を退団、ケンドー・ナガサキとして新日本プロレスに参戦。WCW、FMWを経て、1990年にはSWSの旗揚げに参加。高野兄弟とともに旗揚げしたNOWを経て、1995年より大日本プロレスに参加。同年、バーリ・トゥードに挑戦し、1勝1敗の戦績を残す。その後大日本プロレスを離脱し、フリーランスとして活動していたが、現在はセミリタイア状態。

ガンツ　玉さん、今日の取り調べは待望のケンドー・ナガサキさんです！

玉袋　凄い人が来てくれたよ。ケンドー一門の開祖だからね。桜田（ナガサキさんの本名）さんがいなければ、**ケンドー・カシン**[※125]も**ケンドーコバヤシ**[※126]も存在しねえんだから。

ガンツ　ボクも今日は敬意を表して、**ハードコアチョコレート**[※127]の「ケンドー・ナガサキTシャツ」着てきましたから。

ナガサキ　それ、発売したばかりなんだよね。

ガンツ　はい。コアチョコのショップがうちの近所なんで、直接買ってきました（笑）。

玉袋　おいおい、今日はそんなドレスコードがありかよ⁉

ナガサキ　じゃあ、玉ちゃんにもこれあげますよ（と、別のTシャツを渡す）。

玉袋　ありがとうございます！

椎名　これもカッコいいですね。「怪談」って感じで。

玉袋　じゃあ桜田さん、今日はひとつよろしくお願いします！

ナガサキ　はい。よろしく。

相撲部屋でしごかれて

玉袋　桜田さんは、日プロに入る前、大相撲なんですよね？

ナガサキ　そうですね。

玉袋　相撲はおいくつからなんですか？

ナガサキ　13歳で網走から出てきて。天龍と一緒ですよ。

ガンツ　あ、同期なんですか。

ナガサキ　天龍はひとつ下だね。アイツは両国中学に行っててね。

玉袋　（三遊亭）円楽師匠と同級生だったっていう。網走っていうと、冬は豪雪地で。ボクなんか、やっぱり『網走番外地』のイメージなんですけど。お父さんは何をやられてたんですか？
ナガサキ　刑務官。
玉袋　まさに、その網走刑務所勤務ですか！（笑）。
ナガサキ　ウチは親父もおじいさんも刑務官だから。
ガンツ　網走に伝説の脱獄王がいた頃の刑務官なんですね（笑）。
玉袋　じゃあナガサキさんは、最初の武道ってのは、その刑務官の流れから柔道とかを始めたんですか？
ナガサキ　刑務所で柔道やってました。
玉袋　刑務所の中で⁉
ナガサキ　刑務所の中に柔道場があるんですよ。
玉袋　すげえ〜！　要するに看守さんがやる柔道を一緒にやってたってことか。
ガンツ　元祖・監獄固めですね（笑）。
玉袋　じゃあ、子どもの頃から刑務所内の柔道で鍛えてたから、お相撲に行くときも反対はなく？
ナガサキ　親は反対してたけど、「俺は行く」って。
玉袋　身体はデカかったですか？
ナガサキ　いまと一緒ですね。1メートル87センチぐらい。
ガンツ　凄い！　怪童ですね（笑）。
椎名　じゃあスカウトですか？
ナガサキ　はい。前にNHKで解説してた北の洋って知ってます？　あの人にスカウトされて。同じ網走出身だから。
椎名　それだけデカいと、東京の相撲部屋まで噂が届くんですね（笑）。
ガンツ　「俺のクニにデカいのがいるらしい」と（笑）。
玉袋　相撲部屋は入ってみてどうでした？
ナガサキ　やっぱり厳しかったよね、関取も入れて60人ぐらいいたから。
玉袋　相撲の合宿所ってのは集団生活じゃないですか。ホームシックとかならなかったですか？
ナガサキ　なるけど、そこはガマンして。
椎名　網走まで、なかなか帰りようがないですもんね。

玉袋　帰りたくても帰れないその頃、何が一番ツラかったですか？

ナガサキ　やっぱりいじめがね、けっこうあったんだよ。後輩の黒姫山なんかはいつもいじめられてた。アイツ、寝てるとイビキが凄いからさ。顔にコショウかけられたりね（笑）。

玉袋　コショウ！（笑）。中学生だね、やってることがいいね。

ナガサキ　夜中に兄弟子が帰ってくるとさ、部屋の真ん中に柱があるんだけど、そこに「行け」って言われて頭突きかますんですよ。俺は寝たフリしてたけど。そういうのやらされて、いじめられてた。「頭から当たる練習だ」なんていってね。

椎名　相撲取りは、頭から当たる練習させられるから、額から上は内出血で黒くなるって栃東も言ってました。

ナガサキ　当たり負けすると痛いから、当たる練習するのはいいけど、真夜中に柱に頭突きさせられるのは嫌だよな（笑）。

椎名　それは練習ではないですね（笑）。

玉袋　天龍さんなんかは、「かわいがりを食らって初めて、『俺は相撲取りになれた』って実感した」って言ってましたけど。桜田さんもそういうのあったんですか？

ナガサキ　俺はあんまりやられなかったね。やられる人とやられない人、いじめられるヤツ、いじめられないヤツがいる。

玉袋　じゃあ天龍さんはいじめられるほうだったんだ（笑）。

ナガサキ　だけど、天龍は1回でしょ？　誰でも1回はやられるよ。俺も1回はあるし。

椎名　天龍さんは丸太ん棒で殴られたって言ってましたけど。

ナガサキ　俺はスコップで殴られた。

玉袋　ダハハハハ！　スコップ！

ナガサキ　スコップの柄のとこでさ、思いっきりだよ？　柄の跡が（身体に）付いてたもん。

玉袋　それが、のちのケンドー・ナガサキの強烈なイス攻撃につながってるのかな（笑）。

ナガサキ　かわいがりじゃなくても、若い衆は年中、兄弟子に食らわされてて。竹ぼうきがあったんだけど、いつもバラバラになってたから。

ガンツ　掃除ではなく、殴るための竹ぼうきになって（笑）。

ナガサキ　あの当時と同じことやってたら、いまの人は誰も入ってこないと思うよ。

ガンツ　いまは稽古場に竹刀があるだけで、大問題になるらしいですよね。

玉袋　隠すからね。その伝統を受け継いでるのは、貴乃花だけだっていう噂もあるんだけど（笑）。

ナガサキ　俺の先輩で、いじめられてひどいのいたよ。風呂に入ったら、上から板されて、上に重り載せられてさ。

椎名　……そのいじめ、プロレス界で聞いたことありますね（笑）。

ナガサキ　ある？

玉袋　新日本プロレスで、リバプールの風になっちゃった人がいるんですよ（笑）。

椎名　あと、マッドネスと（笑）。

ナガサキ　でも風呂場でそんなことやってさ、死ぬよね。

椎名　ヘタしたら死にますね（笑）。

ナガサキ　みんなが風呂入ったあとの、ドロドロの水に沈められてさ。あと巡業が終わって、米が余ると、米俵が送られてくるんですよ。それを担いで、土俵の周りを20回ぐらい走らされたりね。かわいそうだったよね。

玉袋　その人は、すぐ辞めちゃったんですか？

ナガサキ　辞めちゃったけど、そういうことばかりやらされてたから、力は凄く強くなってたよね。

玉袋　嫌なゴールドジムだな（笑）。でも、そういういじめ的なしごきでも強くはなるんですね。

ナガサキ　いじめられて、それを乗り越えなきゃ強くなれないよ。でも、だいたいは、強くなる前に逃げちゃうけどね。

玉袋　桜田さんは、付き人ももちろんやられてたんですよね？

ナガサキ　自分は若浪に付いてたんですよ。

玉袋　若浪ですか！　うわー、むかしウチの近所でちゃんこ屋やってたな。

ナガサキ　新宿ですか？

玉袋　そうです！　ちっちゃい頃、家族でよく行ってましたよ。ちゃんこって言ったら「若浪」でしたから。

ナガサキ　あの人、茨城出身だから、「○○を持ってこい」とか言うんだけど、若いヤツらは何言ってるかわからなくて、いつも食らわされてたよね。

ガンツ　訛りがキツくて（笑）。

ナガサキ　俺はしゃべってることがカンでわかったから、殴られることなかったけど。大変だったよ。すっげえ酒飲むしさ。

玉袋　桜田さんは、お酒はいくつで覚えたんですか？

ナガサキ　13歳ぐらい。

椎名　入ってすぐですね（笑）。

ナガサキ　飲まされるんですよ。

玉袋　当時、入った頃の給料はどういう感じなんですか？

ナガサキ　給料じゃないです。序二段には序二段の給金があって、4番勝ったらちょこっと乗せられるんです。カネなんか小遣いです。でもタニマチがいたから。

玉袋　若い衆でもタニマチがいたんですか。いい時代ですね。

ナガサキ　芸者みたいなもんですよ。

玉袋　男芸者ですか。

ナガサキ　「メシ食いに来いよ」って言われて行ったら、メシだけじゃなくて「今日泊まっていけよ、女やるから」なんて言われて。

玉袋　そっちもですか！　じゃあ、〝首投げ〟覚えたのもけっこう早いですね。

ナガサキ　若いときですよ。たぶん13歳。

椎名　そっちも13歳デビュー！（笑）。

玉袋　初体験が13歳って聞いたの、内山（信二）くん以来だよ（笑）。

ガンツ　ダハハハハ！　むしろ内山くんに驚きですけどね（笑）。

ナガサキ　タニマチには、ステーキ食わせてもらって、「泊まってけ」って言われて、「小遣いだ」って10万円くれるんですよ。

玉袋　当時の10万円だもんな〜。それは部屋付きのタニマチなんですか？

ナガサキ　いや、個人の。

玉袋　おお、凄え！

ナガサキ　部屋にもいたし、個人にもいたし。

プロレスで感じた自由

玉袋　相撲はおいくつまでやられてたんですか？

ナガサキ　22歳かな。8年ちょっとやってたから。

ガンツ　同じ時期に相撲をやられていた方で、のちにプロレスラーになった人って、天龍さん以外にも何人かいたんですか？

ナガサキ　永源遙はウチ（立浪部屋）の先輩ですよ。あと**大磯**※128**（武）**、**寺西**※129**（勇）**、みんな先輩。

玉袋　そういうラインがあるんだ。

ナガサキ　永源さんが相撲辞めてプロレス行ったあとも、俺はよく永源さんの家に遊びに行ってたんだけど、そのたびに「プロレスやれよ」って言われて、それで入ったの。

玉袋　きっかけは永源さんなんですか！

ナガサキ　幕下の十枚目だったから、周りや親方からは「辞めんな、辞めんな」って言われたけど。

玉袋　そりゃそうですよ。

ナガサキ　「（親方）株もあげるから」って言われたり、「娘と結婚しろ」って言われたりもしたんだけどね。

玉袋　もの凄い期待されてるわけじゃないですか。

ナガサキ　いまその長女は黒姫山と結婚してるけど、俺と結婚するかもしれなかった。だから大変だったですよ。何回も「辞めるな」って言われて。

玉袋　それがなんでまた、辞めることになったんですか？

ナガサキ　若いヤツがその下の新弟子をいじめてたんで、ぶん殴ったんです。

ガンツ　しつけというか、いじめてるヤツに「おまえ何やってんだ」とぶん殴ったと。

ナガサキ　それを女将さんが見てて、親方に言われて。「若いヤツを殴るな」って言われたの。俺は「こういう理由です」って言っても「ダメだ」って言うから、それで辞めちゃったんです。まあ、いろいろあったから。

玉袋　もったいねえけど、よっぽどなんかあったんでしょうね。

ナガサキ　あの当時はもう、十両と稽古しても負けなかった。

玉袋　それでも我慢ならなくて、永源さんの誘いもあってプロレス行ったたっつーことは、やっぱりプロレスラーが羽振りがよかったからっていう部分もあったんですか？

ナガサキ　羽振りがいいとは思ったね。

ガンツ　ＢＩ砲全盛の、日プロ最盛期ですもんね。

ナガサキ　だって、メシ食うでしょ？　あの当時で30〜40万遣うんだよ？

玉袋　ヤバいですよそれ。何食べてるんだ？（笑）。

ナガサキ　肉でも何でも、一番いいの食ってたから。田中米太郎さんがよく買い出しに行ってたけど、いつもポッケに入れて、テラ切ってるんだよ（笑）。

椎名　中間マージン（笑）。やっぱり、プロレス界が景気がいいから、転向する人も多かったんでしょうね。

ナガサキ あと、当時はキラー・カーンもいた。キラー・カーンは歳上だけど後輩だから。

玉袋 出た、キラー・カーン！ カーンさんは「俺は相撲で天龍に勝った」って言ってたんですけど……。

ナガサキ （遮って）弱いよ、アイツ！ 気が弱いしさ。キラー・カーン、そんなこと言ってた？

玉袋 （声マネで）「相撲じゃ負けないよ〜」って。天龍さんは天龍さんで「俺のほうが強い」って絶対言うんですけど。

ナガサキ 天龍のほうが強いよ。

ガンツ そもそも番付が全然違いますしね。

ナガサキ キラー・カーンは俺たちより下だから。

玉袋 そうなんだよね、相撲は番付だからね。

ガンツ たぶん、一番ぐらい勝ったことあるってことなんでしょうね。

玉袋 ぐらいなんだろうね。桜田さんは、当たったことあるんですか？

ナガサキ 当たったことあるかなあ……。のちの横綱、北の湖には当たったことあるけど。

玉袋 おっ！ やっぱり強かったですか？

ナガサキ 強かった。歳は2つぐらい下なのかな？ 巡業行くと、銀カップに7杯ぐらいメシ食うヤツでね。

玉袋 北の湖って、上背はあんまりないんですね。

ナガサキ そう、小さい。でも、当時からガッツリ食って、稽古もしていたから強かったですよ。いま理事長にもなって。あと俺は、北の富士さんなんかもよく会うんですよ。

玉袋 NHKの解説ではおなじみの。

椎名 ウイットの効いた（笑）。

玉袋 白鳳に批判的なね（笑）。

ナガサキ あの人は、昔から粋だったよ。

椎名 カッコよかったですもんね、北の富士さん。

玉袋　また、スケベらしいですもんね。人のヤってるのを見るのが好きらしくて。人がヤってるのを「どけ」っつってヤっちゃったりとかね（笑）。

椎名　それはずいぶんな上級者ですね（笑）。

ナガサキ　当時はハワイに巡業行ったりしたら、もう好きなことやってたよ。ウチに大関になった若羽黒っていたんだけど、「奥の部屋に来い」って言うから行ったら拳銃3丁ぐらい持ってたり。

玉袋　ダハハハハ！　自由ですね〜！

ナガサキ　腹巻きに入れてさ。「これ拳銃だよ」って。

玉袋　相撲時代だけでいい話出てくるな（笑）。

ガンツ　そんな相撲界からプロレス界に入ってみて、いかがでした？

ナガサキ　プロレスは相撲より自由でよかったね。相撲は24時間みんなと一緒だけど、そうじゃないから。

玉袋　プロレス入ったときは、寮生活なんですか。それとも自分で、部屋借りてたんですか？

ナガサキ　寮生活。永源遙が借りてた三軒茶屋の家に、俺と永源遙と、キラー・カーンと藤波で住んで。

椎名　凄いメンバーの共同生活ですね（笑）。

ナガサキ　あと安達（勝治＝ミスター・ヒト）さんもいたけど、安達さんは彼女のところに行ってるから、ほとんどいなかった。あと、もうひとりデブで、野球選手になったヤツがいたんだけど、名前なんていったかな？

玉袋　プロレスから野球行ったんですか？　馬場さんと逆ですね。

ナガサキ　テスト受けたら受かっちゃって。大洋に行ったんだけど。

ガンツ　まさに馬場さんと逆ですね（笑）。

ナガサキ　でも2軍で終わっちゃったんだけどね。あ、飯田（敏光）だ。そいつもいた。

玉袋　へぇー。初めて聞いた。

ナガサキ　それで4人ぐらいで住んでたんだけど、永源さんが寮長で口うるさいんだよ。わかる？「小沢（正志＝キラー・カーンの本名）どこ行った！」なんて。キラー・カーン、いつも女のとこ行っていないから（笑）。でも（カーンがどこ行ったか）言えないしさ。そしたら朝帰りしてきて、「オバケ、おまえどこ行ってたんだ！」って怒られたりしてね。

椎名　カーンさん、「オバケ」って呼ばれてたんですか（笑）。

ナガサキ　オバケみたいにデカいから。あと、ここ（目の上の部分）が出てるから「ひさし」とか。

玉袋　ひさし！　小沢正志じゃなくて小沢ひさしだ（笑）。おもしれえなあ。

ガンツ　永源さんって、日プロ若手の主みたいな感じの人だったんですね。

ナガサキ　下には口うるさくて、上の人にはヘエヘエしてね。

玉袋　世渡り上手なんだよな（笑）。

ナガサキ　そうそう、これ（ゴマすり）がうまいから。

ガンツ　若い頃からそうなんですね（笑）。

玉袋　日プロの練習はどうだったんですか？

ナガサキ　厳しかったですよ。山本（小鉄）さんがコーチだったから。あと大坪っていたんですよ。

ガンツ　**大坪飛車角**[※130]さん。柔道の猛者だった人ですよね。

ナガサキ　大坪さんなんか凄いよ。「こうやって（関節を）極めんだ」って言って、壊すまで極めるからね。極まってからギブアップしてもダメなんだよ。だから、ほら。（腕を伸ばして見せる）

ガンツ　うわ、ヒジが曲がっちゃってますね。そのときから治らないんですか？

ナガサキ　治んない。だから、あの人とやるときは、極まる前にギブアップしないと、壊されるの。

ガンツ　極まったあとタップしても壊されるって、プロレス道にもとりますね（笑）。

椎名　それがコーチだっつーんだからね（笑）。

不遇の上田馬之助

玉袋　でも相撲からプロレスに行って、寝技で「極める」ってのに順応するってのはどれぐらいかかりました？

ナガサキ　やっぱり2〜3年かかるね。上田[※131]（馬之助）さんなんかは強かったけど。

ガンツ　上田さんも元力士ですもんね。

ナガサキ　俺、日プロに入ってから付き人してたから。3年くらい。上田さんは凄くいい人だよ。いじめないし、何も言わない。

玉袋　じゃあ、付き人としては、やりやすい先輩でしたか。

ナガサキ　俺、全然何もやってないよ。巡業でもちっちゃい荷物持ってただけで。で、俺が上田さんの付き人やってたとき、猪木のクーデターがあったんだよ。

玉袋　出ました！

ナガサキ　上田さんがクーデターの全容を、20〜30枚書いてきたんですよ。あの人、凄い達筆だから。猪木がいないときに、それを読み上げて全部バラしてね。それで乗っ取られたらたまらないから、俺ら若いのは「みんなで猪木をやろう」ってなって。

ガンツ　みんなで猪木をやろう！　また物騒ですね〜（笑）。

玉袋　「みんな」って誰だったんですか？

ナガサキ　（グレート）小鹿に「やれ！」って言われた、当時の若手連中ですよ。

玉袋　小鹿親分が司令出してましたか（笑）。

ナガサキ　それで代官山にあった事務所で、半日待ち構えてたんだけど、来なかったね。

椎名　猪木さんも察したんでしょうね。

玉袋　いやあ、凄えなあ。小鹿さんは小鹿さんで、新日ができたあと、ゴルフバッグに日本刀入れて事務所に殴りこんじゃうしね。ただ、結局表面的には上田さんが〝裏切り者〟って感じになったじゃないですか。でも、上田さんは最後まで「俺はそういうつもりじゃなかった」って話してたんですよね。

ナガサキ　上田さん、いい人だもん。

玉袋　逆にいい人すぎて、この世界だと厳しいってことなんですかね。

ナガサキ　アメリカ行ったとき一緒になったことあるけど、俺の下取ってるから、やっぱり嫌だったよね。

ガンツ　アメリカでは、ナガサキさんがメインクラスで、上田さんは前座だったわけですか。

ナガサキ　アメリカは完全にビジネスで、上取るのと下取るのとではギャラも全然違うから。ルイジアナで一緒になったとき、上田さんがクルマで来て、「じゃあホテルに一緒に泊まろう」って泊まったんだけど、メシの道具全部持ってたのを憶えてる。

ガンツ　上田さんは自炊しないと生きていけなかったんですね。

ナガサキ　そうそう。

玉袋　だから、日プロのクーデターも、それぞれに言い分があるんだろうな。芳の里さんなんかも、〝ダラ幹〟なんて言われてたけど、カブキさんとかは「いい人だった」って言うしね。

ナガサキ　社長は凄くいい人だったよ。

ガンツ　桜田さんは芳の里さん派ってことで、最後まで日プロに残ったんですか？

ナガサキ　そうそう。猪木と馬場が抜けて、分裂したあとは、なんとか守ろうと思ってたんだけど。

ガンツ　新日本と合併するはずが、大木金太郎さんが反対して、話がポシャったんですよね？

ナガサキ　そう。大木金太郎もヘンな野郎だから（笑）。大木さんがトップじゃ、興行やっていけるわけがないんだけど。それで坂口さんと、キラー・カーンと、**木村健悟**[※132]なんかが、NETのテレビ放送持って抜けるときに、一緒に抜ける**大城**[※133]（**大五郎**）と試合して、大城をバッカバカにやっちゃったんだけどさ。
椎名　〝裏切り者〟をボコボコにしちゃったんですね（笑）。
ガンツ　だけど日プロはすぐに経営が立ちゆかなくなって、全日本と合併することになったんですよね。
ナガサキ　そう。力道山の奥さんが間に入って、対等合併という話だったんだけど、全日本は馬場さんが作った会社だから、入ったら全然違ってね。
玉袋　小鹿さんなんかは、あとから来た旧日プロ組は冷や飯食わされたって言ってましたけど、やっぱり居心地はあまりよくなかったわけですか？
ナガサキ　そう。だから天龍が入ってきたとき、一緒にアメリカに行くってなったら、もう向こうで生きていこうと思ってね。もともと、天龍は髷結《まげ》ったまま入ってきたから、馬場さんに「おまえ、ちょんまげ結えるんだから、天龍と一緒にアメリカに行って面倒見てくれ」って言われて、一緒に行ったんですよ。
ガンツ　最初は天龍さんの世話係として、アメリカに行ったんですか。
ナガサキ　まだ天龍は髷残したままだったから。俺は相撲時代、床山が休みのときは俺がやったりしてたから、結えるんですよ（笑）。
玉袋　じゃあ鬢付け油持ってアメリカ行ったんですか。凄え。
ナガサキ　でも、天龍は最初、プロレスなんにもできない状態でアメリカ行ったから、大変だったよね。アメリカ人って、できないヤツは使わないから。俺は試合があったけど、天龍は週に1回くらいしか試合がなくて、すぐカネがなくなるから。ロサンゼルスにある全日本が使ってた旅行会社から、いつもカネを借りてたよ（笑）。
玉袋　天龍さん、アメリカでハガミしてたんだ（笑）。
ナガサキ　それで最初はアマリロでアパート借りてたんだけど、俺は**（ディック・）マードック**※134に呼ばれてルイジアナに行くことになって、それで別れたんだけど。彼はあのあとも苦労したと思うよ。

テリー考案の剣道ギミック

玉袋　桜田さんも初めてのアメリカじゃ、苦労したんじゃないですか？

ナガサキ　言葉もわからないから大変だったけど、俺は仕事が入ったからね。ルイジアナを拠点に、オクラホマ、アーカンソー、テキサスとかみんな入るから。テリトリーが凄い広いんですよ。それで**キラー・カール・コックス**[※135]っていたでしょ？　彼のパートナーとして、1年くらいずっとくっついてた。

玉袋　キラー・カール・コックスと桜田さんが組むってのは、向こうのプロモーターが決めたんですか？

ナガサキ　マードックがブッカーやってたから組めって言われて。いい人だったよ。彼からアメリカのプロレス界のことをいろいろ教わって、凄く勉強になったよ。でも、移動も彼のクルマで、24時間ずっと一緒だから嫌になったけどね（笑）。

玉袋　ＫＫＫと噂された男だもんな（笑）。向こうでそういう生活してれば、自然と英語って入ってくるもんなんですか？

ナガサキ　やっぱり覚えないとなんないから。誰も日本人いないから。

ガンツ　耳で覚える。ナチュラルなスピードラーニングというか。

ナガサキ　スピードラーニングなんて、あんなの聴いても覚えられないよ。やっぱり自分で困ったときに覚えるから。

玉袋　とっさの英会話で。

ナガサキ　相手がわかんないときは、手マネ足マネで。

玉袋　向こうにいったら、ナメられちゃいけねえってことで、日本でやったシュートの技術で、キュッとやっちゃったりとかはあったんですか？

ナガサキ　ガイジンには、日本人をバカにしてくるヤツとかがいるんですよ。そういうヤツは、俺はギューッとやるからね。

玉袋　そうやって、自分で自分の身は守らなきゃいけないんでしょうね。あのケンドー・ナガサキっていう、剣道の防具つけて、頭は落ち武者っていうギミックは、誰が考えたんですか？

ナガサキ　あれは**テリー・ファンク**[※136]なんですよ。ドリー（ファンク・ジュニア）がフロリダでブッカーやってるとき、テリーに「あの格好で、落ち武者でやってくれ」って言われてやったんです。

玉袋　テリー・ファンクはどこかで落ち武者を見たんですかね？

ナガサキ　写真か映画か、日本で見たんじゃない？　それで「ペイントしてやれ」って言われて。

椎名　その頃、ペイントレスラーは流行ってたんですか？

ナガサキ　いや、まだカブキさんと俺しかいなかった。ガイジンは誰もいなかったよ。

椎名　ロード・ウォリアーズはその全然あとなんですね。

玉袋　剣道の防具とかどうしたんですか？

ナガサキ　全日本から買って送ってもらったんです。あれ、すっげー高いんですよ？　20～30万するんです。

ガンツ　ああ、フルセットだと。しかもナガサキさんのサイズですもんね（笑）。

ナガサキ　でも、お客はあんな格好初めて観るからビックリするんですよね。

玉袋　テリーからやってくれって言われて、最初から「ノー」とは言わなかったんですか。

ナガサキ　言わないです。「カネになるからやれ」って言われてやったら、実際、客も入るようになったし。自分もしっかり上とって、メインでやらせてもらってたから。

ガンツ　たまたま、このあいだＹｏｕＴｕｂｅ観てたら、ニック・ボックウィンクルvsケンドー・ナガサキのAWA世界タイトルマッチっていうのがありましたよ。「ああ、ホントにトップ取ってたんだな」と思って。ナガサキさんはNWA時代のハーリー・レイス[※137]ともやってますしね。

ナガサキ　やってますね。

玉袋　桜田さんから見た、ニックとレイスっていうのは、どうなんですか？

ナガサキ　ニックはやさしい人だよ。試合もうまいしね。レイスもうまいんだけど、かなり荒っぽいね。

玉袋　やっぱりそうなんだ。

椎名　でも、レイスも悪い人じゃないイメージがありますけど。

ナガサキ　いい人だよ。こないだラスベガスで会ったんだけど、腰がダメで車イスになっててね。まあ、長年あれだけバンプを取り続けてたら、仕方がないけどね。

ガンツ　NWA世界王者として、ハードスケジュールをずっと続けていたわけですしね。

フロリダの狂騒

玉袋　そして、そのサーキットの移動の最中、キラー・カーンさんからポーカーで、ずいぶん巻き上げられたっていうね（笑）。

ナガサキ　ポーカーはね、テリー・ファンク、ドリー・ファンク・ジュニア、ハーリー・レイス、みんな好き。

ガンツ　ファンクファミリーはみんなポーカー好きですか（笑）。

ナガサキ　あと、安達さんと、（タイガー）服部[※138]。フロリダ時代、よく4人で一緒のクルマで移動してたんだけど、俺が運転してると、いっつもみんなでポーカーやってね。だいたい揉めるのはいつも安達さんとキラー・カーン。「キラー・カーンは汚いことする」って。

ガンツ　ダハハハハ！

ナガサキ　凄いよ。24時間やってるから。試合場から帰っても、服部の家でまたやるからね。

玉袋　お金が3人で回ってるだけなのに（笑）。

ナガサキ　ある日、キラー・カーンの後ろにいてさ。こうやったりこうやったり（野球のブロックサインの動き）。

玉袋　サインだ！（笑）。

ガンツ　イカサマ！（笑）。

ナガサキ　それに気づいて、キラー・カーンが怒ってたよ（笑）。アイツはホントにバクチ好きだよな。

玉袋　カーンさんは、いまでも競輪から何から、いろんなギャンブルまでやってるらしいですからね（笑）。

ナガサキ　相変わらず好きだね。安達さんなんて昔、相撲時代は花札持って巡業行ってたから。相撲取りみんな、列車に乗るじゃない。それで貸し切りだから。真ん中に3段にバッグを積むんですよ。その上にタオル敷いて。

ガンツ　花札の特設リングを作って（笑）。

ナガサキ　そうするとみんな集まってくるんですよね。いまなら捕まるけど、昔はそんなだった。

玉袋　楽しそうだな〜（笑）。桜田さんは、海外もいろんなところに行かれてると思いますけど、どこが一番印象深いですか？

ナガサキ　フロリダですね。

ガンツ　「フロリダは最高だ」ってみんな言いますもんね（笑）。

ナガサキ　フロリダはあったかいしさ、稼げるしね。

椎名　あと女の子もいいって、マサさんや、カブキさんに聞きました（笑）。

ナガサキ　いいよ〜！　マイアミなんか、飛行機チャーターして行ったら、女の子が迎えに来てるんですよ。

椎名　マジっスか。アリーナラットがお出迎え（笑）。

玉袋　そりゃあもう、やりたい放題でしょう（笑）。

ナガサキ　ある日さ、俺ひとりでワンルーム・ツーベッドのホテルに泊まってたんだけど、旦那とふたりで来てる女に「ケンドー、一緒に泊まっていいか」って言われて泊めたんですよ。

ガンツ　ツインルームで、一方のベッドはその夫婦が寝て。

ナガサキ　それで泊めたら、夜中に女が俺のベッドに入ってきやがって。「ノー、ノー！」って言ったんですけど、奥さんは「大丈夫、大丈夫」って。

玉袋　女が仕掛けてきましたか（笑）。

ナガサキ　一応、部屋は真っ暗だけど、隣に旦那がいるんだよ？　まあ……俺、ヤっちゃったよ（笑）。

椎名　ヤっちゃいましたか（笑）。

ナガサキ　そしたら旦那がこう立って、こっちを見てるんだよ。暗いけど、なんとなく見えて。それでセ◯◯リこいてた。

玉袋　ワハハハハ！　そういう性癖なんだ（笑）。

椎名　それは上級者ですね（笑）。

ガンツ　寝取られ願望がある旦那で（笑）。

玉袋　やっぱり女のほうも、旦那より強い男に憧れるっていうようなのがあるんだろうな。

ナガサキ　いま、フェイスブックやってるじゃん？　そしたら、その女から友達申請が来たんですよ。

玉袋　えーっ！

椎名　そのヤっちゃった奥さんからですか⁉

ナガサキ　そう。

玉袋　ホントかよ！（笑）。

ナガサキ　もう離婚していまはひとりで住んでるらしいんだけど。リンダっていう女。

玉袋　凄えー！　何十年経ってるんだよ！　最高だよ！（笑）。

椎名　よく憶えてましたね、ふたりとも。

玉袋　でもそれは、プロレスラーってお仕事だからってことだよね。

ナガサキ　フェイスブックやってて、知らない人かと思ったら「会ったことある」って人からけっこうくるんですよ。昔の女とかで（笑）。

椎名　プロレスって凄いですね、やっぱり。

ナガサキ　あの土地が、そういう土地なんだろうな。マイアミなんかさ、試合やってたら客席の女の子がこうやって（自分のシャツをめくって）おっぱい見せてくるんだよ。

ガンツ　そんなアピールが（笑）。カブキさんもマサさんも、天龍さんも、みんな「フロリダは最高だった」って言うのがわかりますね。

ナガサキ　そりゃそうだよ。でも、天龍とマサ斎藤は女のタイプが似てて、どっちもデブが好きだから、よく女を取り合ってたよ（笑）。

ガンツ　そんなところで、天龍vsマサ斎藤の抗争がありましたか（笑）。

玉袋　レボリューションですなあ（笑）。やっぱ自由でいいね。それで身体パンパンに鍛えて、太陽浴びながらプロレスして。なんて陽気なアメリカンライフなんだよ。

椎名　まさに『陽気な裸のギャングたち』ですよね（笑）。

ガンツ　マサさんの自伝で、一章まるごと「SEX、ドラッグ、シュートファイティング」について書いてあったんですけど、まさにそのとおりの生活だったんですね（笑）。

ナガサキ　あの頃のフロリダにいたら、そんなもんだよ（笑）。

ブロディ刺殺の現場で

玉袋　フロリダには、どのくらいいたんですか？

ナガサキ　ずっと留まってたわけじゃないけど、行ったりきたりで、8年くらいはいた。

玉袋　8年間も！　最高じゃないですか（笑）。

ナガサキ　そのあと、プエルトリコに6年間いたんですよ。

玉袋　でも、プエルトリコっていうと怖いイメージがあるじゃないですか。ブロディが殺されたりとか……。

ナガサキ　俺、そのとき反対側の控え室にいたんだから。俺と**武藤**[※139]**（敬司）**とミスター・ポーゴで3人で。

ガンツ　ブロディがベビーフェイスで、ヒール側にナガサキさんたちが。

ナガサキ　それで「ブロディが刺された」って聞いたから、客に刺されたのかと思ったら、レスラーに刺されたって知ってビックリしたね。

ガンツ　逆に言えば、客に刺される可能性は普通にあるとこなんですね（苦笑）。

ナガサキ　だって、お客が拳銃撃ってくるんだよ？　俺と武藤が運転してたら、後ろからバーン！　バーン！って（笑）。

玉袋　簡単に発砲しすぎだよ！　『天才バカボン』のおまわりさんじゃねえんだから（笑）。

椎名　プエルトリコの6年間っていうのは、どうだったんですか？

ナガサキ　まあ……女の子が凄くいい。

椎名　やっぱり、そうなんですね（笑）。

ナガサキ　姉妹のお姉ちゃんと俺が付き合ってて、妹がポーゴと付き合ってたこともあるよ。

玉袋　ケンドー・ナガサキ&ミスター・ポーゴ組と付き合う姉妹っていうのもすげえな（笑）。

ガンツ　でも、ポーゴさんとは、あまり仲がよくなかったんですよね？

ナガサキ　やり口が汚いんだよ。俺には何も言えないのに、プロモーターなんかにすぐ告げ口して、下のヤツらをいじめたりとかさ。

ガンツ　スネオ体質なんですね。

ナガサキ　そういう姑息なことするヤツ嫌いだから。俺、怒っちゃってさ。イスでぶん殴ってやったよ。

ガンツ　スネオが、ジャイアンにぶん殴られたわけですね（笑）。

ナガサキ　そしたら「もうパートナーやめる」とか泣き言いうから、「いいよ、おまえなんか来なくて！」

って言ってやったよ。

椎名　（スネオが泣いてるっぽく）「もうパートナーやめる〜！」（笑）。

玉袋　泣き虫ポーゴなんだな。武藤さんとはどうだったんですか？

ナガサキ　武藤とはずっと一緒に住んでたから。アイツが最初にアメリカ来たときは、ダラスにある俺の家に住まわせてたし。プエルトリコでも一緒で、武藤はメシ作れないから俺が全部作って。アイツは食器洗い担当（笑）。

椎名　武藤さん、いかにも料理やらなそうですもんね（笑）。

玉袋　武藤さんは、最初から仕事ができたんですか？

ナガサキ　最初は大変だったよ。痩せてたし、プロレス知らなかったから。でも、少しずつのびて、アイツはいいレスラーになったよね。

玉袋　桜田さんが、ホントに面倒見たんですね。

ナガサキ　またアイツ、女にも凄えモテるんだよ？

玉袋　そりゃあそうでしょう！

ナガサキ　でも、武藤は英語がしゃべれないから、女は俺に言ってくるんですよ。「武藤と付き合いたい」って。それで俺が「武藤、あの女どうだ？　見てみろ、いいじゃん、ヤっちゃえよ」って言ったら「ダメだ」とか言うんですよ。

椎名　生意気ですね（笑）。

玉袋　凄いね、向こうで選びたい放題って。

ナガサキ　武藤はフロリダでは、ひとりの女とずーっと付き合ってた。高校生と。

椎名　フロリダのＪＫ一筋（笑）。

ガンツ　結婚したらグリーンカード取れるってことで、一時は結婚も考えてたらしいですね。

ナガサキ　でも一度、ふたりで女を同じホテルの部屋に連れ込んだことがあってさ。それぞれのベッドで寝たんだけど、こっちはなんか変なんだよ。なぜか、俺の女、オ◯◯チョ触らせないと思ったら、「おい、武藤！　こいつ男だよ！」って（笑）。

玉袋　ワハハハハ！

ナガサキ　オカマだったんだよ。それ聞いたら、「えっ！」って、武藤も萎えちゃってさ。「もう、帰るぞ！」って、ふたりでヤらずに帰ったよ。

玉袋　いや〜、武藤さんとその歳の差で、一緒にバカなことやってるのがいいですよね。だって、武藤さんから見たら超アニさんなのにな。

ガンツ　大先輩ですもんね。

マリファナ解放区

玉袋　フロリダでは、カブキさんとは一緒じゃなかったんですか？

ナガサキ　フロリダでは会わなかったけど、カブキさんとはテキサスで一緒になった。

ガンツ　ダラスでコンビ組んでたんですよね。

ナガサキ　そうそう。それで一緒にいたんだけど、アイツは彼女といっつも揉めてたんだよ。酒飲みに行くとふたりがいつもケンカしてた。そしたらある日、帰ってきたらカブキさんが「大変だ、自殺したよ！」って言うんだよ。

玉袋　えっ！

ナガサキ　「睡眠薬飲んだ」って。だから彼女を真っ裸にして、コーヒー飲ませて、水風呂に入れて。

玉袋　タランティーノの映画だよ。『パルプ・フィクション』だよ！

ナガサキ　そしたら睡眠薬は飲んでなかったんだよ。

玉袋　ええっ⁉

椎名　狂言だった！

ナガサキ　人騒がせな女で、ダラスでは俺とカブキさんと、その彼女で住んでたんだけど、あの2人がいっつもケンカするのが嫌だったよ。

玉袋　おもしろすぎるな（笑）。

ナガサキ　で、あの当時、ブッカーとマネージャーがゲーリー・ハートだったんですよ。それでアリーナに行くと、いっつもマリファナをポッポ、ポッポ吸ってさ。そうしないとアイデアが出ないって言うんだよ。

ガンツ　ダハハハハ！

玉袋　アーティストだねえ（笑）。

ナガサキ　行ったらこんなん（白目）になってて。

椎名　いやー、ヒッピーだ。プロレス文化にも（マリファナが）関わってたんですね。

ガンツ　70's USAですね（笑）。

ナガサキ　マリファナ、あの当時凄かったもん。俺は買わないけど、ドレッシングルームで「吸え、吸え」って回し喫みしてるヤツがいてさ。

玉袋　ドレッシングでレスラー同士が。

ナガサキ　そうそう。そうすると、みんな酒飲んだみたいになるんですよ。※140**バズ・ソイヤー**なんか、いっつもそんな感じで。

玉袋　バズ・ソイヤー！

椎名　いかにも吸ってそうですね（笑）。

玉袋　バズ・ソイヤーはやりすぎて死んじゃったん

じゃないの？

ナガサキ　一度、バズ・ソイヤーの部屋行ったら、マリファナがバラバラ撒いてあった。

椎名　だらしないから（笑）。

ナガサキ　バズ・ソイヤーはいいヤツだったんだけどね。アイツは医者から痛み止めを100錠もらうんですよ。それを何に使うか知ってる？　酒飲んだときに10錠ぐらい飲むと、2～3杯飲むとこうなっちゃう。

玉袋　ああ、ラリっちゃうんですか。

椎名　トヨタの女常務が密輸したやつですかね（笑）。

玉袋　そりゃ早死にしますよね。

ナガサキ　するよね。だから、早死にするヤツはだいたいクスリ。

玉袋　エリック兄弟とか。

ナガサキ　エリック兄弟なんか、凄いよ。あの兄弟はみんなやってたから。ケビンだけはやらないけど。

ガンツ　あ、だから生きてるんですか。

ナガサキ　とくにケリーなんか、24時間そんな状態で。ハイになって、試合やるとすっごいんだよ。

ガンツ　エキサイトするわけですか。へえ～。

ナガサキ　でも俺、毎日当たってたから嫌だったよ。

玉袋　ドラッグのピル・コントロールってのができないヤツが死んじゃうんだろうな。

ナガサキ　こうなってるのはみんな打ってるから。**ジャンクヤード・ドッグ**[※141]なんかも、それで心臓やられちゃったんだろうね。あと、ロード・ウォリアーズの背の高いほう、**ホーク（・ウォリアー）**[※142]もずっと一緒だったんですよ。アイツもいいヤツなんだけど、キツい注射打ってたから、いつも「腹痛い」って言ってて、かわいそうだったよね。

玉袋　やっちゃったら、やめられないんでしょうね。

ガンツ　80年代のアメプロマットの現実というか、映画『レスラー』そのままですね。

嫌いなレスラー

玉袋　ここまで、いいヤツの話をしてもらいましたけど、嫌なヤツの話もしてもらっていいですか？（笑）。

ナガサキ　嫌なヤツ？　いっぱいいるよ！

玉袋　お願いします！（笑）。「こいつ、嫌なヤツだな」って思うきっかけは、何なんですか？　やっぱりナメてくる？

ナガサキ　そう、ナメてくる。「ジャップ」ってね。そしたらもう返事しないし、「この野郎」って思ってやっちゃうし。

ガンツ　やっちゃう（笑）。

玉袋　そのやっちゃったヤツは誰なんですか？（笑）。

ナガサキ　いっぱいいるよ。若いヤツなんかホントに来るから。あと、トップどころでもナメてくるヤツがいるしね。ワフーとか。

ガンツ　ワフー・マクダニエル！

玉袋　そうなんですか！

ナガサキ　あと（ビル・）ロビンソン。アイツなんか、バカにしてくるんだよね。

玉袋　イギリス人だからかな？　でもワフーはネイティブ・アメリカンですよね？

椎名　だから逆にやるんですかね。

ナガサキ　そういうときは、ギューッとやると、驚いちゃってもうやってこない。

ガンツ　でも、よくロビンソン相手にやりますよね（笑）。

ナガサキ　ロビンソンだろうが誰だろうが、そういうときは行くよ！　ブロディなんかも凄いよ、バカにして。試合中、ケンカになったからね。プエルトリコでやって、めちゃくちゃになったもん。俺とポーゴで組んで、ブロディと、※143**ロッキー・ジョンソン**とやった試合。

ガンツ　ロッキー・ジョンソンは※144**ザ・ロック**のお父

さんですよね。

椎名　そのカード、超観たい（笑）。

ナガサキ　ＹｏｕＴｕｂｅにあるよ。

椎名　へぇー。あとで検索してみます。

玉袋　ブロディはその頃、日本でスターだったわけですよね。それでも日本人に対して、バカにしてくるんですか？

ナガサキ　アイツは俺たちを下に見てるから。プエルトリコだと、俺らもトップだけど、日本に行くと、アイツの下じゃないですか？

ガンツ　なるほど。「おまえは、日本では下でやってるだろ？」と、上でやってるプエルトリコでも、見下してきたわけですね。

ナガサキ　そういう態度だから、きっと刺されたんですよ。（ブロディを刺した）**ホセ・ゴンザレス**[※145]って、いいヤツなんだよ？　そんなことするヤツじゃないんだけど、ブロディとは揉めたんだよ。

玉袋　ゴンザレスはそんな悪いヤツでもないんだ。

ナガサキ　すっごいいいヤツ。ブロディはバカにしてくるから。それで、ポーゴなんかボロクソにやられちゃって（笑）。でも、俺はそうはいかないから！

玉袋　いいね〜。

ガンツ　やっぱり「そうはいかない」って人間が、マット界で生き残っていけるんでしょうね。ブロディとは新日本でも一緒でしたけど、ナガサキさんが全日から新日に移った理由は何だったんですか？

ナガサキ　坂口さんが泣きついてきたんですよ。俺はそのときニューヨークにいたんだけど、坂口さんがわざわざ来て、「桜田、頼むからウチに来てくれ」って、ホントに泣いて頼んでくるから。馬場さんからも「向こうには行くな、帰ってこい」って言われてたんだけど、そっちを蹴って猪木さんのところに行くことにして。

ガンツ　新日本は維新軍とＵＷＦの選手大量離脱があって、団体存続の危機でしたもんね。

ナガサキ　プリンス・トンガ（キング・ハク）も言

われてたんだけど、アイツは行かなくて。俺は坂口さんに「いいですよ」って言って、3年契約で行ったんですよ。

ガンツ　でも、全日本を出るのも大変だったんじゃないですか？　馬場さんは、そういうのを許さないじゃないですか？

ナガサキ　そのとき永源さんからも「おまえ、行くな！」って電話あったから。「あそこは潰すんだからよ」って。

ガンツ　全日本とジャパンプロレスで新日本を潰すから、そんなところには行くなと（笑）。

玉袋　馬場&永源おそるべし（笑）。

ガンツ　坂口さんも必死だったんでしょうね。そりゃ、いち若手だった**越中**[※146]**（詩郎）**さんを引き抜くのもわかるというか。とにかく選手がほしいっていう。

ナガサキ　それで、しばらくしたらみんな帰ってきたじゃない？　そしたらこうやられた（クビ）ね。

ガンツ　ＵＷＦや長州軍が戻ってきたら、お役御免ですか（笑）。

玉袋　そこも新日らしいっちゃあ、らしいけどな。

ガンツ　あのあと、1シリーズだけＦＭＷに出ましたよね？

ナガサキ　あれのときは、大仁田から電話がかかってきて、出たんだったかな？

玉袋　あんとき、俺も後楽園ホール行ったんですけど、桜田さんが怖くてね。イスの使い方がハンパじゃなかった！　大仁田が逃げてんだもん。

ガンツ　大仁田&ターザン後藤vsナガサキ（当時はドラゴンマスター）&栗栖正伸のストリートファイトマッチですよね。ナガサキさんのあまりの暴れっぷりに、大仁田厚が本気で後楽園を逃げ回るという（笑）。

ナガサキ　アイツ、もともと俺の教え子だから。**（ハル）薗田**[※147]と大仁田と、**渕**[※148]**（正信）**の3人は、恵比寿（の全日本道場）で教えてたんですよ。

玉袋　桜田学校の生徒だったんだ。

ガンツ　だから大仁田さんは、桜田さんがどれだけ強いか知ってるから、一目散に逃げたんでしょうね（笑）。

3年で99億使ったSWS

ガンツ　そのあと、ＳＷＳに入団したきっかけはなんだったんですか？

ナガサキ　もともと俺の知ってる人がメガネスーパーの株主で、よくメシを一緒に食ったりしてたんですよ。そしたらある日、メガネスーパーが株で何十億も当たって。税金で取られるなら遣ったほうがいいってことで、競走馬をやるか、プロレスやるかって話になって。その人も、メガネの田中八郎社長（当時）もその息子もプロレスが好きだってことで、俺と（**将軍KY**）[※149] **ワカマツ**でやることになったんですよ。

玉袋　ＳＷＳは桜田さんとワカマツさんで始まったんですか！

ナガサキ　ワカマツは、猪木さんのところで、俺のマネージャーやってたからね。だから最初、俺とワカマツで武藤を誘ったんだよ。

玉袋　もともとよく知った仲ですもんね。

ナガサキ　何千万の年俸で、家からクルマから全部用意するっていう条件だったんだけど、アイツは蹴ったんだよね。実際に田中社長の家にも行ってるんだけど、そこで小遣い１００万もらって。そのあと新日本で、正直に坂口さんにしゃべったら、凄い引き止めにあって、それでお金は返して、新日本に残ったんだよ。

椎名　そこで武藤さんが移籍してたら、時代は変わってましたね。

玉袋　変わってたよな。

ナガサキ　それで次は天龍のところに行って、ＳＷＳは天龍に契約金3億払ってるんですよ。

玉袋　ええっ!?

ガンツ　3億！

ナガサキ　天龍に「カネは払う、3本だよ」って話して。そしたらアイツが「3000万？」って聞いてきたんだけど、「いや、3億だよ」って。

玉袋　凄えなあ、SWS。

ナガサキ　年俸だって、当時、プロ野球の落合（博満）が1億で、天龍も同じ1億だからね。

玉袋　凄い！　プロレスをそれぐらいのステータスにしようってことだったんだろうな。

ナガサキ　あのとき、メガネスーパーは3年間で何億使ったか知ってます？

玉袋　伊豆大島の合宿所とかも建ててたし、そうとう使ったんでしょうね。

ナガサキ　3年で99億使ったんですよ。

玉袋　99億！　凄え〜！

椎名　それだけあったら、もっといい使い道あるだろって思っちゃいますよね（笑）。

ナガサキ　俺、全部見せてもらったから。でも、それぐらい飛んじゃうよね。だってレスラーはみんな、給料が200万、300万ですよ？

椎名　それ、月給ですか？

ナガサキ　月に5試合くらいしかしないで、それだからね。それなのに、練習に来ないヤツがけっこういてね。

玉袋　ナマクラだよ（笑）。

ナガサキ　あの当時、新百合ケ丘に寮を買って、地下に道場を作ったんだけど、地下だから音が響いてうるさいんですよ。それで隣近所から文句来たから、周りを全部買っちゃったんです。

ガンツ　ダハハハハ！

玉袋　でも、それやってたら、99億使っちゃうよ！

いまのマット界にほしいね、田中八郎さんが（笑）。

ナガサキ　それでSWSを潰したあと、田中社長からは死ぬ前に、「今度インドのほうに支店を出すからそっちを頼むよ」って言われてたんだけど、亡くなっちゃってね。

ガンツ　じゃあ、晩年までお付き合いがあったんですね。

ナガサキ　俺だけね。

玉袋　最後まで残ったのは、ドン荒川さんじゃないんですね。

ナガサキ　荒川なんか、ゴマすりとカネばっかしでダメだよ！　それで、みんなから嫌われてたから。

ガンツ　天龍さんも、荒川さんにはめちゃくちゃ怒ってましたね（笑）。

玉袋　「アイツが引っかき回した」ってな。

ナガサキ　アイツは**ジョージ（高野）**[※150]が入れただけで、みんな入れたくなかったんだから。

喧嘩最強伝説

ガンツ　でも、ＳＷＳがなくなったあとは、大変だったんじゃないですか？　**NOW**[※151]を旗揚げして。

ナガサキ　あれは、ＳＷＳを畳むとき、社長から３０００万もらって、「これで新しい会社やりなさい」って言われたんですよ。

ガンツ　ＳＷＳの**レボリューション**[※152]と**パラエストラ**[※153]、**道場・檄**[※154]が、それぞれ３０００万もらって独立しろってことだったんですよね。

ナガサキ　でも、俺はアメリカに家があるからやりたくなかったんだけど、社長に言われたから仕方なく引き受けて。選手に毎月給料払ったんですけど、結局、６０００万損した。

玉袋　うわ〜、それはキツいな〜。

ガンツ　独立採算で、ＳＷＳ時代のものをそのまま引き継がなきゃいけなかったら、そうなっちゃいますよね。

ナガサキ　いまみたいに、１試合いくらでギャラ払うだけなら、全然やっていけたんだけどね。

ガンツ　そして、そのあとが**大日本（プロレス）**[※155]ですか。

ナガサキ　そう。大日本は小鹿の会社だけど、立ち上げは俺、全部やったんだから。お金も工面して、寮とか弁護士さんとか、みんな持ってきたのに。小鹿は悪い野郎だね（笑）。

玉袋　小鹿さんと桜田さんはもうダメなんですか？

ナガサキ　もうダメ。昔はいつも一緒だったけど。仕事も一緒で、メシ食いに行くのも一緒。でも、俺の知り合い巻き込んで、カネで揉めたんですよ。小鹿はカネに汚いから、嫌いだもん。だからこの前、フェイスブックで「友達になってくれ」って来たけど、ならない！

一同　ダハハハハハ！

玉袋　友達申請拒否！（笑）。ナガサキさんがバーリ・トゥード路線に行ったのは、個人的に燃えたんですけどね。

ガンツ　ナガサキさんが**ヒクソン・グレイシー**[※156]を倒せば、大日本が一気にトップの団体になるという、小鹿さんの皮算用で（笑）。

ナガサキ　ヒクソンとはやれなかったけど、**山川（竜司）**[※157]連れて、ブラジルに（修行に）行ったこともあったんだよ。

ガンツ　**アカデミア・ブドーカン**[※158]に行ったんですよね。

ナガサキ　ヒクソンが主催した大会にも山川が出てさ。すぐやられちゃったけど。なんか、その大会はほかにも日本人が来てたよ。

ガンツ　**平直行**[※159]選手とかが行ってたんですよね。

ナガサキ　でも、ブラジルは治安が悪いから、みんな怖がっちゃってさ。「便所ひとりで行けないから付いてきてください」とか言ってくるんだよ。大の男が。

玉袋　引率の先生（笑）。桜田さんは危険なとこ慣れてるからね。

ナガサキ　ブラジルも同じだけど、プエルトリコなんか、ヤバすぎて警察も入れないようなところがたくさんあるからね。

玉袋　そういうところで生き抜いてきたんだもんな

〜。

椎名　だから「本当の強さってなんだ？」ってなるよね。総合格闘技のルールで勝っても、便所もひとりじゃいけないような男と、世界中の危険なところで生き抜いてきたナガサキさんの、どっちがホントに強いんだってなるじゃん。

玉袋　桜田さんのほうが、よっぽど〝ノールール〟で生き抜いてきてるよな。

ナガサキ　ブラジルでもさ、山川がガイジンとヤったことないって言うから、「ヤれ」って言って。

玉袋　まずは、そっちのグラウンドから（笑）。

ガンツ　そんな日本vsブラジルも行なわれてましたか（笑）。

ナガサキ　やっぱり、いろんな国に行っても、そこの女とヤらないと、わかんないよ！

玉袋　ワハハハハ！　凄ぇ！

椎名　名言ですね（笑）。

ナガサキ　その国々、人種によって全然違うんだから。

ガンツ　文字通り、世界を股にかけてたわけですね（笑）。

玉袋　股にかけたなあ〜。凄すぎるよ！　桜田さん、おもしろすぎる！

ナガサキ　こんな話でよかった？

玉袋　最高ですよ！　人の人生の3倍くらい生きてますね。やっぱり海外生き抜いてきた人は違うな〜。

ナガサキ　まあ、おもしろかったよね。世界中、いろんなところに行ってさ、リングで暴れてカネを稼いで、適当に女とヤってね（笑）。

椎名　憧れちゃいますね（笑）。

玉袋　いや〜、最高。きっと、誌面になったら使えねえ話ばっかりになってると思うけど（笑）。ケンドー・ナガサキはやっぱり最強だよ！　桜田さん、今日はありがとうございました！

ナガサキ　ま、こんなもんでしょ（笑）。

鬼神
ターザン後藤

ターザン後藤（たーざん・ごとう）

1963年8月16日生まれ、静岡県島田市出身。中学卒業後にスカウトされ大相撲の九重部屋に入門。廃業後に全日本プロレスに入門し、1981年2月に越中詩郎戦でデビューを飾る。1985年よりアメリカ遠征に出発し、4年間同地で活動。しかし、1989年に大仁田厚より誘いを受け、全日本を退団し、FMWの旗揚げに参加する。FMWでは電流爆破デスマッチをはじめとする数々のデスマッチを敢行。特に1990年8月4日に行なった大仁田との史上初となるノーロープ有刺鉄線電流爆破デスマッチはプロレス大賞のベストバウト賞を受賞した。1995年にFMWを退団後はIWAジャパンなどに参戦。真FMW、R2W、革真浪士団、ターザン後藤一派などを率い、2010年からはスーパーFMWを団体化し活動している。

ガンツ　玉さん、今回は墨田区京島のスナック「スーパーFMW茜」にやってまいりました！

玉袋　いや〜、俺も日本全国のスナック回ってるけど、ドアを開けたら目の前に〝鬼〟がいる店は初めてだよ！　〝鬼神〟がいるんだもん。

椎名　スカイツリーの麓に鬼がいた（笑）。

玉袋　ターザン後藤さん、ここにいたのかっていうね。

後藤　まあ、自分は毎日店にいるわけじゃなくて、たまに飲みにくるくらいですけどね。

玉袋　あ、そうなんですか。ここは後藤さんの店ってわけじゃないんですか？

後藤　いや、自分の店ですよ。昼間は事務所として使ってまして、夜はいま店にいる**鮎川れいな**[※160]（ニューハーフレスラー）と演歌歌手の茜ちよみさんっていう人がいるんですけど、ふたりに任せてます。

玉袋　へえ〜、なるほどなあ。

後藤　ビールでも飲みます？

玉袋　あ、ありがとうございます。いただきます。

後藤　（カウンター内にいる鮎川れいなに）生ビール3つと、俺はいつものちょうだい！

玉袋　では後藤さん、あらためまして玉袋筋太郎です。今日は後藤さんのレスラー人生をいろいろ聞かせていただこうと思ってますんで、ひとつよろしくお願いします！

後藤　よろしくお願いします。

（※ここでビールが届く）

玉袋　あれ、後藤さんは瓶ビールなんですか？

後藤　そう。俺は昔っから、瓶ビールをラッパ飲みだから。

玉袋　カッケー！（笑）。

椎名　さすが昭和・全日本プロレス（笑）。

玉袋　そうだよ。昭和のレスラーといえば、練習の後に瓶ビールをラッパ飲みか、大ジョッキに氷入れてガンガン飲むっていうスタイルだからね。俺もそこに憧れてるんだから。

後藤　俺の場合は、あんまりおおっぴらには言えないけど、その前の相撲からだから（笑）。

玉袋　あ〜、お相撲にいたんですよね。お相撲さんは、いくつから飲んでもいいです！（笑）。

あとに引けず相撲入り

椎名　もともと相撲が好きだったんですか？

後藤　いや、そうじゃないんですよ。俺は物心ついた時からプロレスラーになろうと思ってたんで。

玉袋　へえ、そんなちっちゃい頃からレスラーに憧れてたんですか！

ガンツ　誰のファンだったんですか？

後藤　やっぱり、最初はジャイアント馬場さんとアントニオ猪木さんのタッグですね。

玉袋　日プロからもう観てるんですね。

後藤　で、どちらかと言えば馬場さんのファンで。全日本になった後、悪党だった**デストロイヤー**[※161]が馬場さんと組むようになったでしょ？　それがなんか、漫画の『タイガーマスク』とダブって、デストロイヤーのファンになったんですよ。

玉袋　デストロイヤーファンだったんですか！　それで『うわさのチャンネル!!』で、ゴッド姉ちゃん（和田アキ子）と絡んだりするのも観て。

後藤　いや、それは観なかったね。子ども心にデストロイヤーのイメージが崩れると思って。

玉袋　あの花柄の短パン穿いているデストロイヤーは違うと。

後藤　昔は悪党だったからね。

（※後藤が葉巻を吸い始める）

玉袋　おお、葉巻ですよ！　〝虎の穴〟感があるな〜（笑）。

ガンツ　御大・ジャイアント馬場さんを引き継いでもいますしね（笑）。

後藤　いや、これは馬場さんの真似じゃなくて、アメリカ修行時代、ひとりで長距離ドライブするから、眠くてしょうがなくて吸い始めたんですよ。

ガンツ　眠気覚ましでしたか（笑）。

後藤　アメリカだと短くて3時間、長い時は8時間も運転しなきゃならないから、何かやってないとヒマでしょうがなくて、葉巻を吸うかビールを飲むかって感じだったから。

玉袋　運転しながらビール飲んじゃダメですよ（笑）。まあ、昔のアメリカだとそうなのかもしれないけど。

後藤　もう、ずっと一本道だからね。

ガンツ　周りは砂漠みたいなもんだから、ビール飲んで、瓶はそのまま窓から捨てるような世界だったんですよね？

後藤　そう。それが当たり前だったから。

玉袋　凄え世界だよ（笑）。ちょっと話を子ども時代に戻して、兄弟はいたんですか？

後藤　ウチは6人兄弟です。

玉袋　6人！　大家族だ。後藤さんは、何番目なんですか？

後藤　末っ子です。

玉袋　末っ子！　じゃあ、かわいがられたでしょうね。兄弟でプロレスごっこなんかもやって。

後藤　いや、一番上が兄貴なんですけど、あとはみんな姉なんですよ。だから、子どもの頃は結構ママゴトとかやってましたよ。

玉袋　ダハハハハ！　鬼神がママゴトですか！（笑）。親父さんは仕事は何やってたんですか？

後藤　鳶。

玉袋　カッコいいですね！

後藤　飯場に若い衆がいっぱいいたの。

玉袋　鳶の親方なんですね。

後藤　まあ下請けですけどね。だから、いまだから言えるけど、飯場で生まれたんですよね。

玉袋　それプロレスのギミックで入れてほしかったですよ。〝飯場で生まれた男〟って。

後藤　あの頃は鳶も〝土方〟なんて言われて、俺たちが子どもの頃は、見られる方もなんか変だったたからね。

玉袋　なるほどな〜。そっから、お相撲の世界に入るきっかけはなんだったんですか？

後藤　正直、相撲に興味があったわけじゃなくて、「プロレスラーになりたい」って言ったら、「おまえ、バカか」って言われたんで、親と学校の先生を騙すためですね。

玉袋　一度相撲に入って、そのあとプロレスに行けばいいやと。

後藤　俺はたまたま柔道でちょっと強かったんで、3つの高校からスカウトが来たんですよ。だから、「その3つのどこかに行け」って言われてたんですけど、たまたま相撲のスカウトにも声をかけられたんです。

玉袋　相撲からもスカウトが来てたんですか。

後藤　ちょっと身体がデカかったからね。で、大相撲だったら国技なんで、親や先生も納得するだろうと。すぐにオッケーしてもらったわけじゃないんだけど、そのうち校長先生が乗っちゃって。

椎名　校長先生が「我が校から相撲取りが出る」って、よろこんじゃったんですか⁉（笑）。

後藤　親方が学校に挨拶に来てくれたんですけど、校長先生が勝手にテレビ局とかラジオを呼んじゃって。

玉袋　ガハハハハ！　校長が舞い上がってるよ〜。

椎名　テレビやラジオまで呼ばれたら、もう引くに引けないですね（笑）。

後藤　「本当はプロレスラーになりたい」なんて、言えるムードじゃなくなってね（苦笑）。

玉袋　来てくれた親方は誰だったんですか？

後藤　いま解説をやっている北の富士勝昭さん。

玉袋　ええ⁉　北の富士さんが、わざわざ来たんですか！

椎名　そりゃテレビやラジオも呼びますよ！（笑）。

後藤　自分は静岡の島田出身なんですけど、あの当時、静岡出身の力士っていなかったんですよ。それで話が大きくなっちゃって。

玉袋　「ついに静岡から力士が誕生！」ってことで、「後藤くん、バンザイ！」って壮行会みたいになったわけですか（笑）。

後藤　あの時は俺もさすがに心が痛んで、ラジオ出演は断りましたから。

ガンツ　周りがこんなに盛り上がってるのに、本当はプロレス入りするための腰掛けのつもりだから（笑）。

後藤　それなのに、先生たちがみんな集まっている前で挨拶させられて。カッコつけて「関取になるまで帰ってきません！」とか言っちゃったもんだから（笑）。

一同　ガハハハハ！

椎名　心にもないことを言っちゃって（笑）。

後藤　それでドンドン精神的に追い込まれていったんですよ（笑）。

九重部屋を脱走

玉袋　おもしれえなあ（笑）。それで東京に出てきて、実際に相撲部屋に入ってみていかがでしたか？

後藤　当時は新弟子が多かったんですよ。7人ぐらいいたのかな？

玉袋　同期は誰になるんですか？

後藤　いまの相撲界のトップですよ。理事長。

玉袋　出た、八角（北勝海）！

ガンツ　九重部屋ですもんね。

後藤　ただ、歳は一緒なんだけど、向こうは中学校の頃から部屋にいたから、2年ぐらい先輩になるんだよね。当時は前相撲は中学を卒業しないとできないから、前相撲は一緒だったの。

椎名　なるほど。ということは、千代の富士とも重なっているんですよね？

後藤　千代の富士関は当時もう関取で。肩を脱臼して十両に落ちて、また上がっていくっていうときでしたね。

玉袋　ああ、これから〝ウルフ〟になるぞっていう時代か。凄えなあ！

ガンツ　寺尾関や**安田忠夫**※162さんも同期なんでしたっけ？

後藤　彼らの場合も中学校の頃から相撲部屋にいたから、同期だけど先輩。

玉袋　黄金世代だよ～。そんな相撲界に入って、新弟子時代はかわいがりとかある時代だから、大変だったんじゃないですか？

後藤　厳しいことは厳しいですけど、九重親方がイジメは嫌いだったから、表立ったイジメはなかったですね。それに当時はイジメとは思わず、「これも試練かな」と思っていた部分もあったし。

玉袋　ま、千代の富士が北天佑の弟（富士昇）をシメたことぐらいですかね（笑）。

後藤　あれは俺がもうプロレスに入ってからだから（笑）。

椎名　生き証人じゃないんですね（笑）。

ガンツ　では、プロレスへの想いを秘めながら、黙々と稽古していた感じなんですか？

後藤　一応「関取になるまで帰らない」と言った手前、関取にならないと親にも会いに行けないかなと思いながらも、どうしてもプロレスラーになりたくて、きっかけを待っていましたね。そしたらある日、『週刊ファイト』に「新弟子募集」っていう小さな記事があって、「これはチャンスだ」と思って、そこから辞める口実を探し出して。

玉袋　辞めるきっかけは何だったんですか？

後藤　いまだから言える話なんだけど、ある兄弟子の失敗を俺がかぶることになったんですよ。

玉袋　冤罪が原因ですか。

後藤　俺は当時、千代の富士関の何人もいる付き人の一番下をやってたんですけど、不器用だったからよく兄弟子に怒られてたんですよ。で、ある日、また俺がミスをして、その兄弟子に千代の富士関のタンスのドアで俺の頭をバーンとやられたんですよ。

ガンツ　タンスのドアに挟まれるみたいに。

後藤　そしたらタンスに穴が空いちゃったんです。それが千代の富士関に知られたらマズいから、「おまえが間違えて穴を開けたことにしておけ」って言われて。俺はミスばかりしてたから、俺のせいだってことにすればみんな信じるだろうってことだったんだけど。「兄弟子に殴られたうえ、なんで罪まで被らなきゃいけないんだ」と思って。これはいいきっかけだと思って、部屋から脱走したんです。

ガンツ　自分のなかで、辞める大義名分ができたと。

後藤　新弟子だからカネもなくて、財布に1500円しかなかったんだけどね。

椎名　それで脱走しちゃうって、凄いですね。そこからどうしたんですか？

後藤　とりあえず、姉が千葉に嫁いでたから、そこまでなんとかバスに乗って行ってね。経緯を話したら、「辞めるにしても、ちゃんと筋を通さなきゃダメだ。私がついていくから」って、姉と一緒に挨拶に行って、それで正式に辞めたんです。

椎名　気の強いお姉さんですね。

玉袋　しっかりしてるよな。そのとき、後藤さんは何歳なんですか？

後藤　15のときです。

椎名　15！　若い！（笑）。

玉袋　15の夜に盗んだバイクで走り出さねえで、バスで千葉まで行っちゃったというね（笑）。

後藤　ただ、姉と一緒に挨拶に行って、辞める理由を聞かれたんですけど、「プロレスラーになりたい」とも言わなかったし、千代の富士関のタンスを壊したのも俺じゃないとも言わなかったんですよ。これはずっと秘密にしておこうと思ってたけど、今日ついに言っちゃった（笑）。

玉袋　相撲廃業の真相、初告白か〜。ありがとうございます（笑）。

後藤　もう、40年近く前の話だからね。

玉袋　そのあと、すぐ全日入りですか？

後藤　いや、姉に「プロレスラーになりたい」って言ったら、「バカなこと言ってんじゃない」と言われて。とりあえず、住み込みで大工の見習いになったんですよ。

玉袋　相撲の新弟子から大工見習い！　これも〝苦役列車〟だな～。

後藤　こっちは、いくらか稼いで早くプロレスに行きたいと思ってたんだけど、その親方が熱心にいろいろ教えてくれたんですよ。こっちは覚える気がないのに。

玉袋　ガハハハハ！　相撲に続いて、大工もやる気がないというね（笑）。

椎名　また心が傷む（笑）。

後藤　ただ、熱心に教えてくれるのはいいんだけど、何カ月かして、ここにいてもカネ貯まんないなってことがわかったんですよ。当時給料2万円だったんですけど、その内1万は親方が〝貯金〟と称して預かって、修行が終わったら渡すって言われたんですよ。で、当時、大工の修行は10年で言われてたの。

ガンツ　10年の強制的な定期預金（笑）。

玉袋　しかも銀行じゃなくて、親方のタンス預金なんだから、そりゃ返ってこないよ！（笑）。

後藤　だから実質1万円の給料じゃ、参ったなと思ってね。

玉袋　で、大工はどうやって足を洗ったんですか？

後藤　そこは自然に傾いちゃったんですよ。それが辞めるきっかけになって、結局預けてたカネは返ってこなかった。まあ、こっちも最初からやる気がなくて入ってたから、催促するのも気が引けてね。そのままですよ。

玉袋　つれえな～。そっからどうしたんですか？

後藤　また、姉のところに戻って、「大工で一人前になるつもりだったけど潰れてしまったから、今度こそプロレスに行かせてほしい」って言ったら、ようやく姉が諦めてくれて。両親の説得も姉がやってくれたんですよ。で、ようやく全日本プロレスに履歴書が出せたんです。

博打の洗礼

玉袋　お姉さんの理解があってのことだったんだな。それで、すぐに全日には入れたんですか？

後藤　千葉の体育館で両親と一緒に馬場さんに面接してもらったんですよ。

椎名　へえ、両親同伴の面接ってあるんですね。

後藤　まだ16歳だったから、親の承諾が必要だってことで。それで馬場さんに身体つきを見られて、少し面接して、「まあ、お父さんがいいと言うならいいでしょう」って、入門が許されたんですよ。

玉袋　その後、すぐ巡業に付いていったんですか？

後藤　何日かあとに東北巡業が始まるってことで「集合場所の東武ホテルまで来い」って言われて。その時、ウチの長女と旦那さんが見送りに来てくれたんですよ。そしたら**百田光雄**[※163]さんが姉に「お姉さん、帰っていいよ」って言うんですよ。でも姉は「いや、バスが出るまで見送ります」って言ったら、「何言ってんのあんた！　子どもじゃないんだから！」って怒られて。姉は泣き出しちゃったんです。その時は、「怖い人だなあ」と思ったけど、その後は一番かわいがってくれたんですけどね。

玉袋　百田さんは、シャバからプロレスの世界に入るにあたって、「甘ったれんな」っていうことを教えてくれたんだろうなあ。実際、巡業に付いていった最初は大変だったんじゃないですか？

後藤　先輩の越中さんに付いて、もう雑用に次ぐ雑用ですよね。また、越中さんは手取り足取り教えてくれるというより、「見て覚えろ」という人だったから、失敗して怒られながら、なんとかこなす感じでしたね。

椎名　越中さんと言えば、この前、**川田（利明）**[※164]さんを取材させてもらったとき、「若手の頃、越中さんに博打で巻き上げられた」って愚痴ってたんですよ（笑）。

後藤　あ〜、俺も博打には悩まされましたね（苦笑）。

玉袋　ここにも越中さんの被害者がいたよ！（笑）。

後藤　越中さんがと言うか、あの当時、全日本には博打が蔓延してたんですよ。

玉袋　博打が蔓延！　これ、いまだったら大スキャンダルだよ！（笑）。

後藤　あんまり言わないほうがいいかな？（笑）。

玉袋　いや、大丈夫です！　もう時効なんで。

後藤　全日本では当時、〝上の人の博打〟と、〝若い人の博打〟っちゅうのがあったんですよ。

玉袋　上と下ではレートが違うというね（笑）。

後藤　レートも違うけどやる場所も違って、上の人は移動のバスの中とか旅館で巡業中にやるんですよ。で、俺たち若手はシリーズが終わったあと、若手だけで合宿所でやる感じで。でも、川田も俺もどっちかというと博打は嫌いだから、もうシリーズオフはそれが一番苦になって（苦笑）。

玉袋　博打の種類はなんだったんですか？　ポーカーですか？　チンチロリンですか？　オイチョカブですか？

後藤　そんな具体的なことを雑誌で言って大丈夫？　俺、捕まらないかな？（笑）。

玉袋　もう大丈夫ですよ。カジノ法案も通りましたから！

ガンツ　それ、あんまり関係ないですよ！（笑）。

玉袋　まあ、30年以上前の話ですから！

後藤　じゃあ、正直に言いますけど、オイチョですよ。

玉袋　オイチョか〜！

後藤　あと昔、「人生ゲーム」っていうボードゲームがありましたよね？　あれもカネ賭けてやってたんですよ。

一同　ガハハハハ！

玉袋　おもちゃのドル札じゃなくて、実際のお金でやるというね。大人の人生ゲームだな〜！（笑）。

椎名　でも、あれでカネ賭けたらおもしろそうですよね（笑）。

ガンツ　「カツラを買う。５０００円払う」とか（笑）。

玉袋　ボードゲームで大喧嘩になるよ！（笑）。

後藤　それを毎日のようにやるから、嫌でね。で、博打はいつも稽古が終わって、ちゃんこ食ったあとにやるんですよ。ある日、食事の時間が終わっても博打やるって話がなかったから、「今日はやらなくてすむのかな」と思ったら、ま〜た空気の読めない川田が、好きでもないくせに、「今日、ゲームやらないんですか？」って越中さんに言うんですよ！（笑）。

一同　ガハハハハ！

玉袋　デンジャラスだね〜（笑）。

ガンツ　**三沢**[※165]**（光晴）**さんが「あいつは、いつも一言多い」って言ってたって聞きますけど、若手の頃からやっぱりそうだったんですね（笑）。

玉袋　当時の若手っていうのは、どんなメンバーだったんですか？

後藤　俺が入ったときは、越中さんしかいなかったんですよ。2年半先輩だったかな？　それで三沢が1年後輩で、川田が2年後輩。その間、何人も新弟子が入ってはきてるんですけど、みんな辞めてるんですよ。

椎名　越中さんのギャンブルのせいですかね（笑）。

ガンツ　巻き上げられて夜逃げですか（笑）。

後藤　で、俺がデビューした頃、新日本から移ってきたのがふたりいたんですよ。ひとりは滝川（隆寿／新日本の元練習生）って言って、見た目も三浦友和みたいな顔をしていてよかったし、馬場さんも凄い期待をかけてたんだけど脱走してね。あと、ジョージ高野さんの従兄弟（高野直樹）っちゅうのも来て。

玉袋　高野兄弟の従兄弟もいたんだ！

後藤　そいつは新日本では新弟子じゃなくてリング屋かなんかやってたらしいんだけど、しばらくしたら脱走しちゃってね。結局、残されたのは俺だけですよ。

佐藤昭雄プロデュース

ガンツ　でも後藤さんって、若手の頃から売り出されていたというか。当時の若手はみんな没個性が当たり前だったのに、後藤さんだけヒゲを生やして、ワンショルダーのタイツ穿いて、「ターザン後藤」っていうリングネームも付いていたのは、なぜだったんですか？

後藤　あれは、すべて佐藤昭雄[※166]さんなんですよ。当時って、レスラーでも一般人でもヒゲを生やしてる人って、ほとんどいなかったじゃないですか？　でも、俺はオフの間は伸ばしっぱなしにしてたんですよ。そしたら、佐藤さんが道場に練習に来たとき、「おまえ、そのヒゲずっと生やしておけ。剃ったらクビだからな」って言われたんですよ。

玉袋　ヒゲでクビにされるのかよ！（笑）。

後藤　でも、当時の佐藤さんは若手の指導者でマッチメイクもやっていたので、その佐藤さんに「クビ」って言われたら信憑性があったんで、伸ばしたまま開幕戦の会場に行ったんです。そしたら佐藤さんが、俺に穿かせるためのワンショルダーのタイツまで用意してたんですよ。

ガンツ　ワンショルダーまで（笑）。

後藤　若手でヒゲ生やして、ワンショルダーのタイツなんていなかったから「それだけは勘弁してください！」って言ったんですけど、「バカ野郎！　おまえを売り出そうと思ってやってんだから」って言われて。そう言われたら嫌とも言えないし。

玉袋　たしかに言えないな。

後藤　で、嫌々それを穿いて後楽園に出たら、観客が笑っちゃって。でも、そこで開き直りましたけどね、ヤケクソになって。
玉袋　でも、あれはよかったですよ。ヒゲ生やして、ヒョウ柄のワンショルダーっていう、〝ヒゲゴジラ〟スタイル。
椎名　『ハレンチ学園』（笑）。
ガンツ　あれはすべて、佐藤昭雄さんプロデュースだったんですね。
後藤　そうなんです。名前も「ターザン後藤」って最初から決まってるくせに一般募集かけてるんですよ（笑）。
ガンツ　ダハハハハ！　一般公募のテイで（笑）。
後藤　で、募集したら変なのばっかり来るんですよ。当時、俺は雑用でいつも救急箱持って走り回ってたから、それを知ってるファンが「救急箱・後藤」とか。
ガンツ　ガハハハハ！
椎名　ナイチンゲール（笑）。
後藤　あとは「美・サイレント後藤」とか。
一同　ガハハハハハ！
椎名　山口百恵（笑）。
玉袋　美・サイレント後藤は見たかったな～（笑）。
後藤　昔はそうやって、変な名前をつけて楽しむ先輩が多かったんですよ。
玉袋　まあ、日プロからの流れですよね。
後藤　それで、なんで名前が最初から決まってたってわかったかと言うと、当時『底ぬけ脱線ゲーム』っていう番組の特番に、全日本プロレスみんなで出たんですよ。そのとき、ユニフォームがすでに「ターザン後藤」になってたの（笑）。
ガンツ　もうできてんじゃねえかって（笑）。
玉袋　『底ぬけ脱線ゲーム』で自分のリングネームを知るってところがいいね～。
後藤　それで、どうせ「ターザン」っていうリングネームになるなら、ヒョウ柄になろうと思って、当時、**ミスター珍**[※167]さんがキャピタル（トレーニングウエアメーカー）で働いていたから、新しいタイツを作ってもらったんですよ。そしたら、なんか知らないけど、珍さんが間違えて、花柄とかかわいらしい絵がいっぱい描いてあるワンショルダーを作っちゃって。「いやあ、これはさすがに恥ずかしくてちょっと……」って言ったら、「いや後藤くん、それ着てもらわなきゃ困る。今日はキャピタルの社長が来てるから」って。

ガンツ　ダハハハハ！　自分が間違えておいて（笑）。

後藤　しかも、正月の後楽園2連戦のときですよ？　しょうがないから、それを着て、ジャパンプロレスのは**保永**[※168]**（昇男）**選手とシングルでやったんだけど、客は大笑い。

ガンツ　そのタイツ、当時雑誌で見ましたけど、メルヘンチックなんですよね（笑）。そういうのも含めて、全日本の若手の中では一番目立ってたと思います。

後藤　まあ、佐藤さんのおかげですよね。

一流レスラーに気遣われ

ガンツ　後藤さんがアメリカ遠征に出られたのも、佐藤さんの口添えなんですよね？

後藤　そうなんですけど、俺は一度決まっていたアメリカ行きの話が消えて、不貞腐れてたことがあったんですよ。

ガンツ　なんで消えちゃったんですか？

後藤　俺とハル薗田さんがアメリカ遠征に行くはずだったんだけど、当時、**冬木**[※169]**（弘道）**さんが先にメキシコに行ってて、馬場さんに手紙を書いたらしいんですよ。「メキシコは本当に噂どおり大変な国です。このままじゃノイローゼになるから、日本に帰るかアメリカに行かせてください」っていうような内容で。

玉袋　泣きが入ったんだな（笑）。

後藤　それで冬木さんがメキシコからアメリカに入

って、川田とタッグを組むことになっちゃったんですよ。しかも、当時はジャパンプロレスが来ていたんだけど、川田が海外に行ったら、若手は俺しかいないってことで、「後藤は日本に残したい」ってことになったんですよ。

ガンツ　ジャパンは、**新倉史裕**[※170]、**仲野信市**[※171]、**笹崎伸司**[※172]とか若手がいるけど、全日本にはいないから残れ、と。

後藤　それで、俺はふてくされちゃってね。アメリカ行く用に髪の毛も伸ばしてオールバックにしてたんだけど、馬場さんに「おまえ、長い髪は似合わないから短くしたほうがいい」って言われて。その時、これ皮肉で言ったわけじゃないんだけど、「いやアメリカに行くって聞いてたんで、伸ばしてたんですよ」って言ったら、馬場さんは黙って何も言わなかったんですよ。それで次の日、また風呂で背中を流しに行ったら、馬場さんが「おまえな、今回は行けないけど、川田よりいいところに送ってやるから」って言ってくれたんですよ。

玉袋　へえ～、馬場さんもそういうところあるんですね。

後藤　そう言ってもらえたんで「俺も俺も近いうちに行けるのかな」って思ってたら、本当に近かったんですよ。急に話が来て、「2日後に出発しろ」って。

玉袋　2日後！　何の準備もできないよ！（笑）。

後藤　なんか、ハーリー・レイスからの要請で、カンサスであるNWAのタッグトーナメントに日本人がほしいってことで、俺と佐藤昭雄さんが出ることになったみたいで。急に馬場さんから電話があって、「おまえ、行けるか」って言われたんだけど、さすがに急すぎるから、初めて馬場さんに逆らって、「いやあ、ちょっと考えさせてください」って言ったんですよ。そしたら「おまえ、いま行かなきゃ、二度とアメリカ行けないかもしれないぞ」って。

玉袋　ダハハハハ！　脅しだよ（笑）。

後藤　それですぐ「行きます、行きます！」って（笑）。

ガンツ　「行かなかったら、ずっと付き人で飼い殺しだぞ」って、言われてるようなもんですからね（笑）。

後藤　当時は、アメリカに行くのがトップになる条件みたいなものだったから。

玉袋　アメリカで修行して、箔つけて帰ってくるっていうのが必須でしたもんね。で、実際に行ってみたらどうでした？

後藤　言葉も何もわからないし、不安でしょうがなかったですけど、あまりにも急だったから、元子さんがロスまでは、ファーストクラスの航空券を取ってくれたんですよ。

玉袋　へえ！

後藤　これはいままでにない話で。

玉袋　一流ガイジンレスラーならともかく、普通に新人ではありえないですよ。

後藤　お酒も食べ物もみんなタダなんだけど、こっちは緊張しまくってるから、機内を楽しむ余裕なんかなくて。また、従業員にプロレスファンがいて、やたら話しかけてきたんですよ。「後藤さん、海外に行って、まさかマスク被って帰ってくるんじゃないですか？」とか。当時はタイガーマスクとかザ・コブラ[※173]みたいに、海外行って正体不明で帰ってくるマスクマンが多かったから。

玉袋　プロレスファンの話し相手をしなきゃいけねえっていうのも、大変だな〜（笑）。それで、向こうに着いたらすぐ試合ですか？

後藤　そうですね。まず、テレビのインタビュー撮りから始まって、そこからずっと休みなしですよ。よく向こうに行くと、みんな仕事がなくて苦労したりしますけど、俺は連日試合が入ってて、休みがほしかったから。

椎名　馬場さんの言うとおり、いいテリトリーに行けたってことですか？

後藤　そうですね。なんと言っても元ＮＷＡ会長の**ボブ・ガイゲル**[※174]のテリトリーだから。

玉袋　フリッツ・フォン・エリックの前の会長ね。

『プロレス・スターウォーズ』[※175]に出てきたよ（笑）。

後藤　で、何試合かしたあとでセントルイスに行って。そこにはNWAだけじゃなく、AWAのスターたちも集まってて。そこにも行かされたし。

椎名　スターレスラーと一緒だったんですね。

玉袋　〝田舎のプロレス〟じゃねえんだよ（笑）。

後藤　控え室に入ったら、錚々たるメンバーで凄かったですよ。その中で、俺はこっちに来たばかりで知り合いがいなくて。知り合いと言えば、日本で会ったことがあるリック・フレアーとかになるんですよ。

ガンツ　顔見知りはみんな、全日本に来ていた一流レスラーばかりという（笑）。

後藤　それで俺はリック・フレアーの横に座ってて、英語もわからないから、フレアーがいろいろ気を遣ってくれてたんですよ。あとはロード・ウォリアーズとかも、よく話しかけてくれて。そしたら周りが「あいつは何者だ？」ってことになって（笑）。

玉袋　そりゃあ、なるよ。付き合ってる連中が大物ばかりなんだから。

後藤　で、カンサスの会場に行ったら、ハーリー・レイスがわざわざ日本から預かってきた俺の荷物を段ボール1個分、わざわざ控え室まで持ってきてくれたんですよ。俺は急にアメリカに行くことになって、荷物の準備とかもロクにできなかったから。試合用のコスチュームとか、いろんなものを入れて、元子さんが「後藤のところに持っていってくれ」って、ハーリー・レイスに頼んだらしくて。

玉袋　ハーリー・レイスをパシリにしてるよ！　さすが馬場元子！（笑）。

後藤　それで、ハーリー・レイスが大きな荷物持って、俺のところまで来たから、周りのヤツらはみんな「え〜!?」って顔して。

ガンツ　レイスに運搬係をさせてる、この男は何者だと（笑）。

後藤　なんかそれで、どこに行っても控え室の待遇がよかった。俺は全日本でガイジン係として、一生懸命彼らのバッグを運んだりしてたから。あの頃、日本に来ていたレスラーが、みんな気を遣ってくれてね。

玉袋　なるほど。日本で雑用をがんばったかいがあったってことですね。

後藤　また、俺は英語がわかんないもんだから、いつも無愛想にしてたんで、態度がデカく見えたんでしょうね。それで大物だと思われたんですよ（笑）。

傾くアメリカ市場

玉袋　当時、お金はどうだったんですか？　ギャランティは。

後藤　もうタンス預金が凄かったですよ。毎日試合があるから。

玉袋　そうですよね。使うヒマもないし。

後藤　遊びにも行けないしね。それで、向こうではクルマがないと生活ができないから、免許を取らなきゃいけないんだけど、俺は教習所には一度も行かずに取ったんですよ。

椎名　どうやって取るんですか？

後藤　向こうのレスラー仲間で親切なヤツが運転教えてくれて。それで運転技術は覚えて。あとは学科が問題だったんだけど、俺は英語の読み書きなんてできないから、作戦を考えてトーキングテストにしてもらったの。トーキングテストはイエスかノーかですむし、相手の表情を見ていればそれで読めるだろうと。そうしたらこれが本当の話、１００点満点だったから。

玉袋　へえ！　読心術で免許取得ですか！（笑）。

後藤　それで、運転のほうは無免許で練習してて自信があったから、なんとかそれで免許がもらえたんですよ。

玉袋　いいかげんと言えばいいかげんだけど（笑）。そっからはサーキットの日々になるわけですか？

後藤　もう、毎日ロングドライブして試合だから。
玉袋　凄いよなあ。長距離トラック並みの運転をして、その町に着いてから試合するんだもんな。
後藤　例えば、フロリダ州にいたとしても、その州の面積だけで、日本の本州全部と同じくらいないんだから。どうしても長いドライブになっちゃうんですよ。
玉袋　そして、そのロングドライブ中に葉巻を覚えたと。
後藤　まず最初はビールだったんですよ。まあ、飲んでるうちは起きてるってことで。そのうち、テネシーに転戦してからジャックダニエルをラッパ飲みするようになって。
玉袋　ジャックダニエルをラッパ飲みしながら運転ってのが凄えな（笑）。
後藤　でも、いいかげん、酒ばっかり飲んでてもしょうがないなと思ってた頃、佐藤さんが葉巻吸ってるのを見て。佐藤さんは日本では葉巻なんか吸わないのになんでだろうなって思ったら、「眠気覚ましだ」って言うから、そこで葉巻を覚えたんですよ。
玉袋　ドラッグはやらなかったんですか？
後藤　いやいや、それはやらない！　いま、そんなことを言ったら、大変なことになっちゃうよ（笑）。
玉袋　でも、ケンドー・ナガサキさんは、「昔、マリファナはやってた」って、あっさり言ってましたよ（笑）。
後藤　というか、向こうはみんなマリファナは普通にやってるからね。俺はタバコ自体あんまり吸わなかったから、興味なかったけど。でも、クルマを乗り合わせて行くとやらされますよ。みんなで回して吸うんで。
ガンツ　あの当時のアメリカ中西部は、そういう文化だったってことですね。
後藤　まあ、いろんな意味で、そういう最後の時代だったんじゃないかな。俺が向こうに行ったあと、ちょうどプロレスのビジネスがダウンした時だったし。WWFがあっちこっちに進出して、各地のテリトリーがどんどん潰れてね。

椎名　WWF全米侵攻の時期に被っちゃったんですね。

後藤　それで俺も急激に仕事がなくなっていったんですよ。アメリカ人のレスラーでさえも仕事を失うぐらいだから。俺みたいに日本人でビザがないっていうと、使ってもらえない。そうなると、食っていくために他の仕事をやらなきゃいけなくなって。でも、ジャパニーズレスラーができる仕事なんて、日本食レストランの皿洗いか、バーの用心棒ぐらい。俺は両方やったことがあるけど、そっちで危ない目にもあったしね。

ガンツ　後藤さんは用心棒もやってたんですか。

後藤　向こうの用心棒は、本当に身体を張った仕事なんですよ。客が銃とかナイフを持っているわけだから。日本みたいに酔っ払いを追い出すだけで済むようなもんじゃないからね。

玉袋　暴れる客がピストル持ってるんだから、命懸けの仕事だよな～。

ガンツ　その頃には、もう結婚されてたんですか？

後藤　その前ぐらいに結婚してたかな。養っていくためにも、仕事をしなきゃいけなかったわけだから。

玉袋　馴れ初めは？

後藤　馴れ初めは……（小声で）俺、いま再婚してるからあんまりしゃべれないよ（笑）。

玉袋　ワハハハハ！

後藤　嫁が読んでるとまずいからね（笑）。

椎名　いろんなレスラーの方が、「フロリダではモテてモテてしょうがなかった」って言うんですけど、後藤さんもやっぱりそうでした？

後藤　いやあ、俺がどうとかじゃなくて、向こうに行けばみんなモテるんじゃないかな？

椎名　マジですか⁉　レスラーだったらみんな。

後藤　だって、ミスター・ポーゴでさえモテたんだから。

一同　ガハハハハ！

玉袋　鎖ガマプレイとかやってたのかもしれねえな（笑）。

椎名　プロレスラー好きの女の子が、会場とか飲み屋に来てるってことですよね？

後藤　そうそう。もう中学生ぐらいの女の子まで誘ってくるわけだから。

椎名　中学生⁉（笑）。凄い世界ですね！

ステーキハウスのシェフに

玉袋　そういうことがあんだなあ。でも、向こうに行っている間は日本のことはまったく気にならなかったんですか？

後藤　なんか、日本で俺の変な噂が流れてるって話を聞いたんですよ。「後藤は結婚して、もう日本に帰るつもりはないらしい」みたいな。俺はそんなことを言った覚えはないし、その噂を聞いて、俺も若かったからムキになって、「だったらアメリカで骨を埋めてやる」と思って。それで結婚したんですよ。

玉袋　結婚はそれがきっかけだったんですか。

後藤　そうです。当時は付き合ってただけで、結婚はしてなかったんだけど、変な噂を流されたから、「だったら永住してやろう」って意地張ってね。

ガンツ　アメリカにいる間、全日本からの連絡はなかったんですか？

後藤　なかったですね。俺も意地になってたから、自分から連絡しようとは思わなかったし。それで試合があんまり組まれないから、ステーキハウスで働き始めて。最初は皿洗いやってたんだけど、なんかそこで見込まれちゃって、「シェフやらないか」って言われたんですよ。でも、シェフになったら、ますますプロレスの試合に出られなくなるんですよ。プロレスは、だいたい金土日に興行があるんだけど、シェフになったら休めないから。

ガンツ　ステーキハウスは週末が忙しいわけですもんね。

後藤　だから悩んだんだけど、生活していかなきゃいけないから、俺はシェフになったんです。

玉袋　大変だなあ。〝ミスター・デンジャー〟より先に、後藤さんのほうがステーキ屋さんになっていたというね。

ガンツ　全日本から海外遠征に出て、行方知れずになる人って、そうやって他の仕事に就くことで音信が途絶えるんですかね。

玉袋　**伊藤正男**[※176]さんとか、「海外行ったまま何してるんだ？」って思うもんな。

後藤　伊藤さんは、日本に帰ってきたという噂もあるけど、何をしてるかはわからないね。

玉袋　そうなんだあ。〝海外遠征〟と言えば聞こえはいいけど、片道切符、島流し的なところもあるもんな。

後藤　でも、海外に行くときは、一応往復切符をもらうんですよ。なぜかって言うと、観光ビザで行くから。

ガンツ　なるほど。片道チケットじゃイミグレーションで入国拒否されちゃうんですよね。

後藤　だから往復切符をもらうんだけど、「着いたら送り返せ」って。

一同　ガハハハハ！

後藤　だから、余計に覚悟が決まっちゃう（笑）。ああ、俺はもう帰りの切符もないんだなって。

椎名　凄えな全日（笑）。

玉袋　人の人生をなんだと思ってるんだよ（笑）。

ガンツ　そんななか、英語もしゃべれないのに、ひとりで生きていかなきゃいけないんですもんね。

玉袋　まさに修行だよ！

後藤　でも、いまあれをやれって言われたらできないけど、生まれ変わって俺が若かったら、またやってみたいよね。

玉袋　ああ、そうなんですか！

後藤　俺の人生のなかで一番刺激的だったというかさ。アメリカに4年いて、最初の2年間はつらかったけど、あとの2年は日本より楽しかったから。

椎名　そりゃ奥さんまで見つけて、自分の力でアメリカで生きていけるようになったわけですもんね。

後藤　ステーキハウスで働いているときもずいぶん悩んだんですよ。「プロレスの修行のために来たのに、こういう別の仕事をやっていいのか」って。でも、子どももいるし食ってかなきゃいけないからやっていた。だから、俺の自慢のひとつは、アメリカにいる間、日本にお金や食べ物を送ってくれとか頼んだことが一度もないんですよ。

玉袋　仕送りに期待せず、骨を埋めてやろうとしたんだから、これはまさにフロンティア精神ですね。

大仁田からの電話

ガンツ　そして、アメリカに渡った4年後に、大仁田さんから連絡が来るわけですか？

後藤　そうです。

ガンツ　大仁田さんは、なんで後藤さんの連絡先を知ってたんですか？

後藤　なんかね、W★ING[※177]やってた茨城清志[※178]っているじゃないですか？　彼が知ってたらしくて、電話があったんですよ。でも、最初は俺、大仁田さんだと思わなくて、鶴田さんからだと思ったんです。日本では鶴田さんの付き人やってたんで。

ガンツ　ついに鶴田さんから「後藤、帰ってこい」という連絡が来たのかと。

後藤　それで「鶴田さんですか！」って言ったら、「バカ、俺だよ」って。よく考えたら、大仁田さんの声だったんですよね。でも、なんで大仁田さんから電話が来るんだろうと思って。引退したはずなのに。

玉袋　〝1度目の〟引退をしたあとだもんなあ（笑）。

後藤　そしたら「新しい団体を旗揚げしようと思うんだけど、一緒にやらないか？」って言われたんですよ。だけど、俺はいつか全日本プロレスに戻りたいと思ってたから悩んだんですよ。当時の馬場さんは、一度でも他の団体に上がった人間は、二度と全日本プロレスには上げなかったから。

椎名　一時はブッチャーですら、復帰が認められなかったんですよね。

後藤　だから「1週間考えさせてくれ」って言って。大仁田さんからはどんな団体を旗揚げするかという資料を送ってもらってたんですよ。それで考えた末、「必要とされてない全日本より、1回限りで終わるかもしれないけど、必要とされるところに行ったほうがいいかな」と思って、大仁田さんの誘いを受けることにしたんです。

玉袋　たしかに、ＦＭＷが旗揚げするときは、「何カ月もつか」って感じだったから、そこは迷うよなあ。

後藤　でも、ちゃんと馬場さんには筋を通しましたよ。ＦＭＷに上がる前にキャピトル東急ホテルまで挨拶に行って。

玉袋　そんとき、馬場さんはどういうリアクションだったんですか？　「後藤、悪いな」とか言わなかったんですか？

後藤　いや、謝るのは俺のほうですよ。全日本のおかげで海外に行かせてもらって。みんなは「捨てられた」って言うけど、俺はそうは思ってなくて、修行の場だと思ってたから。ただ、俺は変な噂が立っちゃったから意固地になってただけでね。結果的に裏切るカタチになってしまったから、馬場さんや元子さんの顔は見られなかったですね。

ガンツ　挨拶に行ったとき、馬場さんからはなんて言われたんですか？

後藤　そのとき、俺がアメリカで佐藤昭雄さんにいじめられたっていう噂も立ってたみたいなんですよ。事実無根なんで、佐藤さんには申し訳ないんだけど。それもあったんで、大仁田さんがトイレに行ってるとき、馬場さんが「後藤、どんなに昭雄にいじめられようが、おまえはウチの選手なんだよ。年間いくらって保証されてるものを蹴ってまで、よその団体に行くのか？　それでもいいのか？」って言うんですよ。

ガンツ　そういう引き止めがあったんですね。

後藤　でも、俺が決めたことだし、「はい。申し訳ありませんが、辞めさせてください」って言ったら、「じゃあ、全日本を辞めたヤツは、街で俺と会っても隠れるヤツが多いけど、そういう真似だけはするなよ」と。そして「退職願持ってこないと円満退社にはできないから、今夜の後楽園が終わったあと、またキャピトルにいるから、持ってこい」って言われて。それで退職願を出して、晴れてフリーになったんです。

ガンツ　でも、1回で終わるかもしれないと思って上がったFMWが、あそこまでの成功を収めるんだから、わからないですよね。

玉袋　大ブレイクだもんな〜。

後藤　俺は（旗揚げ2戦目の）後楽園で「いけるん

じゃないか」っていう手応えはあったんですけどね。

ガンツ　メインの大仁田vs**青柳政司**[※179]とか、もの凄い盛り上がりでしたもんね。

FMWの鬼教官

後藤　ただ、当時のFMWで「プロレスラー」と呼べるのは、大仁田さんと俺しかいなくて、そこが一番問題だった。いまは「インディーだから」と、ファンも優しい目で観てくれるけど、当時はリングに上がれば全日本だろうが新日本だろうがFMWだろうが同じ目で見ているから。そうすると、どうしてもレベルが下に見られてしまう。だから、FMWでの俺の仕事は、まずは若手をなんとか一人前のレスラーに育てることだな、と。大仁田さんには大仁田さんの仕事、**荒井**[※180]（**昌一**）には荒井の仕事があって、俺の仕事はそれだろうなって。

玉袋　後藤さんの指導方法は、やっぱり全日式だったんですか？

後藤　そうですよ。俺はそれしか知らないから、全日本と同じ練習をやらせましたから。だから当時のFMWの新弟子っていうのは、身体が小さくてメジャーではレスラーになれないヤツらばかりだったけど、練習では新日本、全日本に負けてないと思いますよ。

玉袋　FMWからは、いい選手が育ったもんな。

後藤　だから、**ハヤブサ**[※181]が新日本の両国で「スーパーJカップ」に出たとき、凄くよかったでしょ？　あれも基礎を嫌というほど叩き込んだから、新日本に上がってもああいう試合ができたんですよ。俺はあれを見て、うれしかったね。

ガンツ　あとFMW女子も、全女との対抗戦で一歩も引きませんでしたよね。

後藤　あの女子の対抗戦は、（**シャーク**）**土屋**[※182]と（**クラッシャー**）**前泊**[※183]が、全女に乗り込んだところからスタートしてるからね。

ガンツ　土屋&前泊は全女の**長谷川咲恵**[※184]&**デビー**[※185]**・マレンコ**戦で潰すような試合をして問題になりましたが、「やっちまえ」という指令を出したのは、後藤さんだというのは本当ですか？（笑）。

後藤　なんか、悪いことはみんな俺のせいになってるけど（笑）。「やっちまえ」とは言ってないけど、「大暴れしてこい」とは言ったかな。

玉袋　それを拡大解釈したんだな（笑）。

後藤　あいつらは叩きのめすスタイルだから、華麗な技なんかないし。だから、「いつも通りのやり方で全女を食っちゃえ」って。

玉袋　まあ、彼女たちにとっても、全女とやるっていうのは千載一遇のチャンスだもんな。前泊は〝彼女〟と言っていいのかわからないけど。

ガンツ　いいと思います。一人称は「俺」か「ボク」ですけど（笑）。

玉袋　あんとき、土屋&前泊からは、「ナメられたくない」っていう感じが伝わってきたもんな。

ガンツ　あと後藤さんと言えば、**UFC**[※186]が出てきたとき、プロレスラーの中で真っ先に「俺が出てやる」って宣言しましたけど、あれはどういった思いからだったんですか？

後藤　あれはね、馬場さんとザ・シークの教えの影響だね。

ガンツ　馬場さんとシークですか⁉　UFCとだいぶ離れてる気がするんですけど（笑）。

後藤　シークはね、俺が全日本の新弟子の頃からかわいがってくれて、FMWになってからも、よく「マイ・サン」って呼んでくれてたんですよ。

椎名　ゴッチが息子と呼ぶ男・木戸修ならぬ、シークが息子と呼ぶ男でしたか！（笑）。

後藤　でね、シークっていうのは、シュートが強いとかそういうのじゃないんだけど、誰にも負けない強さがあるんだよ。ヤツはいざとなったら人を殺す度胸があるから。

ガンツ　人を殺す度胸！

後藤　とにかく「レスラーは負けてはいけない」という考えの持ち主で、「負けるぐらいなら、刑務所に行ってもいいから相手を刺し殺せ」って言う人。実際、ナイフでノドをかっ切る方法とか、俺はＦＭＷ時代にシークに教わったからね。

椎名　シーク直伝のノドのかっ切り方ですか！

後藤　そういうのもあったし、あとは馬場さんの「プロレスラーは、他の格闘家に負けてはいけない」という考えもあったからさ。それで、アルティメットっていうのは最初の頃、ケンカみたいなもんだったじゃないですか？

玉袋　いまとは違って、ノールールのケンカでしたよね。

後藤　それで、プロレスのリングに上がってたヤツらがやられて、なんかプロレスが利用されてるところがあったし。俺もちょうどＦＭＷを辞めたあとだったから、「俺がやってやる」と思って名乗りを上げたんだけど。結局、俺のビデオを向こうの主催者が見て、イスで殴るわ、電流爆破でバチバチやってるわで、「あなたはＵＦＣに相応しくない」って、断られたんですよ（笑）。

ガンツ　「ウチはそういうんじゃないですから」って感じで（笑）。

玉袋　オクタゴンで、シークイズムのターザン後藤、観たかったな～（笑）。

ガンツ　でも、シークは実際、あのカール・ゴッチですらビビッたらしいですからね。ゴッチさんが寝技で極めようとしたとき、シークが耳元で「俺の靴にはナイフが入っているぞ。これ以上やるなら俺はそれでおまえを突き刺す」って言って、ゴッチさんが離したらしいですから。

玉袋　そういうレスラーの肝の据わり方って最高だよね。

後藤　シークはそういう面では最強じゃないかな。ＦＭＷでも一回、場外乱闘でこっち（顔を切る仕草）系の客とガイジンレスラーが揉めたことがあって、問題を作ったのは（タイガー・ジェット・）シンなんだけど。
椎名　シンなんだ（笑）。
後藤　シンがちょっかい出したのが、そっち方面の客でね。当のシンはすぐ控え室に逃げちゃったんだけど、残された**サブゥー**[※187]とか**グラジエーター**[※188]、**ビッグ・タイトン**[※189]は、その客の一派とイスの投げ合いみたいになっちゃってね。あのとき、シークは**ファイヤーデスマッチ**[※189]で火傷して入院してたんだけど、それがよかったんですよ。会場にいたら、ただじゃすまなかったと思うから。
玉袋　ファイヤーデスマッチで火が燃えすぎて、シークは入院してたんだ。
後藤　それで次の日、サブゥーが見舞いに行ったとき、「昨日こういうことがあった」って報告したら、「おまえはなんで、そんなヤツを殴るんだ？　やられる前にノドをかっ切れよ！」と言われたらしい。

危険すぎたファイヤーデスマッチ

玉袋　凄えな〜。あのファイヤーデスマッチっつーのは、後藤さんも出てたんですよね？
後藤　出てますよ。ファイヤーデスマッチは、もともとＦＭＷ初のビッグマッチでやろうってアイデアを出してたんだけど、消防法の問題とかがあって、なかなか許可が下りなくて。その代わりとして、当時の営業のヤツが考えたのが電流爆破だったんですよ。
椎名　電流爆破は代替案だったんですね。
後藤　そしたら翌年、Ｗ★ＩＮＧがそのアイデア取って、ファイヤーデスマッチ開催を発表しちゃったんですよ。当時は同じデスマッチ系の団体ということで張り合ってたから、ＦＭＷとしてはＷ★ＩＮＧの先にやらなきゃいけないってことで、安全確認もしないまま、見切り発車で急遽やってみたら、あんなことになっちゃったんですよ。

椎名　バラエティ番組でもなんでも、火を使う演出が一番読めなくて難しいって言いますからね（笑）。

後藤　だから、俺はリングに上がった時、もう油の匂いが充満してたんで、大仁田さんに「マットが油臭いですよ」って言ったんですよ。大仁田さんは「大丈夫だ」って言ったんだけど、火を点けたらもう何秒で炎上ですよ。

玉袋　凄かったよな～。火あぶりだもん（笑）。

後藤　あれが助かったのは、試合前に荒井が「念のため、一番下の有刺鉄線は外しておきました」って、〝逃げ道〟を作っておいてくれたんです。あれがなかったらみんな死んでましたよ。

玉袋　いやいや、凄えなあ。『お笑いウルトラクイズ』も相当危険だったけど、あそこまで危険なロケはなかったから。

ガンツ　で、ＦＭＷのファイヤーが燃えすぎたために、Ｗ★ＩＮＧのファイヤーデスマッチは、安全に配慮しすぎて、しょぼいものになっちゃったんですよね（笑）。

玉袋　〝人間焼肉デスマッチ〟な（笑）。あの頃のＦＭＷやＷ★ＩＮＧは観ておいてよかったよ。

椎名　90年代前半に、ひとつの時代を作りましたもんね。

ガンツ　そして後藤さんは１９９５年、大仁田さんの引退試合直前でＦＭＷを退団するわけですけど。

後藤　（すかさず）退団の理由は言いませんよ？（笑）。

ガンツ　それは言えない（笑）。

後藤　俺のインタビューになると、まずみんな聞きたがるから（笑）。

玉袋　まあ、何かあったんだろうなあ。

椎名　突然でしたもんね。

後藤　俺も退団するつもりはなかったですからね。（退団する）その日に決めたから。

ガンツ　へえ！

玉袋　それはよっぽどのことですね！　その真相は

何年後ぐらいに語ってくれるんですか？

後藤　「墓場まで持っていく」って、ここまで黙ってきたから、やっぱり最後まで語らないほうがカッコいいかなと思って（笑）。でも、あとから考えると、新生ＦＭＷ[※191]に変わるためには、俺が辞めてよかったんじゃないかと思いますよ。

玉袋　そう思えるところがいいね。普通はこだわっちゃうもん。冗談じゃないって。

ガンツ　じゃあ、そろそろシメに入りたいと思うのですが。

椎名　最後にいいですか？

玉袋　おお、いいよ。

椎名　オウム真理教が問題になっていた頃、後藤さんが麻原彰晃に間違われて、逮捕されたっていうのは本当の話なんですか？（笑）。

玉袋　ダハハハハ！　椎名先生、最後に凄いのぶっ込んできたな〜（笑）。

後藤　ああ、その話だったらいいですよ、墓場まで持っていかないから（笑）。

椎名　よろしくお願いします！（笑）。

後藤　あれはどっか地方で試合をやった時、地元のこっち系の興行関係者の接待で、俺と若手大人数で焼肉屋に連れて行かれたんですよ。で、焼肉食ったあと、すぐ近くのスナックまで歩いて移動する間に、俺の姿を目撃した人たちから、何十件も通報があったらしい。

一同　ガハハハハ！

ガンツ　ウチの地元に麻原彰晃が潜伏してると（笑）。

玉袋　いま、あそこのスナック入ったぞと（笑）。

後藤　それでスナックで飲んでたら、親分とかもいるところに、なんか機動隊みたいなのがズカズカっと入ってきて。

玉袋　機動隊が突入！（笑）。

後藤　そしたら、その組の若頭が自分たちが踏み込まれたと思って、スッと立って出て行ったんですよ。「嫌だなあ。変なのに巻き込まれたなあ」と思ってたんだけど、しばらくしたら、その警察の一番偉い人と若頭が笑いながらやってきて、その警察官が俺の顔を見て、「これはよう似とるわ」って（笑）。

一同　ガハハハハハ！

椎名　これはよう似とるわ（笑）。

後藤　俺は事態がよく飲み込めなくて、「どうしたんですか？」って聞いたら、「いや、麻原彰晃が来てると通報があったんです」って（笑）。お店の女の子はみんな大笑いしてるし、えらい恥かいたよ。

玉袋　それもこれも、佐藤昭雄さんが「ヒゲを生やせ」って言ったところから始まってるんだもんな〜（笑）。

後藤　甥と姪がまだちっちゃい頃、プールに連れて行ったら、なんか知らない子どもたちが俺の周りに集まってきて。俺がプロレスラーだって知ってるのかな？　って思ったら、突然「しょ〜こ〜、しょ〜こ〜」って歌い出したりしたこともあったしさ（笑）。

玉袋　ワハハハハ！

後藤　よくも悪くも、佐藤昭雄さんの命令で、俺の人生は変わったんだよな〜（笑）。

玉袋　いや〜、後藤さん最高です。海外遠征も「修行するぞ！」って感じだったんだろうな（笑）。ありがとうございました！

ミスター・デンジャー
松永光弘

松永光弘（まつなが・みつひろ）

1966年3月24日生まれ、愛知県知多郡出身。元プロレスラー／有限会社ミスターデンジャー代表取締役。中・高・大学時代、相撲で活躍したのち、空手に転じ寛水流空手、誠心会館知多支部長となる。大仁田厚率いるFMWの旗揚げに誠心会館所属として参加し、プロレスデビュー。以降、パイオニア戦志、新日本プロレス参戦を経て世界格闘技連合W★INGに参加。独自のデスマッチ路線を開拓していく。1992年2月9日、後楽園ホールでのザ・ヘッドーハンターズとの対戦中に2階バルコニーからのダイブを敢行し、“ミスター・デンジャー”と呼ばれるようになる。以降もデスマッチだけでなくバーリ・トゥードやK-1など格闘技にも参戦するなどして、破天荒な活動を行なうが、2009年12月23日、盟友・齋藤彰俊戦で現役を引退した。現在はレストラン経営者として『牢獄ステーキハウス・ミスターデンジャー』などを運営している。

玉袋　松永さん、どうもおひさしぶりです！

松永　おひさしぶりです。わざわざお店まできていただいて、ありがとうございます。

玉袋　いやいや、今日はお休みのところおじゃましちゃって、すいませんね。

ガンツ　玉さんは、松永さんとは以前からのお知り合いだったんですか？

玉袋　なんか、昔から縁があったんだよ。

松永　大阪の新幹線のホームでバッタリお会いしたこともありましたよね（笑）。

玉袋　そう。それ以前に俺はもう、松永さんファンだったんだよ。本人を前に失礼かもしれないけど、昭和のパ・リーグ感あふれるW★INGが好きで、W★INGのTシャツも着てたからね。

ガンツ　Tシャツのセンスよかったですよね。

玉袋　よかった！　**レザー・フェイス**[※192]のTシャツとかさ、最高だったんだよ。**植地（毅）**[※193]くんが作ってて、俺はW★INGのTシャツ着てよく『浅ヤン』（浅草橋ヤング洋品店）に出てたから。

ガンツ　松永vsポーゴのファイヤーデスマッチも観に行ってるんですよね？

玉袋　行ったよ。船橋オートレース場！　テリー（伊藤）さんと一緒に、叙々苑の前掛けして、箸を持って行ったから。「〝人間焼き肉デスマッチ〟をやるなら、客としてもそれに合った格好で行かなきゃダメだろ」ってことでね。

椎名　焼き肉屋のドレスコードに従って（笑）。

松永　玉袋さんはそこまでしてくれたのに、自分は今日、黒髪のままできちゃって、申し訳ないですね。ちゃんと金髪にしてくればよかったんですけど、床屋が休みで。

玉袋　いやいや、いいんですよ。

椎名　いまは普段、金髪にはしてないんですか？

松永　ちょくちょくしてはいるんですけど、20年間金髪にしてるとブリーチで地肌が傷んじゃって。

玉袋　これだけ身体中キズだらけなのに、地肌の傷みを気にしてるのがいいね（笑）。

松永　髪が長ければいいんですけど、短髪だと地肌ベットリで。このままだと、髪の毛もなくなるなって。

玉袋　いまや、髪の毛がデンジャーだっていうね（笑）。

松永　いっそ白髪になってくれるといいんですけどね。あとは金髪に染めるだけで簡単なんですけど、脱色が地肌に悪いんですよ。

椎名　でも、ヒゲは黒々してますよね？

松永　いや、3分の1ぐらい白髪ですよ。ヒゲは染めてます。

玉袋　松永さん、いまおいくつになられたんですか？

松永　自分はいま49（取材時）です。

玉袋　あ、ボクのひとつ上ですね。じゃあ、白髪にもなってきますよね。下の毛まで白いの交じり始めるから（笑）。

ガンツ　というわけで今日は、松永さんの49年に及ぶデンジャー人生をうかがわせていただけたらと思います（笑）。

スタートは学生相撲

松永　そういう企画なんですね。

玉袋　じゃあ、まずは生い立ちからうかがいましょうか。どうしてこういう危険な男になったのか。

松永　いや、少年時代は気が弱かったんですよ。気が弱くて、小学校5年生までいじめられてたんですよ。

玉袋　へぇ～。まあ、気が弱い人ほど、キレると危なかったりするけどね。空手ってイメージが強いんですがじつは……。

松永　空手は18歳からで、自分はもともと相撲なんですよ。相撲は中1から大学までやってて。

玉袋　学生相撲なんですね。同期で大相撲に入った人もいるんですか？

松永　久島海（田子ノ浦親方）ですね。
玉袋　久島とやってるっつうのがいいよね（笑）。
松永　最近ウチの店によく見えるんですけど、智乃花さんとかも対戦してますよ。ひとつ上ですけどね。
椎名　元・教師なんですよね。
玉袋　でも、松永さんがいじめられっ子だったたっつーのは意外だよな。
ガンツ　プロレスは子どもの頃から好きだったんですか？
松永　ずっと好きですね。もう小学校低学年から。
玉袋　やっぱり新日からですか？
松永　最初は『プロレス入門』っていう本から入って、テレビで新日本を観るようになったんですよ。でも「なぜジャイアント馬場は出てこないんだ？」って不思議で。
椎名　ボクもそうでした、同世代ですね（笑）。新日観てても馬場が出てこないんで、もっと昔に活躍した伝説のレスラーだと思ってて。
松永　ちょうど、猪木さんとアンドレ・ザ・ジャイアントがやってましたけど、猪木さんでもフォール勝ちができなかったじゃないですか？　だから「2メートル23センチのアンドレに対抗できるのは2メートル9センチの馬場しかいないのに、なぜ出てこないんだ⁉」って思ってましたね。そしたらある日、ウチの兄貴が日曜日の休みの日に「きのう、プロレスやってたぞ」って言ってきて。「プロレスは金曜日のはずなのに」って思って、前の日の新聞のテレビ欄を見たら、土曜日にもプロレスがやってて、そっちに馬場さんは出てたんですよ。
玉袋　初めて動く馬場さんを観たときは、どうだったんですか？
松永　ボクは馬場さんというと、（漫画の）『タイガーマスク』のイメージがあって。漫画だとリング下からジャンプして、そのままリング内に入るとかしてたのに、全然違ったんでショックでしたね（笑）。
ガンツ　「漫画と違う！」（笑）。

松永　しかも、タッグマッチでガイジンに2人がかりでやられてたりして、動きの遅さも含めて「馬場って弱いんだ」ってショックを受けて（笑）。

玉袋　じゃあ、そのまま新日派ですか？

松永　いや、自分はどっちかというと、弱いほうに感情移入していくタイプなんで、猪木さんより馬場さんを応援してました。

玉袋　ダハハハ！　〝弱いほう〟で馬場さんを選ぶってのがいいね（笑）。

松永　あと、自分はガイジンが好きだったんですよ。だから、晩年のブルクラ（ディック・ザ・ブルーザー&**クラッシャー・リソワスキー**[※194]）も観てますからね。

ガンツ　ブルクラの最後の来日は全日なんですよね。

松永　あとデストロイヤーの**覆面十番勝負**[※195]とかも燃えましたね。

椎名　覆面十番勝負って、おもしろいアイデアだけどよくわからない（笑）。

松永　十番勝負の最後にスーパー・デストロイヤーが出てくるんですよ。中身は全然たいしたことないんで、いまだったら笑われちゃうと思うんですけど（笑）。でも、当時としては最後に出てきたのが、スーパー・デストロイヤーっていうのは燃えたんですよ。

ガンツ　デストロイヤーの「スーパー」を名乗ってるわけですからね。

玉袋　名前だけはラスボスっぽいよな（笑）。

松永　最高のシチュエーションですよ。最後はちゃんと本家が4の字固めで勝つし（笑）。

玉袋　新日のガイジンはどうだったんですか？　タイガー・ジェット・シンとか。

松永　シンはサーベルの柄で殴るのが好きじゃなかったんですよ。学校でみんなに「なんで先で刺さないんだ」って言われるし。

椎名　そうやってツッコまれてたんですね（笑）。

松永　だからヒールも、ザ・シークのほうに惹かれましたね。シークって強くはないのに不気味じゃないですか。負けないし。
玉袋　松永さんは昔からそういうプロレスラーのわびさびっつーもんをわかってたんだね。
松永　あと、ブルーザー・ブロディの初来日にも衝撃を受けました。
玉袋　まだブロディが太ってた頃ね。バトルロイヤルとか出てたんだよ。
松永　で、5人かぶさったのを返しちゃったり（笑）。
玉袋　そう、返したんだよ！　あれが衝撃でね。観てた、観てた。
椎名　同世代だから同じものを観てるんですね（笑）。
松永　でも来日する前は「ブルーザーがくる」って言われてたから、ディック・ザ・ブルーザーかと思ってたんですよ。そしたら違うのが出てきて、ガッカリしてたら凄かったという。それ以来、「このブルーザー・ブロディと本家ブルーザーが闘ったらどうなるんだろうな」と思ってたら、『ゴング』に本家のブルーザーが血だるまになって場外でのびてて、ブロディがリング上で勝ち名乗りをあげてるっていう凄いショッキングなシーンの写真が載ってて。「あのブルーザーがやられた！」って思って（笑）。
ガンツ　とんでもないことが起きた（笑）。
松永　それで「やっぱりアイツは凄えヤツだ」と思いましたね。
玉袋　いいねえ。

齋藤彰俊との不良ライフ

椎名　齋藤彰俊※196さんと出会ったのはいつ頃なんですか？
松永　高校からですね。
玉袋　その高校時代っていうのは伝説だよね。『ビー・バップ・ハイスクール』的なさ。彰俊さんから聞いたことあるんだけど、おもしろかったもんなあ。ミスター・デンジャーが中京高校で、浅田真央ちゃんの先輩だっつーんだから（笑）。

松永　自分からすると、中京が男女共学になってること自体信じられないですから。当時は男子校で、愛知県じゅうのワルが集まってくる学校でしたからね（笑）。それがいまは通信簿オール4以上ないと入れない学校になってて、もう別物ですよね。だから安藤美姫、浅田真央のことを「後輩だ」って言えませんよ。

玉袋　真央ちゃんも先輩にデスマッチの帝王がいるとは思わないだろうな〜（笑）。

ガンツ　向こうは氷上の妖精で、こっちはリング上で火だるまですからね（笑）。

玉袋　火だるまだもん。氷の上だったら、氷上デスマッチやりかねないよ（笑）。

ガンツ　彰俊さんとはどういう出会いだったんですか？

松永　齋藤とはクラスが違ったんですけど「中1から極真やってて、ケンカでローキック一発で倒した」とかって噂が聞こえてきたんですよ。

ガンツ　伝説が聞こえてきた（笑）。

松永　で、自分も隣のクラスにいた体重115キログらいある柔道部のヤツが、柔道の技をかけてイジメみたいなことをやってるとき、そいつをボディスラムで担いだことがあるんです。それで齋藤も「化けもんみたいなヤツがいる」って自分のことを知ってたみたいで。

椎名　お互いの存在を武勇伝で知ってたんですね（笑）。

玉袋　完全に不良漫画だよ（笑）。

松永　だから自分と齋藤は、厳密にいうと不良ではないんですけど、不良から一目置かれる存在として3年間、中京で君臨してたんです。ケンカが一番強いって言われてる高校だったんですけど。「アイツらには触らないほうがいい」みたいな感じで扱われてて。

ガンツ　つるむようになったきっかけは何なんですか？

松永　1年のときはお互い避けてたんですけど、周りのヤツに「おまえと似たようなヤツがいるから力比べしてみろ」って言われて、齋藤と腕相撲することになって。そのときは互角でしたね。

玉袋　互角っつーのがいいね～（笑）。

松永　それで高校2年のとき、自分がケンカやった相手の前歯を折っちゃったんですよ。それで「やっちゃった、ついに俺も停学だ」って言ってたら、齋藤が近くにいてニヤニヤ笑って見てて。そこから仲良くなったんですよ（笑）。

玉袋　ダハハハハ！　で、停学になったんですか？

松永　いや、厳重注意で終わりました。ケンカはよくしてましたけど、それ以外の悪いことはしてなかったんで「ふだんの生活態度がいい、悪い人間じゃない」って担任の先生が言ってくれて。

ガンツ　2人ともスポーツに打ち込んでたわけですもんね。彰俊さんが水泳で、松永さんは相撲で。

椎名　ケンカは好きだったんですか？

松永　好きだったんです。それが共通点。不良でケンカする人間と、スポーツマンだけどケンカする人間と、2派あったんですよ。

玉袋　ストリート派とアスリート派があったんだな（笑）。

松永　だからほかの学校とケンカがあると、自分らも加勢したいんですけど「部活があるから行けない」ってことがよくありましたからね（笑）。とくに齋藤はインターハイを優勝してますから。

椎名　ケンカは誰かがセッティングしてくるんですか？

松永　街中でほかの学校のヤツとばったり会うとケンカが勃発して、そっから人数が集まってきておおごとになってくるんですよ。自分が高校2年のときが一番おおごとになりかけて……結果的にはならなかったですけど、朝鮮高校と全面対決みたいになりかけましたから。

玉袋　『パッチギ』の世界だよ。

松永　まず、齋藤と同じ水泳部のヤツが朝鮮高校生とケンカして、ボコボコにしちゃって。「何人集まる？」って話になったんですけど、さすがの中京でも相手が朝鮮高校だと引く人間がいて。結局３年が70人、２年が30人の１００人集まったんですけど、向こうはその２倍３倍いるんですよ。

玉袋　凄え！

松永　それが結局10vs10でやることになって。自分は2年だからその10人には入らなかったんですよ。ほとんど3年がやることになって。でも齋藤はそもそものきっかけが水泳部だからってことで入ってて（笑）。だけど、いざやるってときに両方の学校同士の話し合いで阻止させられたんです。

ガンツ　戦争勃発を寸前で回避して。

椎名　キューバ危機的な感じで（笑）。

松永　あとは愛工大名電とおおごとになりそうになったり、いろいろありましたよ。

椎名　イチローの出身校ですね（笑）。

玉袋　おもしれえなあ、ケンカ甲子園だね（笑）。

ガンツ　彰俊さんはグループも作って、その頭だったんですよね？

松永　「新撰組」ですね。自分も一応入ってましたよ。軽い気持ちで入ったらちゃんとバッジとかもあって。

玉袋　愚連隊だよ（笑）。

松永　それで齋藤は「自分たちはあくまで中京の生徒たちを護衛する集団なんだ」って言ってたんだけど、自分たちからケンカを売ることがずいぶんあって（笑）。

椎名　早すぎた、集団的自衛権発動（笑）。

玉袋　その護衛団、好戦的すぎるよ（笑）。

「プロレス予備校」出演

ガンツ　おふたりはケンカしながら、将来はプロレスラーになるって決めてたんですか？

松永　決めてたんですけど、その意思は自分のほうがはるかに強かったですね。齋藤は熱狂的なプロレスファンではあったんですけど、猪木さんや長州さんを応援するだけで、プロレスマニアではないんですよ。たとえばワフー・マクダニエルとかいっちゃうともうわからない。新日本をテレビで観てたというファンなんで、全日本のことはあまり知らなかったり。その点、自分は完璧なマニアでしたから。齋藤は自分のように、インディーでプロレス頭を使って企画から作るっていうのは難しかったと思いますね。

玉袋　やっぱり新日、メジャーに行く人間だったんだなっていう。

ガンツ　逆に松永さんは膨大なプロレス知識をもとに、いろんなアイデアを生み出してたんですね。

椎名　ピラニアデスマッチ[※197]だって、『タイガーマスク』読んでなきゃ出てこない発想だと思いますもん（笑）。

松永　それに齋藤と自分は、本来はライバルと呼ぶにはおこがましいくらい身体能力に差があったんですよ。齋藤は水泳で日本一になった男ですから。こっちも意地があるから「ライバル」って呼んでましたけど、素材的には向こうのほうが全然上ですね。だからメジャーでも通用したんだろうし。

ガンツ　水泳においては、鈴木大地選手とかと同じレベルでやってた選手ですもんね。

松永　そうなんです。だから単純な力比べだったら、自分も互角だったり、腕相撲で勝ったりもしましたけど、水泳部と相撲部で腕相撲やったら、相撲部が勝つに決まってるんですよ（笑）。

玉袋　身体だって全然違うはずだしね（笑）。

松永　こっちが「ベンチプレスで150キロ挙げた」とか言っても、水泳部はベンチプレスをやる習慣なんかないですから。それでも自分と互角の力があった齋藤の身体能力は、やっぱり凄いですよ。

玉袋　そっからお互い、違う方法でプロレスラーになって別々にのし上がっていくんだから、おもしれえな〜。

ガンツ　松永さんは『天才・たけしの元気が出るテレビ!!』の**「プロレス予備校」**[※198]にも出演してるんですよね？

松永　出ました、出ました。

玉袋　その頃からテリー伊藤とすれ違ってるというね（笑）。

ガンツ　あれはいつ頃の話なんですか？

松永　大学の頃ですね、19歳ぐらいのときで。学校に行ったら「『元気が出るテレビ』で『プロレス予備校』ってのをやってたぞ」って齋藤たちの水泳部に言われたんですよ。「オーディションやって、合格者は『たけし猫招き仮面』として全日本プロレスでデビューできるらしい」って聞いたんで、すぐ日本テレビに電話して問い合わせて、後楽園ホールでの試験に行きましたね。

椎名　松永さん、行動力ありますよね（笑）。

松永　でも、あのオーディションっていうのはヤラセでしたね。撮影のために試験やってるフリだけでしたよ。だって、置いてあったベンチプレス、30キロですよ？　参加者はいっぱいきたんですけど、3人合格したのは、みんな面接。そのなかのひとりが自分だったんですけど「キミ、ホントにベンチプレス160キロ挙げるの？」って聞かれて「挙げますよ」って自信満々に言ったら合格だったんですよ。

椎名　きっとバラエティ的に光るものがあったんだと思います（笑）。

ガンツ　松永さん、あのときタイガーマスクの格好で出てますよね？

松永　出ましたね。あの頃からプロ根性みたいなものだけはあって「目立ったもん勝ちだ」と思って、タイガーマスクの格好して出たんです。ほかにもマスク被ってるヤツはいたんですけど、みんなテレビ局が用意したヤラセだったんですよ。自前で用意したのは自分だけでしたから。

ガンツ　それ、どこで調達したんですか？（笑）。

松永　いや、齋藤から借りたんですよ（笑）。

椎名　アハハハハ！

ガンツ　彰俊さん、なんでそんなの持ってるんですか！（笑）。

松永　齋藤は高校のときから持ってましたね。自分はゴジラの覆面被って高校に行ってたんですよ。「こんなヤツ誰もいないだろ」と思って。

椎名　そりゃ、いないでしょうね（笑）。

松永　で、学校に行ったら齋藤が「松永、松永」って言うから振り返ったらタイガーマスクの格好してて「やられた！」って思って（笑）。

ガンツ　ダハハハハ！

松永　しかも覆面だけじゃなくて、マントもパンツも全部ですから。

ガンツ　どんな格好で通学してるんですか！（笑）。

玉袋　いや〜、おもしれえ。高校時代からある意味プロレスラーだもんな。

寛水流に入門

ガンツ　でも「元気が出るプロレス予備校」ってすぐ終わっちゃいましたよね？

松永　合格者3人で番組を撮ったんですけど、それはオンエアされなかったんです。何回も問い合わせたんですけど「馬場さんに『それはもう終わった話でしょ』って言われちゃった」って。要するに鶴田さん並みにデカいのがきてくれればって思ってたのが、みんな小さかったから「こんなの採ってもしょうがない」っていうのがあったと思います。

ガンツ　そこでまずプロレスラーへの道が、一度は閉ざされたと。

松永　自分は全部の団体を落ちてますからね。でもプロレスラーになるために大学に入ったあと、**寛水流**※199に入ったんですよ。

玉袋　でた！　東海の殺人拳！

松永　齋藤は「**極真**[※200]やれ、極真のほうが絶対に上だから」って言ってましたけど、自分はプロレスラーになることしか頭にないから「それは寛水流でしょ！」って頭があって。実際、「プロレスラーにしてやる」って言われて入ったんですけど、その約束がいつまで経っても果たされないから辞めたんですけどね。

玉袋　寛水流の稽古はやっぱり大変だったんですか？

松永　稽古はそんなに大変じゃなかったんですけど、会長の付き人みたいなのがめちゃめちゃ大変でした。

玉袋　**水谷（征夫）**[※201]会長の付き人までしてたんですか！　凄えな～！

ガンツ　水谷会長ってどんな方だったんですか？

松永　亡くなってしまったいまだからハッキリ言えるのは、普通の人ではないですよね。

椎名　そうでしょうね（笑）。

松永　寛水流ができたいきさつは、要するに水谷会長から猪木さんに挑戦状が行って「おまえが入場するときに鎖鎌が飛んでいく」みたいに脅迫されて「そんな面倒なことになるなら、仲間にしてしまったほうがいいんじゃないか」ってことで、寛水流っていう流派を一緒に立ち上げたわけですよね。

玉袋　新間さんが間に入ってね。

松永　それで「名誉会長・アントニオ猪木」って本部道場に飾ってありましたからね。だけど、それを知った**梶原一騎**[※202]さんが「なんで俺に内緒で空手の流派を作ったんだ」って怒って、アントニオ猪木監禁事件なんかが起きて。猪木さんはのちに「俺は水谷なんて大嫌いだった」って言ってたじゃないですか？　だから新日本プロレスに一番近いところに入ったつもりが、じつは一番遠かったんですよ。

椎名　猪木さんが一番関わりたくないところだった（笑）。

松永　でも水谷会長からは「おまえをプロレスラーにしてやる」って自分は言われてて、その前に「半年間、俺につけ」って言われて、その付き人が大変だったんですけど。いつまで経っても新日本プロレスに紹介してくれなくて「もうあと2～3年先にしろ」って言われて辞めちゃったんですけどね。

松永　なかなか新日本を紹介してもらえないんで、空手形だったわけですね。空手だけに（笑）。

ガンツ　「プロレスラーにしてやる」っていうのは、

後藤達俊[※203]さんとも手紙のやりとりとかしてたんですよ。後藤さんも寛水流出身だから。

玉袋　文通相手が凄すぎる！　で、付き人は辞めちゃったんですか？

ガンツ　というか、辞められるもんなんですか？

玉袋　小指ありますよね？（笑）。

松永　いや、実際に小指なくした人もいますよ。

玉袋　いるんだ！（笑）。

松永　だけど自分はそこまでのめり込んでなかったし、まだ黒帯でもなかったんで。ただ、退門届を出して受理してもらえるまでに半年かかりましたけどね。

椎名　凄い世界……。

松永　なんだかんだで、寛水流は商売として非常に長けてたんですよ。月謝は月２０００円って格安だから入りやすくて。まあ出にくいんですけどね。

ガンツ　一般会員まで抜けにくいっていうのが凄いですね（笑）。

玉袋　カルトだよ～！（笑）。

松永　カルトでしたね。「寛水流が一番強い」って洗脳されて。ただ、黒帯とかになるとだんだん洗脳も……。

ガンツ　解けてくる（笑）。

松永　「やっぱ極真のほうが強いんじゃないかな？」みたいな。極真の猛者はもう身体の大きさから違いましたからね。

玉袋　水谷先生は実際に強かったですか？

松永　当時は「凄いな」って思いましたけど……。いわゆる昔の空手ですよ。いまの視点で見ると極真にはてんでかなわないだろうなと思いますけど、その極真だって総合が出てきたら幻想が崩れちゃうわけじゃないですか。そう考えると、何が強いかって言ったらわかんないですよね。だから当時だったら、空手としては極真より遥かに劣るけど、ホントのケンカになればわからないっていう。

ガンツ　いざとなったら鎖鎌を使って（笑）。

松永　まあ、そうなりますよね。

大仁田と電話友達に

玉袋　物騒な団体だよなあ（笑）。で、晴れて寛水流を足抜けして、プロレス界にはどうやって入るんですか？

松永　自分は全部の団体に落ちてるんですよ。全日本は入れるはずだったのに、社員の方の手違いでテストが受けられなかったり。新日本は入門テストを受けたけど、ちょうど新弟子に〝空き〟がなかったみたいで全員落ちたりして。それで1回入門は諦めて、あらためて空手の修行に没頭したんです。今度は空手家として、プロレスラーとの異種格闘技戦でプロレスのリングに上がろうっていう夢ができて。

玉袋　へえ～！

ガンツ　実際、その夢は実現しましたもんね。

松永　当時は本気で思ってたんですけど、いま思うと実現するわけないことだったんですけどね。だって異種格闘技戦に出られる格闘家って、**ウィリー・ウィリアムス**[※204]とかモハメド・アリとか、超一流で知名度も抜群の人ばかりだったじゃないですか。

玉袋　まあ、昔はそうでしたよね。猪木さんがやってた頃は。

松永　無名のいち空手家にすぎない俺ごときが出られるはずなかったんですよ。でもバカだから本気で異種格闘技戦をやるために空手をやってたんです。それで「格闘技選手権」っていう、当時「公開ケンカ試合」と呼ばれたアルティメットみたいな大会が大阪で開かれて、その第2回大会に自分は出てるんですよ。

ガンツ　そんなのがあったんですか（笑）。

松永　そこで優勝して、ハクつけてプロレス界に殴り込もうと思ってたんですけど、ベスト8で終わっちゃって。第1回大会が、あまりに凄惨な試合が多かったんで、2回目はけっこう制限があったみたいで、自分は柔道の選手に1回投げられて「技あり」を取られて負けたんです。「そんな、投げの技ありで決着って柔道じゃないんだから」って思ったんですけど。

玉袋　1回目はそうとう乱暴なルールだったんですか？

松永　顔面は拳じゃなくて掌底だったんですけど、血だるまになる人が続出して、2回目から制限ができちゃったんです。それで自分は判定負けして、試合後に凄い落ち込んでたんですよ。そしたら「おまえ、なんでそんなに落ち込んでんだ？」って青柳（政司）館長に言われて。「いや、俺は格闘技選手権優勝っていう実績をひっさげて新日に行くつもりだったんですよ」って。

ガンツ　ケンカ日本一をひっさげて殴りこみをかけようと（笑）。

松永　これなら入れてくれるだろうと思って。

玉袋　テロリストだよ（笑）。

松永　でもベスト8で負けちゃったから凄いショックで。それでも「俺は空手家として異種格闘技戦でプロレスのリングに上がる」っていろんな人に公言してたら、ホントに実現するんですよ。全日本を引退した大仁田さんが現役復帰して、異種格闘技戦をやるって話が持ち上がって。「対戦相手になる空手家を探してる」っていう話が聞こえてきたんですよ。

椎名　後楽園でやった「**格闘技の祭典**」[※205]（1989年7月2日・後楽園ホール）ですよね。

松永　そこに**真樹日佐夫**[※206]先生が関わっていらしたんですけど。真樹先生は、青柳館長が昔「プロレスラーになりたい」って言ってたのを頭の片隅に憶えていて。「青柳、おまえやってみるか」って言って、館長が「やります！」って答えたんですよ。

玉袋　大仁田vs青柳館長って、真樹先生が間を取り持ってたんだ！

椎名　あの試合は衝撃的でしたよね。

ガンツ　客席の空手関係者がもう……。

玉袋　ヤバい、ヤバい（笑）。

松永　で、自分は青柳館長について行ったんですけど、そこでプロレスのからくりを見てしまったわけです。館長も自分もプロレスの内側のことは知らなかったんですけど、そこで知ることになるんですよね。ああ、そういうもんなんだなって。そこで大仁田さんに「松永くん、キミも一緒にやらない？」って誘われたんですよ（笑）。

玉袋　敵対関係である大仁田さんにそんな軽く誘われたんですか！（笑）。

松永　「今度、団体作るからさ。プロレスvs空手の5vs5とかやろうよ」って言われて「やります！」って（笑）。

椎名　アハハハハ！　まさに自分が望むシチュエーションで（笑）。

玉袋　それがFMWになるんだもんな〜。

松永　そうやって実際にFMWに上がるようになって。大仁田さんがやった日本初の有刺鉄線デスマッチの相手って、自分がやってますからね。

ガンツ　ああ！　後楽園で「プロレスvs空手　異種格闘技　有刺鉄線デスマッチ」をやったんですよね。

玉袋　異種格闘技なのに、なおかつ有刺鉄線デスマッチっつーのが凄いよ（笑）。

ガンツ　あのときはタッグマッチですよね。大仁田&ターザン後藤と……。

松永　松永&ジェリー・ブレネマン。

ガンツ　のちの**ジェリー・フリン**[※207]ですよね、藤原組に行った。

玉袋　ジェリー・フリンっていたな〜。

松永　当時は**剛柔流空手**[※208]だったんですよ。藤原組に行ったときは**マーシャルアーツ**[※209]に転向してたんですけど。

椎名　見かけも「マーシャルアーツ！」って感じでしたよね。

松永　そうですね。だけど剛柔流だからいわゆる伝統空手ですよ。でもプロレスは全然やったことないから、自分は「あれ、しょうもないですよ。ヘタクソですよ」って言ったんですけど、大仁田さんたちは落ち着いたもんで「あれをなんとか商品にするのが俺たちの力だろ」って。

玉袋　うおーーー！　「プロフェッショナルの仕事」だよ！

椎名　発想が猪木さんに近いですね。

玉袋　そうだよね、近えよなあ。

ガンツ　大仁田さんってやっぱりそういう才能というか、発想が全然違うんですね。

松永　で、その頃になるともう自分は大仁田さんに一番気に入られてたんですよ。
玉袋　へぇー！
椎名　表向きは抗争中だけど（笑）。
松永　で、途中からは「青柳はいらない」ってなったんです。要するに青柳館長は空手家として一流だから、プライドが高くて使いづらかったんですよ。
椎名　なるほど！
松永　だけど俺は従順でしたから。「プロレスのリングに上げてくれた大仁田さんの言うことならなんでも聞きます」って状態で（笑）。あの頃はもう友達でしたもんね。毎日電話でしゃべってたし。
玉袋　大仁田さんと松永さんが、毎晩電話でしゃべるほど仲良しって信じらんねえな（笑）。
松永　当時はまだ大仁田さんもお金がなかったから、事務所にホットプレートを持ち込んで、大仁田さんが買ってきた肉を焼いて一緒に食べたりしてましたからね。
椎名　人間焼肉鉄板デスマッチだ（笑）。

ゆるかったパイオニア戦志

松永　それぐらいの仲だったんですけど、青柳館長と大仁田さんがケンカ別れして、館長が**パイオニア戦志**[※210]に行くことになって、自分はＦＭＷに残りたかったんですけど、泣く泣く館長について行くことになったんですよ。
椎名　そりゃ、パイオニアには行きたくなかったでしょうね（笑）。
松永　で、パイオニア戦志に上がってみたら、**剛（竜馬）**[※211]さんとか**高杉（正彦）**[※212]さんも同じプロレスラーだから、大仁田さんや後藤さんと同じくらいのクオリティはあると思ってたんですよ。そしたら遥かに劣るんですよ、剛さんたちは。
玉袋　そうだったんですか。
松永　もう、あまりのヘタさに、こっちが試合を引っ張ってたんですよ！（笑）。

ガンツ　ダハハハハ！　なぜかプロレス1年目の空手家が試合を引っ張りましたか（笑）。

松永　ちゃんとした異種格闘技戦で沸かせなきゃいけないけど、それがうまくいかない。ＦＭＷのときはもう空手軍vsプロレス軍のケンカですから。こっちはケンカしてればいいわけだから。たとえばセコンドでターザン後藤とすれ違ったら「テメーこの野郎！」ってなるじゃないですか？

ガンツ　一触即発の緊張感を出すわけですね。

松永　でも、高杉さんは普通に自分の前を横切って「あれ、ケンカしないの？」って。

玉袋　呑気なんだよな～（笑）。やっぱり敵地に乗り込んでも「こんばんは」って言っちゃうのが、国際イズムなのかねえ。パイオニアのとき、お金はどうだったんですか？

松永　ＦＭＷが1試合2万円だったのが、パイオニア戦志は10万くれましたけど、試合数が全然少ないんですよ。3カ月に1回ぐらいしか興行がないし、やってもつまんないし。注目も浴びないし、もうＦＭＷに戻りたくてしょうがなかったですね。パイオニア戦志でよかったのは、齋藤彰俊をこの業界でデビューさせられたことぐらいですよ。齋藤は青柳館長じゃなく、自分がパイオニアに誘ったんです。

ガンツ　彰俊さん、じつはパイオニア戦志でデビューですもんね。

松永　ちょうどパイオニア戦志が、自分の地元の半田市民ホールってとこで興行やったときに、いわゆるプロモーター特権があるじゃないですか。剛さんに「コイツをデビューさせてください」って無理を言えたんですよ。そのときが齋藤彰俊のデビュー戦なんです。

ガンツ　**金村**[※213]**（キンタロー）**選手と、プロレスvs空手の異種格闘技戦としてデビューだったんですよね。

玉袋　結局、パイオニアは最後どういうふうになったんだっけ？

松永　自然消滅ですよ。青柳館長が新日に引き抜かれてなくなったんです。

玉袋　そっから松永さんはW★INGですか？

松永　いや、青柳館長を追うカタチで自分も新日本に行くんですよ。それで青柳館長を裏切って、黒の道衣にして**ピラニア軍団**[※214]に入るんです。

ガンツ　キム・ドク、栗栖正伸と結託して軍団を結成するんですよね。

松永　で、新日本で青柳館長と2試合やって1勝1敗で。その2試合でクビにされたんですよ。ちょうどそのとき旧W★INGが旗揚げされて、地元の名古屋にきたとき、自分が**TNT**[※215]とやり合うってことになってたんですけど、直前まで「こんな団体出たくねえ」って言ってたんです。

ガンツ　最初はW★INGに出るのがそんなに嫌だったんですか。

松永　自分はFMWに戻りたかったんですよ。一応、新日本プロレス帰りで、体格もできたし、青柳館長にも1勝してるから、いまなら頭下げれば戻れるかもしれないと思って。でも大仁田さんに連絡する度胸はなくて、ターザン後藤さんなら話ができると思って、マスコミの人にW★INGの会場で「後藤さんの連絡先知りませんか？」って聞いて回ったりして。ギリギリまで「俺はW★INGなんか出たくない。FMWに戻りたい」って思ってたんです。

ガンツ　そんなに嫌々だったんですね（笑）。

松永　旧W★INGって誰が見てもすぐ潰れる、当時は底辺の団体でしたから。「新日からW★INGか……」みたいな感じだったんですよ。それで結局、嫌々参戦したんですけど、案の定すぐに潰れて。新日vs誠心会館の抗争が始まることもあって、空中分解したんです。それで当然、自分も誠心会館として新日と抗争する話があったんですけど「意地でも新日には戻らない」って言って、第2次W★INGとなる、**W★INGプロモーション**[※216]に残るんですよ。

椎名　それは新日本をクビにされたからですか？

松永　扱いがひどかったんですよね。まず青柳館長と1試合やって、次に再戦するまでけっこう間があって。その間は食えないから、土木作業をやってたんですよ。

玉袋　厳しいなあ。

松永　しかも最後の最後にギャラがもらえるから、それまで収入ゼロで。さらに放り出されるようにクビにされたから、それで新日嫌いになって「あんなとこ絶対上がらねえ」って。青柳館長からは「何がW★INGだおまえ、新日のほうがいいに決まってるだろ！」って言われたけど、自分は「W★INGで名前上げる」って、館長とケンカ別れして。

ガンツ　でも、普通は当時のW★INGで名前を上げられませんよね（笑）。

バルコニーダイブの衝撃

松永　旧W★INGは3カ月で潰れましたからね。そうこうしているうちに**新日vs誠心会館の抗争**[※217]がスタートして「齋藤vs小林邦昭がすっごい試合だったらしいよ」って茨城（清志＝当時W★ING代表）さんから聞くんですよ。

玉袋　齋藤彰俊さんはあれで大ブレイクだもんな。

松永　それで『週プロ』の発売日、本屋に行くときに異様な胸騒ぎがして。『週プロ』を手に取ってみたら、齋藤彰俊が表紙になってる。もう凄いショックでしたね。震えるぐらいショックで。「俺もやってやる！」って気持ちを奮い立たせたけど、どうしていいかわからなくて。

ガンツ　新日とW★INGじゃ注目度に違いがありすぎますもんね。

松永　で、齋藤が小林邦昭さんとやった1週間後が新生W★INGの旗揚げ戦だったんですよ。齋藤が『週プロ』の表紙になった直後だったんで、齋藤の留守電には「表紙おめでとう。俺も行ってくるから」って入れて。何かやらなきゃいけない、でも、何をやればいいのかわからない。どうしよう、どうしようと思ってて。それで旗揚げ戦当日、午前中に後楽園ホールに下見に行ったらプエルトリコ軍が集まってたんですよ。そのとき、アイスマンがバルコニーから飛ぶって言ってたみたいなんですけど、実際にバルコニーから下を見たら、**アイスマン**[※218]が「飛べない」っ言い出して。「じゃあ、俺がやる！」ってなったんですよ。

ガンツ　当初、バルコニーダイブはアイスマンがやる予定だったんですか！

松永　ええ。でも、いざ実際にバルコニーから下を見たら「飛べない」ってなったんですよ。それを聞いて「よし、俺が飛ぶ」ってひとりで決心して。午後1時ぐらいに大宝（拓治リングアナ）くんが会場に来たとき、「俺、今日バルコニーから飛ぶから」って言って。本来、自分は高い所が苦手なんですけど、大宝くんとバルコニーに行って、「見てみろ、こんなの全然高くないじゃない。俺は飛ぶよ」って。それぐらい齋藤に対するライバル意識というか、負けたくない気持ちが強かったんですよ。

玉袋　トンパチだな〜。

松永　で、次にポーゴさんをバルコニーに連れてきて「こんなの全然いけると思いませんか？」って言ったら、「足がすくむよ」とか言ってて。

ガンツ　ダハハハハ！　極悪大王の足がすくみましたか（笑）。

松永　茨城さんに言ったら、「開幕戦だし、ケガでもされたら困るから」って言われたけど、「開幕戦も何も、何かやらなければ、こんな団体すぐ潰れますよ！」って言って。それで、自分はポーゴさんを説得したんですよ。あの人が現場のトップとして権限があったんで。「何かやらないと、また3カ月で潰れますよ！」って。そしたらポーゴさんが、「うん、そうだよな。やっていいぞ」って認めてくれて、それでゴーサインが出たんですよ。

ガンツ　ちゃんと掛け合って、許可を得た上でのバルコニーダイブだったんですね（笑）。

松永　そこからは、もうメインイベントが楽しみでしょうがなかったですね。マスコミの人にも「齋藤彰俊には負けられませんから、今日は場外乱闘になったらバルコニーから飛びますよ。写真、しっかり頼みます」って言っておいてね。

玉袋　あそこから、すべてが始まったんだもんな。

椎名　凄いインパクトでしたよね。

ガンツ　一夜にして〝ミスター・デンジャー〟の称号を得て。

玉袋　それがステーキ屋さんの屋号にもなって、それがずっと繁盛してるっつーのも凄いよ。〝デンジャー〟って言いながら安定してるんだから（笑）。

松永　いや〜、お店に関してはみなさんにサクセスストーリーみたいに言ってはいただけるんですけど、飲食店は甘いもんじゃなかったですね。オープンして18年半ですけど、ホントに過酷でしたよ。

玉袋　まあ、大変な苦労があっての繁盛店だとは思うんですけどね。

松永　狂牛病もあったし、牛肉の急激な値上がりもあったり……。プロレスラーが普通に働くってことだけでも、ホントに大変なことなんですよ。玉袋さんを前にして言うのもアレですけど、芸能人だって決して他人事ではないでしょうし。

玉袋　一緒ですよ！

松永　そうなんですよね。じゃあ、ほかになんの仕事ができるのって言ったら潰しが利かないんですよ。自分がファンの頃は、プロレスラーって引退したあとは、現役時代にガッツリ稼いだお金で、老後は悠々自適に暮らしてるんだろうなって漠然と思ってたんですけど、いま自分はリアルに同世代の仲間の生活を知ってるわけじゃないですか。どれだけボロボロの生活をしているのか。だからプロレスラーは引退しちゃダメなんです。

椎名　そうですか⁉

玉袋　松永さんはいち早く引退後の生活の糧を見つけて、考えてるな〜って思ったんですけどね。

松永　前に齋藤彰俊にも言われたんですよ。「俺はいまいろんなことをやって、やっと生計を立てている。プロレス以外のことで生活の糧を見つけられたおまえがうらやましい」って。でも自分は言ったんです。「おまえ、うらやましがってるけど、朝起きたら仕込みやって夜中まで仕事して、帰って睡眠薬飲んで寝るだけの生活だぞ。18年間、店をやってるけど、夫婦で旅行に行ったことも一度もないし、うらやましがられるものじゃないぞ」って。

玉袋　やっぱり、飲食業っつーのは、そこまで過酷なんですね。

松永　ある程度は覚悟してたんですけど、身体がこんなにボロボロになるとは思いませんでしたね。ずっと立ち仕事じゃないですか。だからまずヒザを痛めて、今度は腰、今度はカカトが痛いとか。なんかもう痛み止めがサプリメント感覚になってきたり。で、あそこに松葉杖が置いてあるでしょ？　いまは片方を松葉杖で歩いたりしてますからね。

玉袋　うわ〜、そこまでですか！

ガンツ　ステーキ店で成功している陰では、そういう苦労があるんですね。

ポーゴとのくされ縁

松永　いま身体がボロボロなのも、カッコ悪いからプロレスのダメージってことにしてますけど、実際はこの仕事をしてからのダメージが主なんですよ。それにいくらお店が繁盛しても、プロレスを失った心の穴は埋めらない。引退してからは火が消えたような、何のために生きてるのかなって思いますよ。

椎名　ああ、そうですか。燃えるものがなくて。

玉袋　リングの魅力っつーもんは、そんだけ忘れらんねえんだな〜。

松永　だから「引退するよ」なんて電話がかかってくると、自分はみんなに「引退しないほうがいいですよ」ってハッキリ言いますから。ポーゴさんなんかもこないだ電話で話したら「引退するよ」って言ってたけど、自分は「しないほうがいいですよ」って言いましたからね。「もうできないんだから、しょうがねえだろ」って言ってましたけど。

玉袋　レスラーの引退後の生活っていうのは、本当に大きな問題なんですね。

松永　こないだ青柳館長が引退宣言しましたよね、交通事故に遭って。

ガンツ　バイク事故で、もう試合ができない身体になってしまったんですよね。

松永　でも事故に遭う前は、館長からも言われてたんですよ。「俺の引退試合の相手はおまえだから」って。自分はもう引退してるし、一度引退したら復活したくないじゃないですか。だけど館長からそう言われると一番困るんですよね（苦笑）。どうやって断わればいいんだろうって。まあ、館長はもう引退試合もできないと思いますけど、いまポーゴさんからも言われてるんですよ。

ガンツ　引退試合の相手としてモテモテなんですね（笑）。

松永　「もう自分は試合できません」って言ってるんですけどね。自分としては、かつての松永vsポーゴ戦のイメージを傷つけたくない。ふたりとも歩くのがやっとで、ガリガリに痩せた状態じゃやりたくないですよ。

ガンツ　この歳になって、火だるまにもなりたくないし（笑）。

松永　いや、もしやるなら火だるまにならなきゃいけないっていう気持ちがあるんで。

玉袋　さすが！（笑）。

松永　たとえ歩くのがやっとだとしても、松永vsポーゴをやるなら最後は火だるまっていうね。でも、それはやっぱりやりたくないですから（苦笑）。

玉袋　最高だよ（笑）。

松永　ポーゴさんは（火を）吹くだけだからいいですけど（笑）。

玉袋　こっちは受けなきゃいけない（笑）。そう考えると、ポーゴさんとの関係も長えし、腐れ縁って言うんですかね。

松永　くされ縁ですよね。ポーゴさんとは引退してからも仲良くしてたんですけど、引退する前はリアルにクソミソにやり合ってましたから。だから試合があそこまで激しくなったっていうか、「ホントにケガさせてやろう」と思って技かけてきますからね。

玉袋　灯油ぶっかけて火を吹いてくるしね（笑）。

椎名　新幹線の焼身自殺があったから、いまはそれもなかなかできないんじゃないかっていう。

松永　だから、たとえばレザー・フェイスとの試合なんか、危険なことをやっても、ある意味で、こっちも安心して身体を預けられるんですよ。でも、松永vsポーゴ戦はリアルにこっちも怖いですからね。

ガンツ　信頼関係がないわけですね（笑）。

松永　でも、そういう抗争をしてきたポーゴさんから「俺の引退試合の相手は大仁田じゃないんだよ、おまえなんだよ」って言われるとやっぱりグッとくるものがあるじゃないですか？

玉袋　いいですね！　パ・リーグ魂！

松永　ハッキリ言ってしまえば、大仁田厚vsミスター・ポーゴっていうのは「仕事」じゃないですか？　でも、松永戦っていうのは、ポーゴさんにとっても這い上がるためのひとつの意地だったわけですよね。FMWの大阪城ホール（1994年8月28日）の試合とかでも、ふたりで必死に「絶対メインの電流爆破（大仁田vs青柳）を食おう」っていう思いで試合をして、それで見事に『週プロ』の表紙を取ってしまうという。

ガンツ　文字どおり、大仁田さんのメインを食ったわけですね。

松永　あのときのメインは「大仁田厚、1000針突破記念試合」だったんですよ。でもそれを差し置いて、表紙と巻頭を取った。しかもセミファイナルはターザン後藤さんの試合だったから、松永vsポーゴはセミ前なんですよね。
玉袋　へぇー。
松永　だから、ふだんはクソミソやり合いながら「メインを食うぞ」って話で団結したんですよ（笑）。
玉袋　人間関係はシュートでも、そこに関しては。
松永　そういう意気投合するときがあるんですよね。W★INGで最後火だるまになる試合とかもそうですし。また、そういう経験をしてるから、リングを離れたあと、抜け殻になってしまうんでしょうけど。

自作ギターでライブ

玉袋　松永さんはそれ以外にも、ワニとやったり、釘板に落ちたり、ピラニアが泳いでる水槽の中に入ったりしてるわけだから、そりゃ普通の生活は刺激がないのもわかりますよ！
松永　だから、引退してから燃えるものがなかなかなくて……。いま、自分は店以外の趣味で何をやってると思います？
椎名　熱帯魚ですか？
松永　いや、熱帯魚はもうやめて、自分はいまミュージシャンですよ。
玉袋　ミュージシャン⁉　そうなんですか？
松永　プロレスラー同士がライブハウスのイベントに出たりすることはあると思うんですけど、普通にいろんなミュージシャンが集まる対バンのライブに出たのは、自分が初めてだと思いますよ。
玉袋　音楽はずっと好きだったんですか？
松永　じつを言うと、歌はちょっと自信があったんですよ。披露する機会はありませんでしたけど。だから、ポーゴさんからは「おまえのキャラクターは、声を潰せば完璧だから、潰せ」って何度も言われたんですけど潰さなかったんですよ。
椎名　美声を守るために（笑）。
松永　それで引退して5年ぐらい経って「歌でも歌ってみようかな」なんて思って相談したら「楽器

は？」って言われて。でも、じつは自分、格闘技のやりすぎで指が開かなくて、ギターのコードは押さえられないんです。おそらく原因としては、中学1年から相撲部レギュラーで、成長期にずっとマワシを握りしめてたのと、空手で拳を握ってたから開けなくなったんだと思いますけど。それでギターは弾けないなと思ってたら「ベースならいいんじゃない？」って言われて、ベースを始めたんですよ。初日にベース弾いたら「センスいい」って言われたのがきっかけで、自分はのめり込むと凄いですから、1日7時間とか練習して。1カ月後には人前でベース弾いてたんです。

玉袋　へえ〜。

松永　それで、でっかいウッドベースをすぐに買ってきたんですけど。そしたら、ベースっていうのは弾きながら歌う楽器じゃないってことを初めてそこで知るわけなんですけど（笑）。

ガンツ　エレキベースならともかく、ウッドベースの弾き語りは見たことないですね（笑）。

松永　で、音楽始めて8カ月のときに、ライブ出演の誘いを受けたんですよ。「我々が選んできたミュージシャンが10組ぐらい出るライブがあるから、松永さんも出てくれませんか？　ボク、プロレスファンなんです」って言われて。それで安請け合いして「出ます」って言っちゃったんですよね。でも、いざオッケーしたあと、ウッドベースの弾き語りなんか大恥かくと思って。でも、自分が出るからにはインパクトを残さなきゃいけない。じゃあ、何をやればいいんだろうって、リアルにノイローゼになるぐらい悩んで。残り1カ月っていうときに帯状疱疹ができたんですよ。それぐらい悩んだんです。ウッドベース以外に何かないかと思って、世界じゅうの見たことない民族楽器をヤフーオークションで落としてみたりとかして。

ガンツ　誰も見たことのないデスマッチアイテムを選ぶように（笑）。

松永　それで、わけのわからない楽器を買ってはみたものの、そもそも弾き方がわからない（笑）。それに、まだインパクトが弱い気がして、そこから悩んで、最終的に「自分で楽器を作る」という発想にたどり着いたんですよ。で、楽器を作ったんです。

椎名　オリジナルの楽器を作りましたか！（笑）。

松永　それがこれですよ（と言って、弦が1本の不思議な自作楽器を取り出す）。

玉袋　うおっ、なんだこれ⁉

松永　これを夜中の3時まで作ってたんですよ。「音が出るか確認するまで眠れない」と思って、アンプ引っ張りだして繋いで、音が出た瞬間、興奮して寝れなくなって（笑）。「ついに楽器を作った！」って。それで実際、ライブ会場ではダンッットツに盛り上がりました！（うれしそうに）。

玉袋　へぇーーー！

松永　既存のミュージシャンを差しおいてね。それに味を占めて次に作ったのがこれ。シャベルのギターなんですよ。

玉袋　ダハハハハ！　シャベルギター（笑）。

松永　で、今日はこのあと、じつはライブがあるんですよ。

玉袋　あ、そうなんですか！

松永　そこでも披露するんですけどね。（シャベルギターを鳴らして）音、出ますよ。あとホウキとチリトリのギターっていうのもあって。チリトリで音を共鳴させられるんです。

椎名　それで弾き語りをするんですか？

松永　するんです。それまで音楽の世界に「楽器は作るものだ」という概念がなかったんですよ。だから大変な反発もくらいましたし、ミクシィに書いたときなんかもさんざんなコメントがありました。でも実際の現場では、ほかの人がギターの弾き語りをやっても、そんなのもう見飽きてるじゃないですか。みんな「早く終わんねえかな」って顔してる。だけどシャベルのギターを弾き始めたときに大変な騒ぎになりました（笑）。みんな、「あーーーーー！」って絶叫しますからね。だから音楽の世界の掟破りですよね。

玉袋　これまで誰もやらなかったことをやるっていうね。チャレンジャーだよ。バルコニーダイブやったときと同じ発想なのがうれしいね。

ガンツ　ミスター・デンジャー、健在ですね（笑）。

松永　でも、引退したプロレスラーっていうのは、それぐらい満ち足りないんですよ。

椎名　エネルギーが余ってる（笑）。

松永　そうなんですよ。それでこんなバカなことをやって。で、今日のライブで使う楽器がこれですよ。ギターの穴からライオンが出てくるとは思わないでしょう（笑）。

玉袋　どういう発想から出てきたのかわからねえけど、とにかく凄え！（笑）。

椎名　芸術家ですねえ。

玉袋　アーティストだよな。岡本太郎だよ（笑）。

椎名　ホントですよね、アバンギャルドさは（笑）。

ガンツ　道なき道をひたすら作ってきて、それがいまも続いている（笑）。

玉袋　俺もやっぱり「スナック道」という道なき道をやってるけど。それは松永イズムがあったのかな。「でもやるんだよ」っていうね。

松永　（「サンライズ」を弾く）これ、わかりますよね？

玉袋　おお、ハンセンのテーマ曲だ。それにしても今日は松永さんがオクタゴンに入る話とか、W☆INGのガイジンの話とかまで全然到達しなかったけど、おもしろかった！　ガンツ、これは第2弾をやらなきゃダメだな！

ガンツ　そうですね（笑）。

松永　「松永光弘、片手でギターを弾く」って、YouTubeにありますから、ぜひ観てくださいよ。

玉袋　観る、観る。いやあ、最高。松永さん、今日のライブも観客の度肝を抜いちゃってください！

郵便はがき

料金受取人払郵便

麹町局
承認

197

差出有効期間
2020年12月
31日まで

切手はいりません

102-8790

209

（受取人）
東京都千代田区
九段南1-6-17

毎日新聞出版

営業本部　営業部行

ふりがな	
お名前	
郵便番号	
ご住所	
電話番号	（　　　　）
メールアドレス	

ご購入いただきありがとうございます。

必要事項をご記入のうえ、ご投函ください。皆様からお預かりした個人情報は、小社の今後の出版活動の参考にさせていただきます。それ以外の目的で利用することはありません。

毎日新聞出版　愛読者カード

本書のタイトル「　　　　　　　　　　　」

●この本を何でお知りになりましたか。

1. 書店店頭で　　　　2. ネット書店で

3. 広告を見て（新聞／雑誌名　　　　　　　）

4. 書評を見て（新聞／雑誌名　　　　　　　）

5. 人にすすめられて　　6. テレビ／ラジオで（　　　　　）

7. その他（　　　　　　　　　）

●どこでご購入されましたか。

●ご感想・ご意見など。

上記のご感想・ご意見を宣伝に使わせてくださいますか？

1. 可　　　2. 不可　　　3. 匿名なら可

職業	性別 男　　女	年齢 歳	ご協力、ありがとうございました

曙

第64代横綱

曙（あけぼの）

本名・曙太郎（旧名・米国名／チャド・ジョージ・ハヘオ・ローウェン）。1969年5月8日、アメリカ・ハワイ州オアフ島生まれ。元大相撲力士（第64代横綱）。プロレスラー。タレント。1988年、春場所で初土俵を踏み、1993年の初場所で外国人力士として史上初の横綱に昇進。相手を圧倒する相撲で、ライバル・若貴兄弟らと共に大相撲ブームを巻き起こした。その後、ヒザを痛め2001年1月に引退。東関部屋の曙親方として後進の指導にあたっていたが、2003年11月3日に日本相撲協会に退職届を提出し、プロ格闘家に転向。同年大晦日にボブ・サップ戦でデビューを果たした。試合は敗れたが、その注目度の高さで瞬間最高視聴率では紅白歌合戦を圧倒した。その後はK-1、MMAを経て、プロレスのリングを主戦場とする。2017年、急性心不全で倒れるも無事一命をとりとめ、現在はリハビリに励んでいる。

玉袋　今日は大変だよ、神々しい方が目の前にいて！
椎名　なんと言っても、第64代横綱ですからね。
曙　いまはステーキ屋さんですけどね（笑）。
玉袋　アケボノステーキ！（笑）。
曙　今日はステーキ食べに来たんでしょ？
玉袋　ええ、美味しいステーキをいただきながら、横綱にいろんな話を伺わせていただこうと思いますんで、よろしくお願いします！
曙　よろしくお願いします。
玉袋　じゃあ、まず先日の大阪場所から振り返ってもらいましょうか？
曙　いやいや、もう親方じゃないから（笑）。
玉袋　あ、そうでしたね（笑）。じゃあ、まずはお店のことから伺いますけど、この「アケボノステーキ」をオープンしたきっかけは？
曙　まあ、正直言うと、ボクが食べたかっただけなんですけどね。
玉袋　自分が食べたいだけ！（笑）。そこに肉があったからっていう。いいですね！
椎名　美味しそうですよね。
曙　食べていってくださいよ。いまステーキとビール注文してありますから。
玉袋　ありがとうございます！（ここでステーキが運ばれてくる）
玉袋　うおっ、凄え！　なんだこの大きさ！（笑）。
曙　これが曙ステーキ。６４０グラムです。
椎名　64代横綱だけに（笑）。
玉袋　（ステーキを食べて）うわっ、うめえ！　２種類違うステーキが1枚の鉄板に載っかってるのが凄えな。
曙　サーロインとヒレ、両方載ってるんです。肉のワンダーランドですよ（笑）。
ガンツ　闘いのワンダーランドならぬ、肉のワンダーランド！（笑）。
玉袋　いいね〜！　でも、お相撲さんの食事といえば、ちゃんこじゃないですか？　相撲時代もステーキは食べてたんですか？
曙　そりゃ、食べますよ。部屋で出ることもあるし、食べに行ったりもしますからね。
玉袋　プロレスラー御用達でおなじみのリベラなんかも行ったんですか？
曙　リベラさんには、初めて日本に来てから10日目くらいのとき、親方の知り合いに連れて行ってもらったんですよ。
ガンツ　そんなに長いリベラ歴がありましたか！
曙　でも、それっきり相撲時代は行ってなかったんですよ。リベラは五反田だったんですけど、相撲取りって、ボクらの時代は行動範囲が六本木までだったから。
ガンツ　行動範囲が両国を中心とした東京の東部に限られていたんですね（笑）。
曙　だから、一番遠出しても六本木までだったんですけど、それから20年後、親方になって五反田に引っ越したら、近くにリベラがあったんですよ。
玉袋　リベラが近くにあった！（笑）。
曙　ウチの奥さんが「近所によさそうなステーキ屋さんがあるよ」って言うから行ってみたら、それがリベラだったの。20年ぶりだったよ。
椎名　凄い！　リベラに引き寄せられたんだ（笑）。
曙　新弟子の頃に行ったきりで、相撲の現役時代はまったく行ってなかったんですけど、マスターはボクのことを憶えていてくれて、「おかえり！」って迎えてくれたんですよ。引っ越してからは週3回くらい行ってますね。
玉袋　週3でリベラ！
ガンツ　凄いローテーションだ（笑）。
曙　ちゃんと近所付き合いしないと（笑）。
椎名　付き合いよすぎですね（笑）。
曙　やっぱり、日本に初めて来たとき、ちゃんとか慣れなくて、ホームシックにかかってるとき、たまたま外国から来ている知り合いに連れて行ってもらった店ですからね。あのステーキの味に救われたんだから。

ガンツ　リベラの味が救ってくれた相撲人生！（笑）。

玉袋　リベラがなかったら、第64代横綱にならなかったかもしれないんだもんな。

曙　たぶん辞めてたでしょうね。

東関部屋第1号

玉袋　でも横綱、いまはメールとかパソコンとか便利になりましたけど、当時ホームシックにかかったら、祖国と連絡を取るのもテレフォンカードとか大変だったんじゃないですか？

曙　もう、もらった給料を全部使ってましたね。

玉袋　やっぱりそうか。

曙　しかも、あの頃は国際電話をかけられる電話がほとんどなかったんです。だから直接、NTTに行ったりしてたんですけど。たぶん、それに気がついて、NTTがウチの部屋の近くに国際電話ができる公衆電話を設置したんですよ。

玉袋　いい客！　太い客がいるぞって（笑）。

曙　そのとき4人ぐらい（海外からの新弟子が）いましたからね。しかも、国際電話が高くて、1分半で1000円ぐらいだったから、5000円のテレフォンカードなんて、あっという間になくなりますよ。

玉袋　そりゃ、お金もなくなりますね。いまだったらメールだ、スカイプだで、タダみたいなもんですけど。

椎名　当時はライフラインがテレフォンカードだったってことですよね。

玉袋　よくがんばったよ〜。実際、横綱は部屋を脱走した経験とかはないんですか？

曙　ないですね。行く場所もないから。電話口で泣くだけ泣いて、でも親が心配するから「明日またがんばるから」って言って切るんですよ。

ガンツ　カッコいいなぁ！

椎名　でも、日本に行く前、バスケットボールをやっていたそうですけど、そっちでプロになろうとは思わなかったんですか？

曙　いや、プロは目指してないんですよ。大学に行くためにやっていたことであって。親は大学のカネは払えないから、推薦で入るためにやってたんです。そのときは将来、観光局の仕事がしたかったんですよ。ちょうど80年代後半だったから、日本がバブルの頃で。

玉袋　そうだ！

曙　ハワイで一番いい仕事は、何でも日本語が喋れないとダメなんですよ。だから最初は、相撲でモノにならなくても、日本に行って言葉を覚えて帰れば、いい仕事が見つかるかなと思って。

ガンツ　なるほど。タダで留学できるみたいな感じで。

玉袋　でも、確かに日本がバブル景気で沸いた頃なんて、ハワイも土地の値段が上がっちゃって、大変だったもんな。ウチの師匠（ビートたけし）の周りに集まってくる何とかディベロップメントとかさ。みんな消えちゃったけどね（笑）。

椎名　生きてればいいなって（笑）。

曙　ホント、おかしかったですね、あの頃。

玉袋　でも、そういう時代だったからこそ、いまのお相撲さんより、楽しいこともあったんじゃないですか？

曙　いや、楽しいことっていうか、ああいうのを覚えると、もうがんばるしかないですよね。がんばることによって、寄ってくるお客さんも違うし、出世すると連れてってもらうところが、やっぱり違うんですよ。

玉袋　なるほど！　強くなって番付が上がればすべてが変わるってシステムだもんな。

曙　ボクはウチの師匠（東関親方=元・高見山）が初めて育てた関取ですからね。

椎名　東関部屋の関取第1号なんですね！

曙　だから、ボクも必死でしたけど、師匠も必死でしたよ。周りから「おまえが育てられる関取は、せいぜい十両までだ」とか言われたり。

玉袋　うわ〜、そんなこと言われてたんですか⁉ やっぱり外国人親方だから、風当たり強えんだな〜。

曙　けっこうそういう声を気にしてましたね。だから、ボクらにはメッチャ厳しかったんですよ。「同じ国から来ているから甘やかしてる」とか絶対に言われたくないから。

ガンツ　いや〜、凄い師弟関係ですねぇ！

玉袋　だから、〝かわいがり〟に耐えて横綱になったわけですもんね。いま、かわいがりなんて、放送禁止用語になりつつありますけど。

曙　でも、昔のかわいがりは、いまとは違ってましたよ。ホントにかわいいから、コイツをなんとかしてやりたいからやってたんですよね。

ガンツ　文字通り愛のムチってヤツですね。

曙　ボクはハワイを出るとき、「みんなから怒られているあいだが華だと思え」って言われたんですよ。「何も言われなくなったら終わりだよ」って。

椎名　怒られている間は、期待されている証拠ってことですね。

玉袋　日本の相撲界っていうのは、システムが特異な場所だからな〜。

曙　でも、昔の日本はみんなそうだったじゃないですか？　普通の会社だってそうだったと思いますよ。それをなくしたら、さみしいですね。

玉袋　こういうことを曙さんが言ってくれることが嬉しいよ！

曙　いや、それが日本なんですよ！

玉袋　ハワイで生まれ育って、日本で苦労した横綱が、いまの日本を憂いてるっていうのが素晴らしい。逆に外から来た人だから日本のことがよく見えるし、ずっと日本にいると日本のことが見えないっていうこともあるのかな。

曙　それはありますね。

若貴のライバルとして

椎名　日本に来て、なじめなかったしきたりとかはあったんですか？

曙　最初の半年間は何でもダメでしたね。

玉袋　何でもダメ！

曙　でも、一番ダメだったのは、やっぱり言葉ですよ。言葉を覚えないことには、何もできないから。

玉袋　最初に覚えた日本語は何なんですか？「ごっちゃんです！」とかですか？

曙　いやいや、もうそれなりの……（笑）。みんなおもしろがって、教えるんですよ。

玉袋　あ、アレだ！

ガンツ　そっち方面（笑）。

曙　英語でも「ファ」から始まる、ああいう感じ（笑）。

椎名　放送禁止用語とか、おもしろがって教えるんですよね（笑）。

曙　あとは、相撲が終わって部屋に戻ったあと、親方が帰ってきたら、みんな着物に着替えて挨拶に行くんですよ。そのとき「お疲れさまでございます！あ〜、疲れちゃった」って言ったら、食らわされましたね（笑）。

玉袋　ワハハハハハ！　師匠に「あ〜、疲れちゃった」。

曙　先輩に教えられたまま言ったんですけどね。そうしたら「誰だ、教えたのは！」って、全員集められて（笑）。

椎名　10代の男が集団生活してたら、そうなりますよね（笑）。

玉袋　でも、曙さんも18歳で日本に来て、あれだけ活躍したら、かなりモテたんじゃないですか？

曙　玉さんは、歳一緒ぐらいですよね？

玉袋　ボクは46（取材時）です。

曙　ボクは今年44（取材時）だから同じくらいだ。ボクらが若い頃って、おかしかったよ！

玉袋 ワッハハハ！　おかしかった（笑）。
曙 ホント、おかしかった！　常に稽古部屋はファンで満杯状態。場所に行っても満杯状態、飲みに行っても、それまでガラガラだった店が、入った途端に一杯になっちゃうし。
椎名 相撲人気が一番いいときですもんね。
曙 一番いいときでもあるんですけど、それを作り上げた部分もあると思うんですよ。貴乃花、若乃花がいて、超ベビーフェイスの曙がいて。
玉袋 べ、ベビーフェイス！（笑）。
曙 いや、ボク、現役のときはめちゃくちゃベビーフェイスだと思ってましたもん（笑）。引退して、「いやぁ、横綱、凄いヒールでしたね」って言われて、もうガックリしちゃった。
椎名 気づいてなかったのは素晴らしいと思います（笑）。
玉袋 相撲をベビーとヒールで判断してる時点でいいよね。
椎名 でも、スターがいるときの敵役ですもんね。
玉袋 そうだよ。若貴兄弟vs曙っていうのが、相撲をあんだけ盛り上げたんだから。
曙 あれだけの巡り合わせはもう来ないんじゃないですかね？　役者が揃ってましたよ。それはボクら3人だけじゃなくて、上の先輩も「なんだこのクソガキ！」って叩き潰しに来てたし。
ガンツ 若貴や曙さんが上がっていく過程には、千代の富士とかがいたわけですもんね。
玉袋 そうだよ。国民栄誉賞が上で睨みきかせてんだから。
ガンツ あとは大乃国とか。
曙 旭富士さんとか北勝海さん。
椎名 みんな強かったですよね。
玉袋 そんなメンツとガチンコで〝世代闘争〟やってんだから！
曙 ボクらも巡業に出始めたら、すぐ目をつけられましたもん。

椎名　そういうことがあるんだ！

曙　ボクらにとっては千代の富士さん、北勝海さん、小錦さん、水戸泉さん、もう先輩じゃないですか、同じ一門の。だから、サボろうとしても、「おい、曙どこだ！　呼んでこい！」って。もう、怖くてサボれなかったですよ。たぶん、あの頃は本場所よりも巡業先の稽古場のほうが凄かった。もうケンカですから。

ガンツ　相撲というよりバーリ・トゥードというか（笑）。

曙　あの頃は、本場所で横綱から金星挙げたりしたら、巡業で大変ですよ。巡業先の稽古でもう、やられてやられて、目も合わせられないくらいにするんですよ。

椎名　へえ！　そうやって、後輩に怖さを植え付けるわけですか。

玉袋　しかも、それで旅が続くんだもんな。

曙　あの頃は、親方とかよりも先輩たちのほうが、もう全部仕切ってたし。

玉袋　番長が学校仕切っちゃって、先生が口出せねえみたいなもんだな（笑）。

曙　皆さん、迫力ありましたね。巡業先で最後にぶつかり稽古があるんですけど、あるとき「今日は小錦さん、二日酔いで寝ているから、たぶん稽古に来ないよ。ラッキー！」って思ってたんですけど、稽古場の一番奥にいるお客さんが「おお！」ってなんか騒いでるんですよ。そしたら「ドーン！」っていう音が聞こえてきて（笑）。

椎名　怪獣が近づいてくる音が（笑）。

玉袋　Ｔレックスだな（笑）。

曙　何かと思ったら、小錦さんが一番奥で四股踏んでいるんですよ。

ガンツ　四股が地響きのように聞こえてくるって凄いですね（笑）。

曙　そして最後に花道からやってきて、「おまえら、来い！」って言われて、こっちは「はい！」ってぶつかるしかないですよ。

玉袋　そのふたつ返事の「はい！」は番付が上がって、横綱になるまで続いたんですか？

曙　いや、リスペクトがありましたから。ボクらにとって大関はいつまでたっても大関ですから。

玉袋　番付でたとえ抜いても〝大関〟だと。そこは美しいな！

椎名　小錦さんは怖い先輩でしたか？

曙　土俵の上では怖いんですけど、土俵以外のところでは優しかったですね。ボクが入ったとき外国から来てる力士で一番の有名人は小錦さんだったんで、かならず場所後に会を開いてくれるんですよ。そこにハワイから来た若い衆がみんな集まって、小錦さんのおごりでメシ食って、酒飲んでやるんですよね。

玉袋　兄さんだ！　一門の兄さんだ！

曙　いや、一門だけじゃなかったですね。ボクらにとっては、相撲界全体の兄さんですね。

玉袋　いい話だ！　横綱、いまはそんな話がすっかりなくなっちゃって、俺は嫌んなっちゃいますよ。

曙　ボクらは小錦さんの背中を見てたんで、やってきたんですけどね。

玉袋　昔はそういうのをどんどんバトンタッチしていったと思うんですけど、いまはもう何にもないんですよね？

曙　なんでだろう？　寂しいですね。

玉袋　これを曙さんが憂いているところが素敵だよね！　嬉しいよ、俺は。

曙　ボクらは当たり前だと思っていたんで。

玉袋　土俵の上だけじゃなくて、そういう姿に俺らファンも憧れるんだから。

曙　小錦さんを見て、ボクらが始めた会では、巡業で1年に1回、一門全員100～150人ぐらいを集めて、無礼講で飲ますんですよ。

玉袋　おお、カッケー！　でも、それはやってもらったから恩返しをするということですよね？

曙　もちろん、そうですよ。ボクらがなんで優勝できるかって言ったら、若い衆がしっかりやってくれるからですから。奥さん役なんだよ、若い衆は。だから、若い衆がしっかりしないと気持ちがぶれて、いい相撲取れないいんですよ。

玉袋　いい話！　めちゃくちゃいい話だよ！　これ、ホントいまの世の中に聞かせたいね。独り勝ちして世界の長者番付に載って喜んでいるどっかの洋服屋のオヤジとかにもよ。あんだけ稼いでいながら、ブラック企業だって言われてんだから、あの野郎！

ガンツ　ちゃんと下に還元しろと（笑）。

椎名　そうやって場所が終わるとおごってくれたりするから、巡業先の稽古でボコボコにされても逆恨みしたりしないわけですよね。

曙　ボクらの時代の巡業って、そういうもんでしたからね。いまの巡業と昔とは意味が違うんですよ。

ガンツ　意味が違う（笑）。どう違いましたか？

曙　昔の巡業は普段部屋が違って一緒に稽古できない人、場所で当たる人と稽古ができるっていうのが昔の巡業だったんですよ。

玉袋　出稽古みたいなことが、毎日やれるのが巡業だと。

椎名　いまは違うんですか？

曙　いまはどっちかって言うと、「休み」ですよ。

ガンツ　稽古じゃなくて休み！（笑）。

曙　旅行っていうか。

玉袋　旅行！（笑）。

曙　いまは巡業も短いし。俺らは夏巡業三十何日間ですよ。

玉袋　武者修行の旅だね、凄えや！　それがいまや「休み」だったり「慰安旅行」みたいな感覚になっちゃったらさ、そりゃ実力もつかねえし、向上心を持つ人もいなくなっちゃうよな。横綱は常に向上心があったわけですよね？

曙　あったっスね。やっぱり稽古して、次の場所で出世すると、苦しいけどやっぱり稽古をやっておくのは間違いないなって。

「何人」である前に相撲取り

玉袋　いいシステムだよ、お相撲のシステムっていうのは。若い頃は負けて悔しくて泣いたっていう話も聞きますけど、やっぱり毎日泣くようなもんですか？

曙　いや、ボクの場合は引退する前くらいに涙もろくなったね。

玉袋　へえ！

曙　逆転優勝されたときとか、風呂場で泣いたり。

玉袋　横綱が風呂場で泣いた！　やっぱり人に泣いてるところ見られちゃいけねえから、風呂場しかねえんだな。クゥ～！

曙　若いときは「なんだ、バカ野郎！　次の場所、見ていろ！」ってなるんですけど、歳取るともう「なんで俺はダメなんだ……ううっ（泣）」って（笑）。

玉袋　ブルースが聞こえたね。いいブルースが。でも、横綱はハワイの人だから、陽気で泣いたりしねえイメージで見てたけど、やっぱり人知れず泣いてたんですね。

曙　相撲は団体生活じゃないですか？　夜は大部屋でみんな寝ているんだけど、消灯になって30～40分ぐらい経つと、聞こえてくるんだよな。みんな泣いているのが。

玉袋　うわ～！　でっかい男が！　それいい話だよな。勝負の世界だからね、それはもちろん。

ガンツ　人知れず泣いて、強くなっていくんですね。

玉袋　そして曙さんなんかの活躍で、当時はハワイ勢の黄金時代があって、そのあとモンゴル勢が出てくるわけじゃないですか？　このモンゴル勢に対しての横綱の認識は？

曙　いや、見てる人たちはハワイ人だ、モンゴル人だっていう目で見るんだけど、自分は何人だとかまったく気にしないし、もう気づかないですね。俺は何人で、アイツは何人だとかじゃないんですね。何人とかじゃなく、俺は相撲取りなんだよ。

玉袋　相撲取り！　カッコいい！　でも、モンゴルの人たちもがんばってますけど、誰とは言わないですけど、品格の問題とかいろいろあったじゃないですか？　あの品格の問題っていうのは曙さんはどう思います？

曙　たぶんね、品格っていうのはそれぞれ違うと思うんですよ。例えば、あなたがボクの品格を決めるのはおかしいと思うんですよ。ある意味、相撲もそうだし、格闘家、プロレスラーもそうなんですけど、けっこうマイウェイじゃないですか？

ガンツ　身体ひとつで生きてる人ならではの、自分の流儀もありますからね。

曙　そうそう。それを人に否定されて、「品がない」とか言われるのはどうなのかなって思うんですよ。大きな間違いじゃないかぎり、いいんじゃないかと思うんですけどね。小錦さんなんかも最初は言われたんですよ。

玉袋　「相撲はケンカだ」って言って問題になったりしましたよね。

曙　うん。そういうことを言って、「品がない」とか。

椎名　なんか揚げ足取りみたいに、いろいろやられましたよね。

ガンツ　当時はなんとかして外国人を横綱にさせたくないぐらいのムードもありましたし。

曙　だから、しょうがないですよ。朝青龍も小錦さんも、会って話をすると普通なんですよ。明るいし、賢いし。ただね、ボクも時代が違うんで、朝青龍とはあんまりプライベートの付き合いはないんですけど、彼はどっちか言うと、先に怒ってしまうタイプですね。ボクも現役時代、土俵の外でけっこうカチーンと来ることがあったんですよ。飲みに行ったときとか、一般の人に「おい、曙！」とか言われたり。

椎名　酔った勢いで、失礼なことを言ってくるわけですね。

曙　しかも、向こうはこっちが何も手出しできないと思ってやってくるじゃないですか？　で、ボクは運よくあんまり手を出さずにすんだタイプですね。

玉袋　「あんまり」っていうところがいいね（笑）。セーフ！　それは耐えなきゃいけないところもありますよね、こういう仕事やっていると。

曙　芸能人の人だって、そういうのわかるでしょ？

玉袋　わかります、わかります！

曙　もう酒とか入ると人が変わるヤツが多いんだよ（笑）。

相撲を改革するならば

玉袋　ワッハハハ！　俺がそうだったりして（笑）。でも、そうやって土俵の上でも下でもいろんなことに耐えて横綱になって、引退して親方になったわけですけど。そのままずっと相撲界に残ろうとは思ってなかったんですか？

曙　もちろん、そういう選択もあったんですけど、残るのも難しいですよね。

玉袋　難しいんですか？

曙　難しいですよ。ただ残るのは簡単なんですけど、いろんなことを考えると、自分のなかでは難しい。やっぱり親方になるってことは、自分の家が相撲界になるじゃないですか？　奥さん、子ども含めて。

玉袋　ああ、そうですよね。奥さんは女将さんにならなきゃいけないんですもんね。

曙　子どもも毎日（相撲）部屋のなかで暮らさないといけないし。そういうことを考えたときにボクは自信がなかったですね。

ガンツ　自分だけならともかく、家族のことを考えると自信がなかったと。

曙　あとは親方になると、弟子をある意味「使い捨て」にしなきゃいけないようなことがあるじゃないですか。ほしいときは家まで行って、「この子を絶対に強くしてみせます」って言ってスカウトして部屋に入れて、1～2年経って思うように出世できなかったり、ケガしたりしたら家に帰すっていうのが、自分にはできなかったですね。

玉袋　優しいんですね。

曙　いや、優しいっていうか、自分が子どもを持っていると、親の気持ちになるんですよ。

椎名　でも、親方になったらそういう仕事もしなきゃいけないですもんね。

玉袋　親同然になりながら、弟子を切らなきゃいけねえときもある。厳しい世界だなあ。

曙　切るのは仕方がないにしても、何か受け皿を作るとか、ボクは横綱の頃からずっと言ってたんですけどね。全員が強くなるわけじゃないけど、みんな同じ夢を持って入ってくるわけですよ。それで15歳で入って、20歳でもうダメっていうのがほとんどじゃないですか。だから、都内にこんなにちゃんこ屋があるんですよ。

椎名　相撲以外ですぐ仕事に結びつくのは、料理の腕だけってことですもんね（笑）。

玉袋　でも、曙さんはそれが耐えられないと思った。いや、いい話だよ、これは。

曙　人の家に行って頭は下げられますけど、「この子を絶対に強くしてみせます」なんて、ウソはつけないって思ったんですよ。「じゃあ、ケガしたときはどうすんの？」って。俺の気持ちだとそのまま家には帰せないんですよ。だから親方になっていたら、ダメになった弟子をそのまま家に居候させてますよ。

玉袋　大家族スペシャル（笑）。ある意味、ビッグダディだよ！

曙　だから、たぶん小錦さんとかみんなそうじゃないですか？　ボクらがもともと持っている習慣というか。

玉袋　ハワイアンの気質なんですね。

曙　武蔵丸さんは弟子を集めて親方やってますけど、大変だと思いますよ。昔だったらまだ、3～4人子どもがいて、ひとりは相撲に行ってくれたほうが家が楽になるとかあったじゃないですか？　でも、いまは少子化でどの家も子どもはひとりとかだから。

玉袋　それで新弟子検査の身長がどんどんどんどん低くなっていくっていう。

曙　いまも相撲界に入ってくるはくるんですけど、みんな学生なんですよね。そういう時代なら、もっと相撲協会も学生相撲と絡んで何かやれば、もっとよくなると思うんですよ。要するに、学生相撲を2軍みたいにして、優秀な学生は各部屋がドラフトするとか。

玉袋　ちゃんと大相撲への道、プロ入りの道を作るってことですね。

曙　結局、いまは学生も先輩のツテでその部屋に入るんですよ。そうじゃなくて、もっとフェアーにいい学生を獲得できるようにすればいいと思うんだけど。

玉袋　それは曙さんらしい考えだね。相撲のシステムをほかのプロ競技と比較して、おかしいところは改革していくっていう。

曙　部屋を持つのももっと厳しくしたほうがいいと思うんですよ。横綱・大関じゃなきゃ部屋持ちになれないとか。もういまは三役に一場所上がったり、十両でも何場所か務めれば部屋が持てる状態だから、部屋ばっかり増えちゃってる。

玉袋　もうコンサルタントとして曙さんが相撲協会に戻ったほうがいいな。

曙　だって、俺が入ったときはまだ部屋が20個ぐらいしかなかったんですよ。だから、大部屋が多かったんですよ。ウチの部屋でも30人ぐらいいて、二子山部屋とか佐渡ヶ嶽部屋とかは50人、60人いましたからね。それでみんな競い合って強くなるわけですよ。でも、いまはふたりとか3人とか。

椎名　ええ⁉　そんな少ないんですか？

曙　そういう部屋、多いですよ。

玉袋　個人でやってる進学塾じゃねえんだから！　マンツーマンって言えばマンツーマンかもしれないけど、そんなかに自分を磨こうという意識は芽生えねえな。
椎名　ヘンな話ですよね。相撲取りのなり手が少なくなってるのに、部屋ばっかり増えるっていうのも。
曙　こういう時代だから、みんな自分の意見があって、自分の部屋を開きたいと思うんでしょうけど。もっと相撲協会が先頭に立って、仕切らなきゃダメだと思いますよ。
玉袋　考えてますな〜。逆に自分が育ててもらった場所だから、いろいろ言いたくなるんだろうな。
曙　俺なんか相撲がなかったらプロレスもできてないし、もちろんK−1[※219]にも行ってない。曙っていう元横綱がリングに上がるってことで、盛り上がってもらえるわけだから。

谷川貞治の挑発

椎名　でも、曙さんって〝ピーク男〟ですよね。相撲の一番のピークのときに現役だったし、格闘技もピークのときにやってたし。凄く引きが強いですよね。
曙　K−1は俺が横綱に上がった頃に、テレビなんかでやり始めたんですよ。おもしろくてずっと観てたんだけど、あの頃は俺も若かったから、観ながら「俺でも勝てるんじゃないか？」って思ってましたね。
ガンツ　俺が出れば、K−1 WGPに優勝してやるぞと（笑）。
曙　ボクは現役が終わってからK−1に行ってるじゃないですか。ホント、あの22〜23歳の一番盛り上がってる頃に行ってたら、そうはいかないですよ。
玉袋　やっぱ、その心意気だよな〜！
曙　実際、俺も谷川（貞治）[※220]さんに挑発されるようなカタチで、相撲協会を辞めちゃいましたからね。
椎名　えぇ〜〜！　そうなんですか⁉
曙　九州場所の前に突然、谷川さんが来て「この人（ボブ・サップ）[※221]が横綱とケンカしたがってるんですけど。横綱を倒すと言ってます」って。もういき

なりだよ？

椎名　「この人が曙さんとケンカしたがっている」って、そんな乱暴な言い方するんですか？（笑）。

玉袋　焚きつけもいいところだよ。

曙　いや、ホント俺、張り倒してやろうかと思ったもん！

一同　ガッハハハ！

曙　しかもウチの部屋に乗り込んできて。「コイツ、ナメてんな」って思ったもんね（笑）。

椎名　ナメてますよね（笑）。

曙　いきなり「12月31日に横綱と勝負したいっていうヤツがいるんですよ」って言われて、「は？」ってなるじゃないですか？　「『絶対に横綱を倒す』って言ってるんですよ」って、「何の話？」ですよ、こっちは。

玉袋　ウワッハハハ！　ホントですよね（笑）。中学生の番長に「隣町でおまえを倒すって言ってるヤツがいるぞ」みてえな感じで。

曙　それまで谷川さんとあんまり面識なかったんですよ。いきなり福岡の部屋に乗り込んできて、契約書を持ってきて。俺は若い衆に稽古つけていたんですけど。身体はもう相撲は取れないけど、気持ちとしては切れてないいんですよ。

ガンツ　気持ちは現役のままだったと。

曙　それで、たまたまその日の夕方に東京に帰る用事があったんですよ。で、「ちょっと話したいことがあるから、家に帰る」って言って、「今日ね、K－1の人が来て、俺を倒すヤツがいるって言ってるんだよ」って奥さんに話して。

玉袋　ウワッハハハ！　ドラマチックだな（笑）。

曙　ウチの奥さん、「は？」って。

椎名　ハハハハ！　そうなりますよね。

曙　で、「ホント悪いんだけど、俺は行くよ」って。

玉袋　ウワッハハハ！　もう即決ですか！

曙　そうしたら奥さんは「あなたが決めることだから、決まったら応援するよ」って。それで契約書を渡して。お金の話は一切してないですよ。

玉袋　横綱のプライドだ！

椎名　でも、お金の話もしてほしかったな〜。谷川から取れるだけ取ってほしかった（笑）。

曙　次の日には奥さんがハワイからウチの弁護士を連れてきたけど、弁護士は「これは3倍も4倍も取れるよ」って言ったんですよ。

ガンツ　横綱の商品価値とネームバリューだったら、いくらでも吹っかけられますよ。

曙　でも、みんな勘違いしてるんだよ。俺がカネのためにK－1やったと思ってるけど、カネの話は一切してないんだよ。言われた金額で試合したんだから。もう、カネじゃないんだよ！

玉袋　俺をぶっ倒すって言ってるヤツがいるなら、やるしかないと。いい話だよ〜。

曙　これで息子たちが大きくなって、「おまえのお父さんはカネでK－1に上がった」とか言われたら恥ずかしいじゃないですか？　だからお金の話は一切してないですから。
玉袋　その谷川さんの発言で火がついちゃったわけですけど、相撲界を辞めるには、部屋とか協会と話しなきゃいけなくて大変だったんじゃないですか？
曙　いや、谷川さんがウチの部屋に来たのが11月場所が始まる2日前くらいだったんですけど、その2日後に記者会見やってますからね。
玉袋　凄え！　急転直下にも程があるよ、それ。
曙　ボクとしては、相撲界に恩があるし、場所が始まるのに話題を持っていきたくなかったから「場所が終わってから会見しましょうよ」っていう話をしていたんですよ。そうしたら谷川さんは「いや、今日辞めてください」って。「はぁ？」ですよ。いきなりケンカ売りに来て「今日辞めてくれ」って。
椎名　自分の都合ばっかり（笑）。
玉袋　でも、よく乗るね、横綱も。
曙　乗るっていうか、「コイツら絶対ナメてるな」って。
玉袋　ウワッハハハ！
椎名　ナメてますよ、アイツら（笑）。ナメて上手くいって。あのキューピー、どうしようもねえな（笑）。

K-1参戦の舞台裏

曙　で、「わかった」って言って、契約書にサインして。これは師匠とかに話していたら時間がかかるだろうと思って、一回師匠のところに行って挨拶して、「申し訳ないんですけど、辞めます」って話をして。ウチの師匠の顔を見られなかったですね。向こうも何が起きたかわからない。
ガンツ　そうですよね。突然何を言い出すんだって話ですよね。
曙　「俺は何も言えないから」と。高砂親方が一門の長なんで「高砂親方に話をしてこい、バカ野郎！」って言われて。で、すぐ高砂親方に電話をして挨拶に行って、「こういう理由で辞めさせていただきます」って言ったんですけど、「いや、あなたは普通の親方じゃないから。元横綱なんだから。これは理事長（北の湖）に言ったほうがいい」って言われて、今度は理事長のところに行ったんですよ。

玉袋　凄いな〜！

曙　理事長には言えなかったですね。「どうしたの？」「すいません……」って。「いや、もうハッキリ言って」って言ってくれて。理事長としては年寄株の話だと思ったらしいんですよ。どこの株が買いたいとか。それで「すいませんが……」って辞表を出して「相撲協会辞めます」と。向こうは「ええ⁉」ですよ。「なんで急に？」「いや、ボクには親方を続けていく自信がないので」って言ったら、「次の仕事決まってんだろ？」って。

椎名　そういう言い方するんですか（笑）。

曙　「次にやりたい仕事があればダメとは言わないし、応援するよ」って言ってくれて。

玉袋　へえ！

曙　「はい、次の仕事決まりました」って言って。それでその辞表をスーツのポケットに入れて、「じつはK－1に参戦します。明日記者会見があるんで」って言って。そうしたら「記者会見の1分前でも、気持ちが変わったら俺に電話してくれよ」って。

玉袋　うおおお！

曙　「そうしたらこの話、なかったことにするから」って。それから辞表をずっと持っていて、記者会見をやった瞬間、開いたらしいです。

玉袋　はぁ〜、凄え！　その後、師匠との関係はどうだったんですか？　話せる範囲でいいんですが。

曙　最初の半年ぐらいは「裏切られた」って言ってたみたいですけど、いまはメッチャ仲いいですよ。

玉袋　ああ、よかった！　やっぱ師匠のところを出るっていうのはそれなりの覚悟があるもんだから。俺はそれが聞けてよかったなぁ。

曙　いまはホントに仲いいですよ。さっきの小錦さんもそうですけど、ボクらにとっては永遠の大関じゃないですか？　だから、親方はボクにとってずっと親方だし。広尾にニュー山王ホテルっていう米軍のホテルがあって、あそこは日曜日にブランチがあって、たまにボクらも行くんですけど。そこに親方がいつもいて。もう、ボクの子どもに抱きついたり、「おう、曙！　元気か！」って言ってくれたりするんです。

玉袋　それはいい話だ！

曙　もうホント「人間と人間」ですよ。昔はただの弟子でしたけど、いまはひとりの男として見てくれるから。辞めたことによってお互いの気持ちが楽になったというか。

玉袋　普通は根に持っちゃったりすることが多いじゃないですか？　でも、東関親方はハートがデカいですね。

曙　いまでも言われますよ。「たまに部屋に来て、若いヤツ教えてくれよ」って。だから、いまのほうが関係はいいですよ。

玉袋　K－1参戦決定の1週間っていうのは、そんな親方との急な別れもあった、濃密かつ急激な1週間だったんですね。

曙　だから、考える余裕がなかったからできたと思うんですよ。

玉袋　日本に来たときと一緒だ。

曙　そうですね。考える時間があったら「やっぱり行くのやめておこう」ってなってましたよ。でも、日本に来たときは「よし、連れて行くぞ！」って親方に言われた1カ月後には、もう日本にいましたからね。

ガンツ　あれよあれよという間に（笑）。

曙　そういうのはね、考えるとやらない。

玉袋　自然と巻き込まれ型だったりするんだろうな。で、いまはプロレスじゃないですか？　どうですか？

曙　いや、プロレスはもともと子どもの頃から好きだったんで、凄く楽しいですよ。

玉袋　子どもの頃、一番のアイドルは誰だったんですか？
曙　ザ・ロックのおじいちゃんとか。
玉袋　ああ、**ピーター・メイビア**[※222]！
曙　あとハワイで団体やってて、そこに来ていたミッシング・リンクとか、ブルーザー・ブロディ、**ジミー・スヌーカ**[※223]、**ドン・ムラコ**[※224]とか。
玉袋　そういうハワイのプロレス好きの少年が、丸い土俵で名を上げて、いま四角いリングに上がってるって、おもしろい人生ですね。

ファンの観たい闘いを

曙　でも、相撲のときもプロレスになってからも、気持ちは一緒なんですよ。もちろん、男として勝負はしたいし、ファンが「観たい」って言ってくれるあいだはがんばりたいですね。やっぱりボクらは見られてなんぼの世界なんで。相撲だって勝ち負けだけじゃないですから。ボクらが相撲取っていたときにも一番教えられたのはそれですね。「明日も観たいって言わせる相撲を取れ」って。
ガンツ　へえ！　そうなんですね。素晴らしい。
玉袋　でも、これまでも横綱まで上り詰めたあとプロレス入りした人はいましたけど、やっぱりプライドが邪魔するのか、かならずトラブルを起こしたりしてたじゃないですか。曙さんはそういう部分がないですよね？
曙　自分にももちろん横綱のプライドはありますけど、それをヘンに使いたくないんですよね。逆にみんながボクを応援してくれるのは、「横綱がなんでそこまでやるんだ？」っていう部分だと思うんですよ。プロレスに入ったときもそうなんですけど、最近は電流爆破やったりとか。「なんでそこまでやるの？」って。
玉袋　横綱が有刺鉄線に打ち当たって爆破してるんだもんなあ。

ガンツ　さらに大仁田の毒霧で顔を真っ赤にしたり（笑）。
曙　でもね、楽しい（ニコリ）。
玉袋　楽しいっていうのはいいね。プロレス界はなかなか大変な時期が続いてるけど、曙さんが楽しいって言ってやってるんだもん。いいね！
曙　全日本も新日本も選手は一生懸命がんばってるんですよ。だから、会場が立見まで一杯になるような会場でやらせてあげたい。ボクは相撲のときに経験があるんだけど。
玉袋　曙さんが横綱の頃は、15日間毎日満員御礼だからね。
曙　だから、それをいまの若い衆にも味わってほしいし、それはプロレスラーも一緒。やっぱりこういう世界で、ツラくても一生懸命できるのは、夢があるからだから。
玉袋　いや〜、凄い人生だよ。尺が足りねえよ。
曙　あのう、すいません。まるで人生が終わったかのような感じなんですけど（笑）。
玉袋　いやいや、まだまだ！
曙　俺はまだまだこれからだから。そして50歳になったら、政治家になるから（笑）。
玉袋　ワハハハハ！　でも、横綱に日本を変えてもらいてえや。
曙　党を作りますよ。
玉袋　何党にしよう？
曙　肥満党！　公約は電車に女性専用車両があるんだから、デブ専用も作る。ついでに車内温度は16℃。
ガンツ　デブに優しい世の中に（笑）。
曙　ねえ？　年寄りにシルバーシートがあるんだから、デブシートもないと。
ガンツ　デブはあんな小さいイスに座れないだろうって（笑）。
曙　肥満党たち、集まれ！
玉袋　もう〝曙総理〟って呼びてえよな（笑）。日本の水にホント合ってくれたんでしょうね。横綱、改めて日本ってどうですか？
曙　大好きですよ。
玉袋　ああ！　嬉しいね。
曙　だから、若い日本人をもっと日本が大好きなようにしたいですね。
玉袋　戻したいですよね。いや〜、いまの日本に足りねえところが全部横綱にはあるな。やっぱり厳しい世界を生き抜いてきた人じゃなきゃ言えないね。
曙　でもね、みんな厳しい世界って言いますけど、ボクは一度も厳しい世界だと思ったことないですよ。
玉袋　ええっ!?　あの激しい稽古でも！
曙　修行するんだから、当たり前としか思ってない。いまの若い人は選択肢が多すぎるんですよ。ほかと比較するから、厳しいって思っちゃう。先生が厳しい、親が厳しいとか。それは本人の受け止め方なんですよ。当たり前だと思えば当たり前なんですよ。
玉袋　師匠や先輩が厳しいなんて当たり前だと思うから耐えられたと。いや、これね、もう毎月、党首にゲストで来てもらって、語ってもらいてえよ。憂いてもらわないと、日本を！
曙　じゃあ、来月は何を喋ろうかな（笑）。
ガンツ　連載になれば、毎月アケボノステーキが食べられていいですよね（笑）。
玉袋　俺なんか家も近いんだから。これはちょくちょく通わないと。じゃあ、曙さん。最後にぶっちゃけ話をファンサービスで聞きたいんですけど。これまで一番ムカついた力士とか、格闘家、レスラーは誰ですか？（笑）。
曙　いや、いまはべつにそうじゃないんですけど、一番嫌いだったのは高見盛ですね。
玉袋　へえ！　でも、高見盛は曙さんが引退する頃に入ってきたから、すれ違いじゃないんですか？
曙　まあ、高見盛が入ってくるまでは東関部屋＝曙だったじゃない？
椎名　なるほど、部屋一番の人気者の座を脅かして（笑）。

曙　学生からワイワイ騒がれて入ってきたじゃないですか？　しかも、入ってきていきなり幕下とかで。

玉袋　学生相撲でいい成績残してたんですよね。

曙　それまで親方は「学生いらねえ！」って言ってたのに、俺がケガしているあいだに学生が入ってきちゃって。また、学生は稽古の仕方も違うんですよ。

椎名　どう違うんですか？

曙　ボクは横綱じゃないですか？　ボクらが育てられた時代は、横綱とか大関が胸を出したら、頭からバーンとぶちかまして、精一杯押していくんですよ。だから、最初に彼と稽古したときに胸を出したんですよ。で、俺はケガ上がりで、ヒザとかも悪かったんですけど、まわし獲りに来たんですよ。

玉袋　はあ！

曙　「このクソガキ！　誰のまわしに触ってんだ！」って、投げ飛ばして蹴飛ばしたんですよ。

玉袋　蹴飛ばした！　ヤッター！（笑）。

曙　そうしたら、親方が「お〜い！」って血相変えて立ち上がって。俺は高見盛が怒られてんのかと思ったら、俺が怒られてる。

玉袋　ウワッハハハ！　ふざけんなって（笑）。カトちゃん（高見盛のニックネーム）らしいね。

曙　「なんで俺がこんなクソ学生のために怒られなきゃいけねえんだ」って思ってましたよ（笑）。だから、学生はいろんなことが違って、慣れるまではダメでしたね。

玉袋　おもしれえな〜。じゃあ、ついでにもう一つ聞いちゃいますけど、花田家の崩壊についてはどう思われますか？

ガンツ　この際だから聞いちゃう（笑）。

曙　う〜ん、それはまったくわからないですね。全日本の白石（オーナー）とかと同じで、まったくわからない（笑）。

玉袋　まさか、あのファミリーがあんなふうになっちゃうなんてねえ。でも、虎上さんと貴乃花さんが罵り合ってたじゃないですか？　あれはどう見ていたんですか?

曙　……。

玉袋　あ、寝たふりしちゃったよ(笑)。

曙　家のことはわからないけど、もういいでしょう、どっちかが折れて謝らないと。ボクの場合、日本に来てがんばってきて、それが親孝行だと思ってたんですけど。最終的には、やっぱり死に顔を見るのが一番の親孝行だと思うんですよね。そういうことが起きる前に兄弟でいるべきなんだよな。自分がいままで経験してきて、両方亡くしているんで。

玉袋　そうですよね。そうだ！　一番日本人的なことを聞いたよ。

曙　だからね、さっきも話したんですけど、日本人、ハワイ人じゃないんですよね。「人間」ですよ。ただ、海があって分かれてるだけなんで。日本ってボクらにとっても同じ島国だし、いつも感動しているのは、ハワイとかも島々を合わせたら、たぶん日本と同じぐらいの大きさじゃないですか？　でも、ハワイと違って日本は、こんなに小さい島国なのに、日本語っていう言葉も残っているし、日本人っていうアイデンティティも残っているし、そのへんを若い人には大事にしてほしいですね。ハワイみたいになってからではもう遅いですよ。戻そうとするのは。

玉袋　いや〜、いい話だ。政界進出の次は、曙学校を作ってほしいな。人間学校だよ。

曙　いえいえ、おとなしくしたいですよ。

玉袋　いや、ほっとかないよ！　ほっとかない、ほっとかない！

曙　じゃあ、今度は酒があるときにぜひ(笑)。

玉袋　そうですね。今日は横綱、クルマで来ちゃったから、俺たちだけじゃんじゃんビール飲んじゃったんで。次は横綱もお酒ありでやりましょう！

曙　底なしで飲むからね、付き合ってもらわないと(笑)。

玉袋　うわっ、酒のぶつかり稽古だ。ごっつぁんです！

ミスター女子プロレス

神取忍

神取忍（かんどり・しのぶ）

1964年10月30日、神奈川県横浜市出身。LLPW-X代表。15歳より柔道を始め、全日本選抜柔道体重別選手権3連覇、世界柔道選手権大会3位など、輝かしい実績を残す。1986年、ジャパン女子プロレスに入団。フリー時代を経て、1992年にはLLPW（現・LLPW-X）の旗揚げに参加、同団体のエースとして活躍。女子プロレス団体対抗戦時代には、北斗晶と伝説級の名勝負を残す。2006年より参議院議員を務めるが、2010年の参議院選挙落選を機に、LLPW-Xの代表に就任した。

ガンツ　玉ちゃん、ボクらの憧れの男たちに多数登場してもらっている取調室ですけど、今回もそれにふさわしい方に登場していただきました！
玉袋　歴代ゲストに劣らない〝ミスター〟だよな（笑）。
椎名　今回は「男」というか、「漢」のほうだから（笑）。
玉袋　さんずいのほうね。漢のなかの漢、出てこいや～～！
神取　ちょっと！　いきなり最初から、男、男ってなんだよ！（笑）。
ガンツ　真打ち登場ということで（笑）。
玉袋　カッコいいよな～。また、いい場所に道場（※225 LLPW-X BANK）もあって。
神取　とりあえず駅前だからね。都電（向原駅）だけど（笑）。
玉袋　都電降りて10秒だもん。一等地だよ！
神取　とりあえず山手線内だからね。大塚だけど、それを言わなければ（笑）。
玉袋　このあいだ、ちょうど『アド街ック天国』で大塚特集やってたからね。いま話題のスポットだよ！
神取　あ、そうなの？　へえ！
椎名　味があって驚きますね。
神取　昭和でしょ？
玉袋　昭和！　町並みがいい感じなんだよ。
神取　だって、隣のラーメン屋の子どもが、目の前の道路で縄跳びやってるもん。
椎名　道ばたで子どもが縄跳びやってるって、いいですね～（笑）。
玉袋　また、隣のラーメン屋もいい感じなんだよ。ホントに街の中華屋だよな。ビール頼むとよ、小皿のメンマが出てきそうな。
ガンツ　帰りに寄りたいですね（笑）。
玉袋　おう、寄っていこう。一杯やるのにもいい場所だよ。
椎名　神取さん、いまはここは何人でやってるんですか？

神取　6人かな？

玉袋　ほうほう。道場には若い子もいてビックリしたんだけど、子ども預かってるんですか？（笑）。

神取　子どもは預かってないよ（笑）。井上貴子がプロデュースしているアイドルレスラーだから。

玉袋　へえ、アイドルレスラーなんだ。

神取　ブリバト※226来てみ！　はい、自己紹介。

SAKI　LLPW-X、ブリバトのSAKIです。よろしくお願いします。

玉袋　ああ、よろしくお願いします。

MIZUKI　ブリバトのMIZUKIです。よろしくお願いします。

玉袋　また、神取さんと全然テイストが違うというね。

椎名　男らしさ皆無で（笑）。

神取　いろいろ幅広くやったほうがいいからね。

玉袋　でも、神取さん自身はレスラー生活何年になるんですか？

神取　え〜と、来年が30周年。

玉袋　おお、凄え！　もう30年か〜。

神取　でも、〝数え〟で30年なんだけどね。もしかしたら、29年かもしれない（笑）。

玉袋　30周年っつったら大きな区切りだけど、ずいぶん大まかな（笑）。

椎名　だいたい30年（笑）。

玉袋　メモリアルがアバウトっていうのが、また神取さんらしくていいね〜。

ガンツ　でも、藤波辰爾さんもデビュー40周年を1年間ずっとやってましたからね。興行やるたびに40周年興行っていう（笑）。

神取　あ、そうなんだ。それいいね！（笑）。

玉袋　もうメモリアルツアーにしちゃおう！　前厄・本厄・後厄みたいに、3年ぐらいやっちゃえばいいんだから！

神取　ガハハハハ！　30周年はおめでたいことなん

だから、厄年にしないでよ！（笑）。

食わず嫌いだったプロレス

ガンツ　でも、神取さんがこんなにしっかりプロレス界に根を張って、長くやるとは思いませんでしたね。

玉袋　そうだよな。さっと線引きしちゃうようなタイプかなと思ったんですけど。

神取　そうなんだよね。デビューして1年で会社（**ジャパン女子プロレス**）[※227]を辞めちゃったわりには、続いちゃったんだよね。

玉袋　全女という老舗団体ではなく、新しい団体に飛び込んじゃったわけでしょ？

椎名　ジャパン女子って、秋元康プロデュースなんですよね？

神取　最初はそうだよね。**キューティー鈴木**[※228]とか、**尾崎魔弓**[※229]とかは秋元さんが名前つけたんだから。

玉袋　**ダイナマイト関西**[※230]が「ミスA」だったりね。

椎名　忘れてほしい過去（笑）。

ガンツ　ジャパン女子プロレスって、おニャン子クラブブームと、女子プロレスブームに乗ってできた団体ですからね。

玉袋　その〝女子プロ版おニャン子〟に、神取さんが入っちゃうというのがいいよ！

神取　なんか入っちゃったんだよ（笑）。

椎名　アイドルになりたかったんですか？（笑）。

神取　いやいや、そんなわけない（笑）。

玉袋　女子プロレスのファンだったってわけでもないんですよね？

神取　いや全然。

玉袋　世代的に**ビューティ・ペア**[※231]にハマりそうなもんだけどな。

神取　あの頃だと、ビューティ・ペアとピンク・レディーが人気だったけど、どっちかというとピンク・レディー好きみたいな。

玉袋　全然、眼中になかったんだ。

神取　だから、そのあと**クラッシュギャルズ**[※232]が出てきて、**ダンプ松本**[※233]と抗争してたけど、ちょうど柔道やってたから、「なんで技受けてんの？」みたいな（笑）。

ガンツ　勝負の世界に生きてる者からすると、「何やってんだ、あいつら？」って（笑）。

神取　そうそう（笑）。周りは女子プロ好きがたくさんいたけど、私はまったく興味がなかった。

ガンツ　でも、なんでそんなプロレス嫌いの神取さんが女子プロレスラーになろうと思ったんですか？

神取　プロレス嫌いっていうか、〝食わず嫌い〟だったんだよね。だから、自分では「絶対にプロレスラーになんかならない」と思ってるんだけど、こんな性格だから、周りは昔から「プロレスやったほうがいい」って（笑）。

椎名　ほかの人からしたら、飼いならせる人がいないからってことだよね（笑）。

玉袋　檻のなかに入れろと（笑）。

椎名　このまま、放し飼いはマズいからって（笑）。

神取　でも、当時って身体が大きいと、それだけで「プロレスやれよ」っていう流れもあったから。また、柔道家が競技を引退したあとの進路っていうと、警官とか学校の先生とかが多いんだけど、自分の性格からして「そういうのは無理」って。

玉袋　神取さんが先生だったら、もうドラマ化決定だよ！

椎名　生徒の心を折る先生（笑）。

神取　だから、そういうのは無理だったから、柔道辞めたとしても就職先がなかなか考えつかなかったんだよね。

ガンツ　でも、なんで柔道を辞めようと思ったんですか？　まだ、それほど年齢がいってたわけじゃないですよね？

神取　辞めたのは21歳。

玉袋　まだまだこれからだよ！

神取　私が柔道辞めたのは、85年の大会だったんだけど、次のソウル五輪もまだ女子柔道は公開種目だったの。

玉袋　ああ、まだ正式種目じゃなかったんだ。

神取　だから、あと何年間か頑張ってオリンピックに出たとしても、公開種目じゃメダルのうちに入らない。「だったら、や〜めた」って。

ガンツ　でも当時は世界クラスの成績を残してたわけですから、かなり引き止められたりもしたんじゃないですか？

神取　いや、私は柔道も町道場でずっときてたから、柔道界にありがちな、しがらみってもんがなかったんだよね。実業団に入るわけでもないし、大学に入るわけでもなかったから。

ガンツ　それで全日本体重別3連覇、世界選手権3位だったんですね（笑）。

玉袋　夢があるね〜！

神取　だから、柔道界からすると、嫌なヤツなのよ（笑）。柔道自体、足掛け6年しかやってないし。

玉袋　ええっ⁉　たった6年？

神取　中学3年から始めて、21歳までだから。

玉袋　その前は何やってたんですか？

神取　陸上とか、帰宅部とか。

椎名　帰宅部が町道場に入って世界3位って、とんでもないですね（笑）。

玉袋　とんでもねえよ〜。町道場じゃ、補助金なんかねえし、スポンサーがついてるわけでもないし。

神取　そう、月謝払ってたから（笑）。

玉袋　偉いよ！

神取　でも、月謝払ってるから、逆に休んでも文句言われなくてよかったのよ（笑）。

玉袋　マイペースでできたと。

神取　そう。ある意味、合ってたなって。これが大学に行って、朝から晩まで柔道ってなると、性格的に無理っていう。町道場だったら、月謝払っているから休んでも怒られない。

ガンツ　じゃあ、柔道部ですらなかったんですね。
神取　ないないないない！　だって、女子高だもん。
玉袋　ダハハハハ！　神取忍が女子校に通ってた！衝撃の事実だよ（笑）。
神取　なんで！　普通に女子校だよ？（笑）。
ガンツ　じゃあ、もしかしたら、スカート穿いてたんですか⁉（笑）。
神取　そりゃそうだよ！　制服だもん。
椎名　マジっスか！　柔道着じゃないんですか⁉（笑）。
神取　ハッハッハ！　バカじゃないの！（笑）。
玉袋　でも、神取さんの制服姿、秘蔵写真があったら見たいね～。公開したら、衝撃が走るよ！（笑）。
神取　まあだから、そんな感じでずっと町道場で柔道やってたから、なんのしがらみもなく「自分はこの大会で辞める」って勝手に決めてね。そのあとは、スポーツジムのインストラクターになろうと思ったの。でも、前から「おまえはプロレスやったほうがいい」って言ってたメンバーが、「今度、ジャッキー※234（佐藤）さんが新団体を作るから」って、勝手に履歴書送っちゃって。
椎名　アイドルの王道パターンじゃないですか（笑）。ほっとけないんですよ、周りが。
玉袋　アイドルの場合は、かわいいからほっとかなくて、神取さんの場合はプロレスだったんだ。

新日本道場で練習

神取　そしたら、ジャパン女子から「一度会ってくれ」って連絡が来て。最初は「何それ？　プロレスなんか嫌だし」って言ってたんだけど、とりあえずヒマだし、話だけ聞いてみようと思って行ってみたの。そうしたら、その社長が「プロレスは税金対策が大変なんだよね」って言うの。「なんだろう、税金対策って。儲かるのかな？」って思ったんだけど、社会に出てないからわからないじゃん。「へえ、そういうことがあるんだ。じゃあ、やってみよう」って。

椎名　なんだか知らないけど、儲かりそうだから(笑)。

ガンツ　当時はクラッシュギャルズブームの真っ只中だし、さらに日本の景気もバブル直前でガーッと上がってる頃ですから、その社長も女子プロレスやったら、相当儲かると思ったんでしょうね。

玉袋　そうだよ、あの時期だったよな。俺なんかも、たけし軍団に入ったばかりで、ジャパン女子の道場に『スーパージョッキー』の「ガンバルマン」で行ってんだから！

神取　ああ、そうなんだ！

玉袋　周りはバブルで浮かれてるのに、こっちはあぶくの如くカネが一番ねえ頃で(笑)。ちょうど『フライデー』の事件があったあとだから、居残り隊だったラッシャー(板前)さんと、(つまみ)枝豆さんと俺たちが急きょ駆り出されて、道場にお邪魔した覚えがあるよ。キューちゃん(キューティ鈴木)に技かけられたりしたんだよな。

神取　へえ！

ガンツ　だから時期的に、ジャパン女子って、最初は凄いバブリーな感じがしましたよね。

神取　バブリーだったよね。だから旗揚げ戦なんか少女隊とか本田美奈子が来て、アントニオ猪木さんが来てっていう。

椎名　猪木さんもゲストだったんですか？

神取　そう。ド派手で凄かったんだよ。

ガンツ　新日本と交流っていうか、協力関係があったんですよね。コーチも亡くなった山本小鉄さんがやって。

神取　そうそう。だから、最初は新日本さんの道場まで練習に行ってたの。

玉袋　新日イズムも入ってるんだよな～。

椎名　じゃあ、プロレスの師匠は小鉄さんなんですか？

神取　そう。だから、全女（**全日本女子プロレス**）[※235]のレスラーとは組手が違うの。

玉袋　ああ、そっか。女子は男とは組み方が左右逆なんだよな。

ガンツ　だから、一時代を築いたジャッキーさんも直されたんですよね？

神取　直されてたね。

玉袋　ジャッキーさんも全女スタイルを捨てて、新団体で新日スタイルでイチからやったんだ。それも偉えな。

神取　小鉄さんが「レスリングの基本はこうだ」って言ってね。

椎名　練習も新日道場スタイルで厳しかったんですか？

神取　厳しかったね～。

ガンツ　神取さんは新日のレスラーとスパーリングをさせられたんですよね？（笑）。

神取　バッチバチやられたよ（笑）。

玉袋　乱暴だよなぁ（笑）。

ガンツ　なぜか女子なのに、ひとりだけ新日道場の洗礼を受けているという（笑）。

神取　そうなの。ほかの女子はなんも受けてないのに、「なんで私だけ？」って（笑）。

椎名　あ、そうなんですね、やっぱり。

神取　なにが「やっぱり」なんだよ（笑）。

玉袋　できるって思われたんだろうね。

神取　こっちも普通に応戦してたら、何かシャクにさわったみたいで、ガツンガツンやられた（笑）。顔張られたり。

玉袋　ひっでえな。

ガンツ　誰がやったんですかね？

神取　それは憶えてないんだけどね。プロレスラーの名前って、全然知らなかったから。

玉袋　でも、柔道の世界から飛び込んで来たら、プロレスに馴染むまでけっこう時間かかったんじゃないですか？

神取　いや、全然。私は「これはこれ」みたいな感じなんで、柔道は全然引きずってなかったから。

ガンツ　だから、デビュー戦がいきなり旗揚げ戦のメインイベントで、ジャッキー佐藤さん相手にいい試合やっちゃうんですよね。

神取　やっちゃうんだよ（笑）。

玉袋　凄えな。デビュー戦がメインで、いきなりいい試合って。**北尾**[※236]**（光司）**のデビュー戦なんか、しょっぱかったからな〜！

神取　ハッハッハ！

玉袋　そのデビュー戦の相手でもあった、ジャッキーさんはどんな方でしたか？

神取　ジャッキーさんはなんだろう？　凄くプロレスを愛している人だよね。

ガンツ　女子プロレスを初めて、みんなが憧れる世界にした人ですからね。

神取　そう。で、やっぱり最後がああいうカタチで終わったから、自分のなかで凄く悔いが残ってる。

玉袋　ああ、やっぱり悔いは残ってますか。

神取　うん。最後が**セメントマッチと言われる試合**[※237]で、あれはお互い合意の上だったんだけど、結果的にジャッキーさんはそのままプロレス界を去っていくようなカタチになってしまったんで。いつか「ごめんなさい」って言わなきゃいけないなって思ってたんだけど、そのまま逝ってしまって……凄く悔いが残ってるんですよね。

玉袋　だろうな。後味悪いまま、和解する機会が永久に失われてしまったというね。

神取　そうなのよ。ジャッキーさんは、プロレスに対して凄く情熱があって、もう一度自分で立て直したいって夢があった人だったから。

ジャッキー佐藤との衝突

ガンツ　神取さんとの衝突も、熱心がゆえに意見の対立があったということだったんですか？

神取　うん。やっぱり、どの世界でもそうなんだけど、その世界では常識なんだろうけど、外から見たら凄く非常識だよねっていう。特にうちらはプロレスが大好きで入ってきたわけじゃないから、凄く納得いかない部分ってあったんだよね。

椎名　特殊な世界ですからね。

神取　例えば、プロレスにおいてケガをしたら、うちらから見たらそれはもう公傷でしょうと。遊んでいるわけじゃないんだから。

玉袋　うん、公傷だよな。

神取　だけど、女子プロレスの慣例として、試合でケガをしようが何しようが、それは自分の責任だからっていう話になって。「それは違うでしょ！」っていう部分で対立してたの。

玉袋　へえ！

ガンツ　それはプロレス界の非常識というか、全女の非常識ですよね（笑）。

玉袋　そうだよ！　**松永一族**[※238]が決めた非常識だよ（笑）。ジャッキーさんは、それで育ってきちゃったから。

神取　だから、ケガは仕方ないから、自分で治しながら試合に出ろよって。でも、それは違うでしょって。みんな身体張って、身体が資本でやってるわけで、遊んでるわけじゃないんだから、それは会社が公傷として扱わなきゃダメだろうって。でも、ジャッキーさんは立場的に、選手側というより会社との間に入っちゃうところがあって。

ガンツ　ああ。ジャパン女子は、ジャッキーさんをエースとして担いでできた団体だから、どっちかというと経営者側になっちゃったわけですね。

玉袋　で、神取さんは選手側だ。

神取　そうやってギクシャクしてるなかで、私は左目をケガしてたんだけど。偶然なのか、狙ってたのか、ジャッキーさんのラリアットが目に入ったの。

玉袋　うわ〜！

神取　そんなのがちょっとあったりして。「そういうことしちゃダメだよね？　それなら、ちゃんと最初からそのつもりで決めて、決着つけよう」みたいなことになったんだよね。
ガンツ　要は、ちゃんとラリアットを受けようとしてるのに目に入れてくるようなことをするなら、最初から受けとかなしでやろう、と。
神取　そう。当時は売られたケンカは何でも買うみたいなところがあったから。でも、最後までジャッキーさんの真意がわからないまま結末を迎えちゃったので、悔いが残ってるんだよね。
ガンツ　ちょっとしたボタンの掛け違いだったかもしれませんからね。
玉袋　そういうことってあるんだよな。でも、あのジャッキー佐藤をシュートで潰したってあたりから、「神取忍っていうのはやっぱすげえぞ」ってなったよな。
神取　「あいつ嫌だよ」って（笑）。
玉袋　少なくとも、観てるこっち側からしたら「とんでもねえ凄玉だぞ、おい」って。
ガンツ　デビュー前から「ダンプは片手で10秒」とか言ってましたけど、その発言がまったくハッタリに聞こえなくなって（笑）。
玉袋　谷津さんの「目ぇつぶって30秒！」どころじゃねえもんな。
神取　それで、いつの間にかヒールみたいな（笑）。
玉袋　また神取さん自身はリップサービスのつもりでも、実力に裏打ちされているから、「こりゃリップサービスじゃねえぞ、ホントにやべえぞ」っていう、神取幻想がバーッと大きくなったよな。
ガンツ　しかも、ジャッキーさんってホントの実力者として知られていた人ですからね。そのジャッキーさんが、ああいうふうに一方的に潰されたとなったら、「とんでもなく手に負えないヤツがいるぞ」ってなりますよね。
椎名　写真で見るだけで、強そうだしね（笑）。
玉袋　それでプロレス業界で煙たいぞっていう話に

なっちゃったりするじゃないですか？

神取　うん。だから、女子プロにいる自体が反則みたいな。

ガンツ　存在自体が反則（笑）。

玉袋　幻想が広がるよな。実際そうだったんだから、凄えよ。

神取　それで〝ミスター女子プロレス〟なんて、ナンちゃん（**南原清隆**）[※239]がつけてくれて。そっから余計に「おまえは男女どっちだ」みたいになっちゃって（笑）。

椎名　キャッチーだしね（笑）。一瞬納得しちゃう。

玉袋　名コピーだね。『ヒルナンデス！』よりずいぶんいいよ。〝ミスター女子プロレス〟は。

ガンツ　〝女子プロレス最強の男〟っていうのもよかったですよね（笑）。

神取　なんか、そういう呼び名になっちゃうんだよね（笑）。

幻に終わった長与戦

ガンツ　あのジャッキーさんとの試合のあと、**長与**[※240]**千種**戦の話が持ち上がるんですよね？

神取　うん。ジャッキーさんとのああいう試合があったあとがちょっと大変で、いろいろあったので、アメリカに逃げちゃったのよ。で、私はもう「や〜めた」っていう感じになってたんだけど、作家の**井田**[※241]（**真木子**）さんがなんだかんだで電話くれて、いろいろ言ってくれたの。

ガンツ　『プロレス少女伝説』を書いた井田真木子さんが。

玉袋　あれ、大宅賞獲ったんだよな。名著だよ！

神取　帰国したあとも、井田さんが『デラックスプロレス』っていう雑誌でずっと取り上げてくれて、うまく引き止めてくれたの。だから、井田さんがいなかったら、私はとっくに辞めてたと思う。

玉袋　いや、いい話だよ！

神取　で、井田さんとの話のなかで、「女子プロレスは対抗戦をやらないと、このまま廃れていく」みたいな話になって。それで、長与千種戦っていうのが、持ち上がったんだよね。

ガンツ　女子プロレス界のスーパースターである長与千種と、神取忍の一戦だったら、超刺激的なビッグカードですよね。ある意味、**髙田延彦**※242 vs北尾光司的な。

玉袋　最高だよ！　神取さんを北尾扱いしていいのかって話もあるけどな（笑）。

椎名　空拳道（笑）。

神取　で、私なんかもともとプロレス業界の人間じゃないから、普通に考えたら、「全日本女子っていう盛り上がってる団体があるんだから、新しい団体はそこに乗っかって対抗戦でやればいいじゃん」って思うわけ。でも、「冗談じゃない」と。「対抗戦をやるんじゃなくて、うちはもっとしっかりと作りあげていかなきゃいけない。対抗戦なんかやる必要はない」って言われたの。
ガンツ　ジャパン女子の上の人に反対されたわけですか。
神取　そう。「そんなことはない。やろうよ」って、それでもずっと言ってたんだけどね。
ガンツ　長与さんも神取さんとやりたがってたんですよね？
神取　そうなんだよね。でも、上に反対されて。
玉袋　へえ！
神取　だから、こっちからしたら、ジャッキーさんの件もあったんで、「じゃあ、いいや。フリーになって、全女に行く」って言ったんだけど、そうなると大人の社会で契約が残ってるだとか、ああでもないこうでもないって話になって。全女のほうも「契約が残ってる以上は面倒を見られない」って、そういうのがグチャグチャしていて、結局なくなっちゃったんだよね。
ガンツ　でも、1回神取さんは全女の会場に行ってるんですよね？
神取　行ってる。
ガンツ　大田区体育館かどっかで、「やってやるぞ！」っていうマイクアピールまではいってるんですよね。
玉袋　いってるんだ！
神取　で、そうなったら、契約書を出されてしまったっていう（苦笑）。
玉袋　ああ……。
神取　大人の事情（笑）。
玉袋　でも、たられればじゃねえけど、その大人の事情がクリアできていれば、神取vs長与っていうのは、大変な盛り上がりになったんじゃねえの？
ガンツ　でしょうね。
椎名　もったいないね。みんなで儲けりゃよかったのに。
神取　ホントだよねぇ（笑）。
玉袋　全国ツアーで回ればよかったんだよ。そうすりゃ、松永会長ももう少し長生きできたかもしれねえのに。

椎名　もう少しね（笑）。

玉袋　そのカネは、あっという間にクルーザーに化けてる可能性もあるけどな（笑）。

ガンツ　ジャパン女子だって続いてたと思うんですよ。

椎名　経営ヤバいんだから、意地張ってる場合じゃねえぞって（笑）。

対抗戦の幕開け

玉袋　その後、ジャパン女子がＬＬＰＷ[※243]、ＪＷＰ[※244]に分かれて多団体時代に入っていくわけだけどさ。そんときも「対抗戦は禁断の果実」みたいに言われていた部分はあったけど、やっぱりやってみたら大成功だったからね。

神取　うん。だから、やっときゃよかったのにね（笑）。

ガンツ　でも、あの女子プロレスの対抗戦時代。オ[※245]ールスターで揃ったときも、やっぱりキーになってたのは、ＬＬＰＷというか、神取さんでしたよね。あの対抗戦って、当初はオールスターじゃなくて、全女とＪＷＰだけでやろうとしてたんですよね。神取忍の存在は「混ぜるな危険」って感じで黙殺して（笑）。

神取　ハッハッハッハ！

玉袋　でも、そこは混ぜなきゃダメだろ？

ガンツ　だから横浜アリーナでやるなら、ＬＬＰＷも入れて、オールスターでやらなきゃダメだってことで、やることになったんですよね。でも、全女と神取というのも混ぜちゃいけないし、ＬＬＰＷとＪＷＰも相容れない空気があったんですよね。

玉袋　よく混ざったな、いま思うと（笑）。

神取　ねえ！（笑）。

ガンツ　だから横浜アリーナでやった女子プロレス

オールスター戦では、神取さんの相手が**北斗晶**[※246]ってなりましたけど。あれは神取さんが一番混ぜちゃいけない危険人物だから、主流から外れてた北斗をあてがったんだと思うんですよ、きっと（笑）。

神取　そうだよね（笑）。

ガンツ　やっぱり、そう思います？　松永一族的にも、**ブル**[※247]**（中野）**、**アジャ**[※248]**（・コング）**、**豊田**[※249]**（真奈美）**あたりが傷ついたら商売に響くけど、北斗だったら、どうなってもいいや、みたいな（笑）。

玉袋　お酢の力にカビキラー混ぜちゃったようなもんだからな。あれは混ぜちゃいけねえんだよ、モワーンと硫化水素が出てきちゃって。でも、あれやったことで、一番盛り上がったんじゃねえかな？　たまらねえ試合だったよ。

ガンツ　あのとき、例によって全女の進行がめちゃくちゃで、セミファイナルだった**神取vs北斗戦**[※250]は夜11時すぎにスタートでしたけど、そんな夜遅くなのに、みんな客は帰宅できない覚悟で観てましたからね。

玉袋　あれ観ねえで帰れねえよ！

ガンツ　それで、あの試合の興奮が凄過ぎて、メインイベントの山田敏代&豊田真奈美vs工藤めぐみ&コンバット豊田は、客がうんともすんとも言わなかったという（笑）。

神取　そうだったらしいね（笑）。

玉袋　神取vs北斗のときは誰も帰らなかったのに、メインになったら「もう早く帰ろう。電車ねえよ」って感じになってたからな。

ガンツ　「今日は帰らない」って覚悟決めた客は、試合そっちのけで、0時をまたぐ瞬間に「5、4、3、2、1」ってカウントダウンし始めちゃったり（笑）。

玉袋　自然発生のカウントダウンね。セミであんな凄え試合やられたら、メインはたまったもんじゃねえよな。でも、あの日は時間押しちゃって、帰れなくなったヤツもたくさんいただろうけど、プロレスファンとしては、みんなで歴史的な一夜を共有できたビッグイベントだったよな。
ガンツ　素晴らしい思い出ですよね。
神取　でも、イベントが日をまたいじゃうって、いかに計画性がないかってことだよね（笑）。
玉袋　もちろん！　あの松永兄弟っていうのは、お金だけじゃなく、時間までどんぶり勘定なんだよ！
神取「延長料金、いくら払ったんだよ⁉」っていう（笑）。
ガンツ　横浜アリーナに延長料金を払い、警察、消防、鉄道会社に始末書提出みたいな（笑）。
椎名　マジで⁉
ガンツ　だって深夜12時半くらいに、1万5000人が街に放たれるわけですからね。
玉袋　興奮状態のプロレスファンが真夜中に放たれるんだから、あぶねえぞ！
ガンツ　終電もなくなってたから、あの日、新横浜周辺で大量に自転車が盗まれたらしいですからね（笑）。
椎名　プロレスファン、どうしようもないね（笑）。
ガンツ　当時の新横浜周辺は深夜やってる居酒屋も少なくて、朝まで時間を潰せる場所すらなかったんですよ。
玉袋　ラブホぐらいしかなかったからな。俺はたまたまクルマで来てたから、クルマで帰れたんだけどさ。
ガンツ　だから、行き場を失ったプロレスファンが、当時新横浜にあったSWS道場の前に集まり出して、そこでプロレス談義をしながら夜を明かしたという（笑）。
玉袋　変態だよ（笑）。でも、いい話！
神取　いい話だね（笑）。
玉袋　どうせ、ガンツはそこにいたんだろ？　それで、いまでもこんな仕事やってんだから、どうしようもねえ変態だよ。言ったら、帰宅難民者第1号だもんな。
神取　へえ、そんなことがあったんだ（笑）。

北斗との因縁

玉袋　じゃあ、神取さんにその北斗戦を振り返っていただきたいんですけど、どうでしたかね？　混ぜるな危険が混ざったときの感想っていうのは。

神取　やっぱり、ゾクゾクしたよね。ああいう「団体のメンツを懸けて」とか「看板を懸けて」っていう試合になるとさ。

玉袋　いちいちカッコいいよな。ヤベえ試合になればなるほどゾクゾクするっていうね、やっぱり凄玉だよ！

神取　あと自分にとって対抗戦っていうのは「やりたい試合」じゃなくて、「やらなきゃいけない試合」だったんだよね。長与のときにできなかったというのがあるからさ、やって周りに「ざまあみろ」って言いたいところもあるじゃん？

ガンツ　やればこんなに盛り上げることができるんだと。「対抗戦をやりたい」って言った自分は正しかっただろ？　という。

神取　そうだね。

玉袋　カッケーな～！

神取　だから、そういう感じで試合をして、盛り上がって。試合の結果は負けたっていうのはあるんだけど、それはそれで次に繋がってるから。そこがプロレスのおもしろいところでね。

玉袋　いや、神取さんが北斗に負けたことで、凄えドラマになったんだよ。

神取　１回の勝った負けたで終わらないよっていうところがあるからね。

ガンツ　じゃあ、神取さんは柔道界という本当の勝負の世界に生きてきていながら、プロレスというビジネスになると、この一敗が次に繋がるっていう頭があったんですね。

神取　それは、柔道の世界で生きてきたからこそ、逆にそう考えられたんじゃないかな。柔道時代は、ホントに「この大会で絶対に優勝する」とか、勝利だけを目指していた。でも、プロレスのビジネスという部分では関係ない話じゃん？　ビジネスで考えたら、試合が盛り上がって、また次に繋がることが一番いいんだから。

ガンツ　勝負の世界にいたからこそ、逆にプロレスの本質がわかっているというか。あの頃の女子選手って、女子プロの世界がすべてだから、とにかく「負けたくない、負けたくない」っていう思いが強かったですもんね。

玉袋　そうだよな。まあ、それが出てる試合もおもしろいはおもしろいんだけどね。

ガンツ　でも、神取さんはそれを超越したところで試合をしていたからこそ、北斗戦というのは、あれだけ記憶に残る試合になったわけで。

神取　だからさ、みんな「最強だ、最強だ」って言ってくれるんだけど、意外と負けてんだよね（笑）。

ガンツ　とくに、大一番だとかなり負けてますよね（笑）。

玉袋　そうなんだ。競輪と一緒で「足は速いんだけど、なんであいつG1で勝てねえんだろう？」みてえなことか。

神取　そうそう（笑）。

椎名　実力と結果がなぜか違う（笑）。

ガンツ　だから、試合結果はけっこう負けてるのに、全然弱いイメージがないんですよね。それどころか、負けてるのに、ますます「最強」のイメージがふくらんでいくという（笑）。

玉袋　ファンのほうもわかってんだよな。結果はこうなったけど、「いったって、神取のほうがつええ」って。

ガンツ　ホント、あそこで神取さんが順当に勝ってたら、その後の展開は全然違っていましたからね。北斗晶があんなカリスマみたいになることもなかっただろうし。

椎名　いまみたいにテレビなんか出てないよね。

玉袋　『5時に夢中！』にだって出てねえよ。神取さんが1回負けることで、オールスター戦っていうのが、打ち上げ花火のイベントじゃなく大河ドラマになっていったわけだからな。

ガンツ　あの女子プロレスの対抗戦ブームって、神取vs北斗のストーリーがすべてみたいなところがありましたからね。

玉袋　いろんな試合があったけど、芯はそこなんだよ。

ガンツ　だから、女子プロレス対抗戦のピークは、94年11月の東京ドーム大会みたいに言われますけど、本当のピークは93年12月に両国国技館でやった、神取忍vs北斗晶のリマッチのときだったと思うんですよね。あのときはチケットがホントに完売したんですけど、全女が消防法無視して、通路という通路に立見の客を座らせて、無理矢理詰め込んだんですよ（笑）。

神取　やってくれるね（笑）。

ガンツ　ボクもあのときは朝から並んで、当日券だったんですけど、手書きのチケットでしたからね（笑）。

神取　ええ!?　手書きなの？

椎名　手書きの有価証券（笑）。

玉袋　それ絶対に税金ごまかしてるよ（笑）。

ガンツ　で、会場に入ったら、係の人に誘導されて「ここに座ってください」って通路に座らせられて、そこで観ましたからね（笑）。

玉袋　客のほうも、神取さんと北斗の再戦が観られるなら、通路でも階段でもどこでもいいって感じだったんだろうな。

ガンツ　まさにそうでしたよ。

ブル中野とのベストバウト

玉袋　だからさ、全女にはブル様とアジャの凄まじく激しい試合っていうのもあったけど、神取vs北斗っていうのは、それとはまた違う凄みと激しさがあったよね。

ガンツ　ブル様は対抗戦が本格化する前に、アジャに負けてベルトを明け渡していったんフェードアウトしてたから。対抗戦の前面には立ってなかったんですよね。

神取　金網のてっぺんから、4メートル飛んだのはいつ？

ガンツ　あれは91年の11月だから、横浜アリーナのオールスター戦の1年半くらい前ですね。

神取　ああ、そうなんだ。

玉袋　あの**金網てっぺんからのギロチン**[※251]っていうのは、男子プロレスファンの度肝を抜いたし。女子プロレスの凄みっていうのを見せつけたよな。

神取　あれは凄いよ。

玉袋　やっぱり神取さんから観ても凄かった？

神取　凄かった。だからね、ブル中野っていう選手は、唯一やってみたいと思う選手だったの。

玉袋　ブル中野が唯一！　いいね〜。

神取　あの覚悟は凄いじゃない？

ガンツ　あんな金網のてっぺんからのギロチンドロップなんて誰もやったことないから、ブル様自身「腰の骨が飛び出して、下半身不随になるかもしれないけど、それでもやる」って覚悟だったらしいですからね。

玉袋　とんでもねえ覚悟だよ！

神取　だから「こいつ、凄い！」っていうのがあって、一度やってみたいなっていう選手だったの。

ガンツ　だから神取さんの試合というと、北斗晶戦のことが取り上げられがちですけど、神取さん自身はブル様との試合がベストバウトなんですよね？

神取　そう、ブル中野とのチェーンデスマッチ。あれが自分のベストバウトだね。なぜそう思うかと言うと、やる前から「チェーンデスマッチは絶対に凡戦になる」「名勝負なんて生まれない」って言われていたんだよ。

ガンツ　チェーンデスマッチって、動きが制限されちゃうわけですからね。
玉袋　そうだよ。だから、あんなのあえてやるのは、国際プロレスぐらいのもんだったんだから！
椎名　その国際も、あえなく潰れちゃいましたしね（笑）。
ガンツ　でもなんで、あえてチェーンデスマッチでやろうとしたんですか？
神取　「絶対におもしろくならない」って言われたから、「じゃあ、おもしろくしてやろう」って思って。
玉袋　あえて立ち向かうね〜。
神取　それで、ブル中野は「デスマッチの女王」って言われてるんだったら、「じゃあそのブル中野と、一番難しいチェーンデスマッチでやってやろうじゃないの」って。
玉袋　そのあえていくっていうのが、大事なんだよな。
ガンツ　しかも、東京体育館という大会場借りて。チェーンデスマッチで社運を懸けてしまうという（笑）。
神取　ハッハッハ！　東京体育館も「絶対に満員にならない会場だ」って言われたんだけど、そこもあえて（笑）。
ガンツ　全日本プロレスや新日本プロレスがやっても入らない会場ですからね。
神取　ま、そういう「無謀だ」って言われるようなことをあえてやるのも、ＬＬＰＷらしくていいんじゃない？　って感じで（笑）。
ガンツ　で、その賭けに勝つわけですよね。ファンの予想を遥かに上回る、壮絶な試合になって。
玉袋　壮絶過ぎだよ。あんなに出血して。俺、「赤飯炊け！」って言ったんだから。
神取　ワッハッハッハ！
ガンツ　ボクもこの取材が決まってから、ＹｏｕＴｕｂｅであらためて観直してみたんですけど、色あせない凄さでしたね。

神取　へえ！　YouTubeにあるんだ。

ガンツ　あるんですよ。で、ボクの記憶の中では、凄い試合だったのは憶えていても、結末は忘れてたんですけど、「あ、神取さん負けたんだ」って（笑）。

神取　そう。あの試合も負けてるの（笑）。

玉袋　もう勝ち負けを超越してるんだよな〜。ラストはどうなったんだっけ？

ガンツ　ブル中野が脚にチェーンを巻き付けて、神取さんの後頭部へギロチンドロップです（笑）。

玉袋　また、凄えフィニッシュだな。

神取　それで社運懸けて負けちゃうという（笑）。

玉袋　結果は負けでも、ある意味、勝ちなんだよ。それは神取さんももちろんわかってると思うんだけど。やっぱりそういう試合は、名画座みたいにいろんな機会で再放送したほうがいいな。何度観たって凄えんだもん。

ガンツ　神取さんはあの試合、「やり切った」というような満足感があったわけですか？

神取　やり切ったというか、「チェーンデスマッチでも、これだけのことができるんじゃん」っていう感動があって。「ざまあみろ！」みたいな。

玉袋　やっぱり、「ざまあみろ」があるんだね。負けじ魂が。

神取　だからね、あの試合は、チェーンというハードルをあえて設定したんだよね。それをクリアした上で、ああいう試合ができたから、ベストバウトだなっていう気持ちになれたの。北斗戦というのは通常の試合で、ハードルがないわけだから、そこが違うよね。

ガンツ　北斗戦を「普通の試合」と言っちゃうのも凄いですけどね（笑）。

玉袋　あんなゾクゾクした試合なかったもんな。でも、チェーンデスマッチであえてやってみるっていうのも、プロレスラーとしての意地なんだろうな。漫才師だと小道具使わないでマイク一本であえてやるみたいな、漫談だけで勝負するときに通ずるものがあるよ。
ガンツ　あの試合のあと、ブル中野さんとは、仲よくなったわけですか？
神取　いや、仲よくなったのは、もっとあとだね。彼女がプロレスから離れて、プロゴルファーになるためアメリカに行ったでしょ？　それで、何年か向こうで生活して、こっちに戻ってきてからだよね。あるとき対談をする機会があって、初めてゆっくり話してみたら、プロとしての哲学とか、「プロはこうあるべき」という考えを凄く持ってたから、「やっぱり凄いな」というのがあって。で、引退式をやるっていうので「じゃあ、協力するね」って。そっからだよね。
玉袋　男の友情ですよ。
神取　いや、そこちょっと違う（笑）。
玉袋　じゃあ、炎の友情だね。闘った者同士だからわかりあえる。ファンとしては、そういう話はたまらねえな。

天龍の顔面パンチ

椎名　やっぱり、天龍さんとも男の友情があったから、**あんな凄い試合**[※252]になったんですか？（笑）。
神取　アハハハハ！　いや、だから男同士じゃないから！（笑）。でも、ジャッキーさんの顔を腫らせた自分が、同じように顔腫らすことになって、時代は回ってるんだなって（笑）。
ガンツ　因果応報で、自分がお岩さんになって（笑）。
神取　あそこまで腫れるとある意味怖いものがなくなるね（笑）。
椎名　あれは、自分で鏡見て、びっくりしました？
神取　いや、柔道時代からしょっちゅう殴られてるから、殴られることに恐怖はなかったの。でも、試合中に「痛い！　もう、ごめんなさい」っていう痛みを感じたのは初めて。
玉袋　神取忍でも、初めて感じる痛み！

神取　試合中ってアドレナリンが出てるから、どんな技を受けても、だいたいへっちゃらじゃない？　それこそ足の骨が折れてても走れたりして。それが試合終わって、控室に戻ってから「痛～い」ってなるもんじゃゃない？　でも、あのときは、試合中のリング上なのに、あんなに痛い思いをしたのは初めて（笑）。

玉袋　凄え。神取さんもそうだけど、やっちゃう天龍さんも凄えよな。それがあったから、俺は天龍さんに初めて会ったとき「殴られる」と思っちゃったんだから。俺は天敵のターザン山本！とも仲が良かったりしたからさ、そんなヤツが天龍さんの前に現われたら、絶対に殴られると思ったんだけど、いざ会ったら『5時に夢中！』観てるよ！」って握手求めてくるんだからね。

神取　ハッハッハッハ！

玉袋　でも、やっぱり天龍さんのあのパンチっていうのは痛かったんだ。

神取　痛い。リング上であの痛みを感じたのは初めて。それがしばらく続いたからね。

ガンツ　ボクもあの試合は、会場で取材してたんですけど、天龍さんが押さえつけて、顔面にパンチを落とす音がディファ有明の会場中に冷たく響くんですよ。

椎名　うわ～、生の音が。

神取　あれ、何十発も入れられたからね。

ガンツ　それで会場もシーンとしちゃって、よけいに冷たい音が響くという。

玉袋　それ、もう放送禁止だよ！　地上波じゃ絶対に流せないよ。

神取　あのとき、顔面だけじゃなくて、頭も腫れてたからね。試合後は、かぶってきた帽子が入んないんだもん。頭も腫れてるかみたいな（笑）。

椎名　危ないですね～！　頭じゅう全部たんこぶみたいなもんで。

神取　そうそう（笑）。

ガンツ　でも、天龍さんからすると、男女ミックスドマッチだから、「どうせおちゃらけるんだろう」と客に思われがちなところで、「ナメんなよ」っていうのがあったんでしょうね。
玉袋　お客さんに対しても、全部に対しても。やっぱり凄みがあるよ。
神取　うん。
玉袋　プロだねー！
神取　やっぱり、あそこでおちゃらけて終わっちゃったら、ガッカリじゃない？
玉袋　天龍源一郎の株も神取忍の株も、どっちも下がっちゃうよね。
神取　そうなの。だから、あそこまでやってくれて良かったなって思って。おかげで、初めてあんな痛みを感じたけど（笑）。
玉袋　それができるのは、天龍さんにとっても神取さんしかいなかったんだよ。
ガンツ　ほかの選手だったら、やってないでしょうね（笑）。
玉袋　やらないよ。男同士だから、やったんだよ。
神取　だから、男同士じゃないって！（笑）。
ガンツ　神取さんが藤原組長とスパーリングをやったときも、組長は新弟子いじめるときみたいに、容赦なくグチャグチャにやってましたからね（笑）。
神取　そう！　みんな容赦ないんだよ（笑）。
玉袋　神取さんだけには容赦ない。損な役回りだよ（笑）。
椎名　でも、「あそこまでやったほうがいいんだ」っていう、共通認識ができるのが凄いよね。プロレス頭がいいというか。
ガンツ　あれ、天龍さんのほうから、「今日はガツガツいくからな」みたいな予告はなかったわけですよね？
神取　あのときはね、その前にタッグマッチでやらせてもらったことがあるんだよね。天龍さんと**ウル**[※253]**ティモ・ドラゴン**が組んで、私が亡くなった冬木さんと組んでやる試合が。
椎名　なんか、違和感ないですよね（笑）。
玉袋　一見、普通のタッグマッチというね。
神取　ミックスドタッグマッチだから！（笑）。でも、公式戦で初めてやらせてもらって、その凄さをあらためて知って、「次はシングルでやらせてほしい」って思ったの。それで当時、**風間**[※254]**（ルミ）**が社長だったから、「天龍さんとシングルでやりたいんだ」って言ったら、「じゃあ、かんちゃん直接話してみて」って（笑）。
ガンツ　ダッハハハハ！　直談判してこいと（笑）。
神取　「ええっ⁉」って（笑）。
玉袋　女子レスラーが天龍さんに「一騎打ちやらせてください」って言うのは、勇気いるな〜。
椎名　「おまえ、ケンカ売ってんのか！」ってなりますよね（笑）。
玉袋　売られた天龍さんも、まいっただろうけどね。
神取　で、当時ＷＡＲ[※255]とＬＬＰＷは交流してたから、会場で天龍さん見つけて、「すいません。ちょっと相談があって、じつはシングルでやりたいんですけど」って言ったの。そしたら「ああん？　じゃあ、おまえどうなってもいいのか？」って言われて。
ガンツ　「どうなってもいいのか」！　凄い言葉ですね（笑）。
神取　それで「よろしくお願いします」って言ったんだけど。いま考えると、天龍さん、そのとき予告してたようなもんだよね（笑）。
ガンツ　「どうなってもいいのか？」って確認してるわけですからね（笑）。
神取　で、実際にどうにかなっちゃったという（笑）。
玉袋　でもよ、「どうなってもいいのか？」って、なかなか女の人に言えないよ？
椎名　「俺に惚れると、どうなっても知らねえぞ」みたいな（笑）。
玉袋　そうだよ。「俺についてくると苦労するけど、それでもいいのか？」ってな。いい演歌の世界だよ。

椎名　どアホウ春団治（笑）。

玉袋　ド演歌プロレスだよ！

ガンツ　またＷＡＲとＬＬＰＷっていうのは、男と女の演歌が似合いますよね（笑）。

玉袋　いいんだよな〜、大人のプロレスなんだよ。

ガンツ　だから、当時ボクは20代でしたけど、40歳になったいまになって、ＷＡＲとＬＬＰＷがまた見たくなるというか（笑）。

神取　ほかの女子プロとは違うよね、やっぱりね（笑）。

玉袋　そうなんだよ！　ＬＬＰＷはキャバクラじゃなくて、スナックなんだよね。

神取　ハッハッハッハッハ！

ガンツ　水割りの味がする団体ですよね（笑）。

玉袋　そうそう！　いいママが揃ってたよね。だから、ＬＬＰＷとＷＡＲが交流してたときっていうのは、いいママといいマスターが揃ってたよ！

ガンツ　そしていま、〝スナックＬＬＰＷ〟には、2人の若いフロアレディもいるという（笑）。

神取　ガハハハハ！　ブリバトはフロアレディじゃないから！（笑）。

もうひとつの女子便所説教事件

玉袋　で、どうなんですか、神取さんは若手を教えるというのは？

神取　いや、いまは極力教えてないよね。たまにちょっと口を出すくらいで。基本的に、挨拶ができない云々とか、そういう最低限のこと以外は言わないようにしてる。

玉袋　ああ、そうなんですか。若い子たちは、神取さんの激しい頃の試合は観ているのかな？

神取　知らないんじゃないかな？

玉袋　ＹｏｕＴｕｂｅで観てるかもしれねえな。

ガンツ　ＹｏｕＴｕｂｅで初めて観て、「大変なところに入った」と（笑）。

椎名　「心を折られる！」って（笑）。
玉袋　でも、逆に安心だよね。凄い親分がいるんだから。何かもめごとがあっても、うちの親分なら大丈夫だってね。
ガンツ　だって、神取さんは全女の東京ドーム大会で北斗晶をシメているんですよね？（笑）。
神取　……………うん（笑）。
玉袋　ええっ!? 北斗をシメた？　バックステージで？
神取　うん。「カネ取れるところでやれよ」って言われるんだけどね（笑）。
ガンツ　真の決着戦はバックステージであったっていう（笑）。
玉袋　裏ドーム名勝負だよ〜！
ガンツ　あのとき、何があったんでしたっけ？
神取　なんかね、詳しくは言えないんだけど、私は曲がったことが嫌いだからさ。北斗が約束を破ったことがあったんだよね。で、謝らなきゃいけないことを謝らなかったから、「てめえ、そういうことやるのか、この野郎！」って、バーンとやっちゃった（笑）。
玉袋　筋違いなことをやったからシメたと。
ガンツ　だから、あのドーム大会は試合前からきな臭い噂が出てたんでしょうね。「ＬＬＰＷがイーグル沢井を使って、北斗を潰そうとしている」という噂が流れてたりして。
神取　へえ！　悪いねえ、うちは（笑）。
ガンツ　でも、実際は北斗さんのほうに仁義を欠くことがあった、と。
神取　そうそう。
玉袋　そうなると、言ってみりゃスケバングループの抗争だから、バックステージで「殺っちゃる！」っていうのがあったというね。
ガンツ　校舎の裏に連れて行くような感じで（笑）。
神取　あのときはトイレの前ですれ違ったんで、トイレに連れていって説教して。

椎名　女子便所説教事件！（笑）。

玉袋　**フルコン山田編集長**[※256]と同じだよ〜！

神取　それでボディに入れて。向こうが「ごめんなさい」って言ったんだけどね。

玉袋　軽く言ってるけど凄いよ。詫び入れされちゃってんだから。そこにはエンターテインメントがないからね。

神取　だから、「そういうのはお金を取らなきゃダメだよ」って（笑）。

ガンツ　でも、異なる団体の交流だからこそ、ルールを守らないことが許せなかったわけですか。

神取　うん。そういうの嫌いだから。お互い、それぞれが株式会社としてやっていて、やっぱりともに利益を追求しているわけだから。一緒にやるなら、そこはルールは守らないといけないことだから。

玉袋　いやいや壮絶だね。だからやっぱり、「混ぜるな危険」を混ぜたのは良かったんだよ。

椎名　ハタから見る分には最高に興奮しますよね（笑）。

玉袋　じゃあ、神取さん。今後についてはどうですか？

神取　今後はね、やっぱり30周年になんかやりたいな。

玉袋　30周年記念大会ね。そこは数えなのか、満30周年なのか、ハッキリ出しましょう（笑）。

神取　まだ、「どっちにしようか？」って感じなんだけど（笑）。

椎名　まだ決めかねてますか（笑）。

神取　あの○周年っていう数え方も、全女とうちらでは違うんだよね。だから井上京子と井上貴子は同期デビューだけど、京子は去年25周年やって、貴子は今年やったみたいだな。

ガンツ　ああ、全女って昔から、10周年を満9年でやっちゃうんですよね。

神取　そうそうそう！

玉袋　へえ、そうなんだ。

ガンツ　あれ、昔から不思議だったんですよ（笑）。

椎名　それって松永兄弟が儲け話に我慢できなくなって、早めにやっちゃったのが伝統になったんじゃないですか？（笑）。

神取　ハッハッハッハ！

玉袋　巻いて巻いて、前倒ししてな（笑）。ま、数えでも満でも、神取さんの30周年をやるとなったらいろんな人が集まるだろうし、ファンとしても、これは観たいよ！

神取　ぜひ、応援してください。

玉袋　もちろん、俺たちもずっと応援していきますから。これからもミスター女子プロレスとして、ずっと男の生き様を見せてください！

神取　ガハハハハ！　だから男じゃないから！（笑）。

殺人魔神

平田淳嗣

平田淳嗣（ひらた・じゅんじ）

1956年12月20日、神奈川県生まれ。1978年、新日本プロレスでデビュー。カナダ・カルガリー遠征などを経て帰国後、マスクマン「ストロング・マシン1号」に変身。マネージャー・将軍KYワカマツらとの「マシン軍団」で一世を風靡したあと、全日本プロレスやWARでも活躍。IWGPタッグやアジアタッグなどの王座を獲得している。その後、新日本プロレスで平田とマシンの顔を使い分けながら、現場責任者や『WRESTLE LAND』のスポークスマンも経験。その後は参謀役として青義軍のサポート及び、道場で若手のコーチとして活躍。2018年6月、スーパー・ストロング・マシン引退記念試合（本人はセコンドで参戦）をもってレスラー人生に終止符を打った。

玉袋　今日は平田さんと飲めると思って楽しみにして来たんですけど、クルマで来ちゃったんですよね？

平田　そうなんですよ。だから自分は飲めないんですけど、気にせずやっちゃってください。

玉袋　じゃあ、お言葉に甘えて。ひとつ、よろしくお願いします！

ガンツ　平田さんと同世代の選手は酒豪で有名な人がたくさんいますけど、もともとあの髙田延彦さんにお酒を覚えさせてしまったのは、平田さんなんですよね？

平田　えっ……誰から聞いたの？

ガンツ　以前、取材させてもらったとき、平田さんご自身から伺いました（笑）。

平田　そんなことまで話しちゃったか（笑）。

玉袋　もう時効ですけど、もちろん髙田さんが未成年の頃ですよね？

平田　彼がまだ入門して何カ月も経ってない頃ですね。当時、昼間は合同練習をやりますけど、夜は先輩が来なかったから、いまと違って寮生はわりと自由だったんですよね。それで、差し入れのビールとか一升瓶が合宿所にたくさんあったから、よく自分は晩酌してたんですよ。で、ある日、髙田がどっかに出かけてて、夜メシの時間に帰ってきたとき、ちょうど自分が晩酌してたときだったんで、「髙田、おまえも飲めや」って、小さいビアグラスに3分の2ぐらいビールを注いだんですよ。

椎名　まだお子様だから、ちょっとだけで。

平田　それを彼がグッと半分くらい飲んだあと、グラスをポンと置いて、数秒間じっと下を見てるんです。ずっと黙ったままだから「どうしたんだ？」って聞いたら、キッと上目遣いになって、（低い声で）「酒なんか飲ましやがって」って言ったんですよね。

玉袋　先輩に対して「酒なんか飲ませやがって」！

平田　それで「あ、コイツ酒乱だ！」って一発でわかったんですよ。それで慌てて「酒はいいから、メシ食え！」ってメシを食わせたらケロッとして普通に戻ったんですけどね。

椎名　ビールをコップに半分で豹変するって怖いですね（笑）。

平田　そのあと、しばらくしたら彼も酒が飲めるようになって、シリーズオフの土曜日なんかは、よく自分が渋谷で働いていた時代に行きつけだった飲み屋に連れていったりしましたけどね。当時、タクシーがすごく安かったから、前田日明、髙田、仲野信市なんかと、よく安い飲み屋に行ってましたよ。酔っぱらうと、道ばたで寝たりするから困るんだけど（笑）。

新聞配達しながらトレーニング

玉袋　平田さん、その「渋谷で仕事」って何の仕事やってたんですか？

平田　新聞屋さんです。新聞の配達とか集金、拡張業務。一連の仕事全部。ちゃんと店員になって。

玉袋　へえ、高校卒業してすぐその仕事なんですか？

平田　そうです。高校卒業したらプロレスラーになりたかったんですけど、まだ自信がなかったので、まずは身体を鍛えながらチャンスをうかがおうって感じで。

椎名　プロレスラーになるために働いたんですね。

平田　だから仕事終わってからトレーニングジムに行って。一生懸命がんばってましたね。当時の配達は自転車だったんで、渋谷のデコボコの坂道を毎日かけずり回ってましたよ。

椎名　新聞配達員は新宿のタイガーマスクだけじゃなく、渋谷のストロングマシンもいたわけですね（笑）。

玉袋　ガハハハハハ！　うまいね、どうも。でも、その頃はまだストロングマシン被ってないよ！

平田　でも、当時はエレベーターのついてないマンションが多くて、階段を駆け上がってましたからね。それが何百軒とあるので、かなり足腰は鍛えられましたよ。

玉袋　新聞配達自体がトレーニングの一環になってたんですね。「プロレスラーになりたい」って意識しだしたのはいくつなんですか？

平田　いや、もう中学入った頃です。

玉袋　やっぱり猪木さんに憧れたんですか？

平田　もっと前の時代なんです。兄貴の影響で、まだ馬場さんと猪木さんが揃ってる頃の日本プロレスを見ていて。ワールドリーグ戦とか、よく憶えてますよ。

玉袋　ほう、日プロは会場にも行ってたんですか？

平田　中学の頃、**ミル・マスカラス**[※257]が二度目の来日のとき、初めて後楽園ホールに行きましたね。

ガンツ　マスカラスがまだ〝悪魔仮面〟と言われていた時代ですね。

玉袋　日プロの後楽園に行ってるのは羨ましいな〜！

平田　お金貯めて行ったんですけど、6時半開始なのに1時くらいには会場に着いちゃって（笑）。

玉袋　わかる！　いてもたってもいられねえんだよ。

平田　それで後楽園の入口周辺をウロウロしてたら、「どうぞお入りください」って言われたんで入ってみたら、なんと『笑点』の公開録画をやっていたという（笑）。

玉袋　凄いね！　昼に『笑点』やって、夜がマスカラス（笑）。

ガンツ　夢のようなダブルヘッダーですね（笑）。

玉袋　『笑点』は司会が三波伸介さんか、その前のマエタケ（前田武彦）さんの頃ですかね？

平田　たしかマエタケでしたね。『笑点』ってテレビで見るとお客がいっぱいなのに、実際はけっこう空きがあって「誰でもいいから席を埋めてくれ」って感じだったんです（笑）。

玉袋　末期の国際プロレスみたいですね。国プロも後楽園のときは「入れ、入れ」ってタダで入れてもらってましたから。

椎名　テレビカメラに映るところに座らされて（笑）。

平田　でも、暇つぶしになったし、タダで『笑点』を見られてラッキーでしたね。

玉袋　日プロ崩壊後は新日派になったんですか？

平田　いや、プロレスは全部見てましたね。国際、新日、全日。あと東京チャンネルでやってた、昔のアメリカのプロレス。**『プロレスアワー』**[※258]まで見てたんで。

玉袋　はいはい、**杉浦**[※259]**（滋男）**アナウンサーの実況で。

平田　そうです、そうです。

玉袋　はあー。もの凄いプロレス少年だ。当時は周りにプロレスファンとかいたんですか？

平田　けっこういましたね。というか、自分がプロレスファンにさせてたんですけど（笑）。

ガンツ　布教活動のように（笑）。

平田　当時の『月刊プロレス』とか『ゴング』をこっそり学校に持って行って、休み時間にみんなで見たりとか。プロレスごっこやったりとか。

椎名　俺たちの子ども時代と同じようなことをしてたんですね（笑）。

玉袋　〝変態〟の先輩だよな。そんな平田少年が高校を卒業して、新聞屋さんを経て、新日本の入門テストを受けるわけですか？

平田　いや、じつを言うと最初は全日本に入門したんですよ。

玉袋　えっ　全日に入門しちゃってたんですか？

平田　デビューはしてないんですけど、新弟子として入門してたんですよ。

山本小鉄の直電

玉袋　なんで最初は新日じゃなくて、全日だったんですか？

平田　自分は渋谷に住んでたんですけど、当時、全日本プロレスは恵比寿かどっかに練習場があったんですよ。

ガンツ　砧に道場ができる前なんですね。

平田　当時はキックボクシングのジムを間借りしてて、家から近かったから、そこをのぞきに行ったんですよ。

ガンツ　新聞の拡張ついでに（笑）。

平田　それで、ドアの隙間から練習をのぞいてたら、誰だか忘れましたけど、中にいたレスラーに見つかって「なんだおまえ！」って言われたときに「入門したいんです！」って言っちゃったんですよ。

玉袋　ガハハハハ！　反射的に言っちゃいましたか（笑）。

平田　そしたら「じゃあ明日練習に来い」って言われて、いきなりテストやらされて。スパーリングで極められまくって、テストなのに受け身までやらされてボロボロにされたんですよ。で、終わったあと「おまえ、やる気があるんだったら明日事務所に来い」って言われて、言われたとおりに行ったら驚かれたんですよ。「おまえ、ホントに来たのか？」って。

ガンツ　あれだけボロボロにされたのにホントに来たのかと。

平田　それで入門できることになっちゃったんですよね。

玉袋　凄いなあー。じゃあ、もしそのまま全日本で続けていたとしたら、同期は誰になってたんですか？

平田　当時、若手でいたのは大仁田厚、渕正信……。

玉袋　おおー！　その世代かあ。

平田　あとデビュー前の越中詩郎。そのへんと一緒に合宿所にも入ってたんですよね。ところが親父が脳梗塞で倒れちゃって、そっちが気になって気持ちがフラフラしちゃったんです。

玉袋　親父さんが倒れちゃったら、そうなりますよ。

平田　それで一度辞めようと思って、ジャンボ鶴田さんに「ちょっと時間をください」「いまの状態では無理です」ってことを言って辞めたんです。そのとき鶴田さんから「おまえ、これからどんな社会に進むかわかんないけど、俺らと同じカネ稼げるぐらいがんばってみろ」って言ってもらえたことをよく憶えてますね。
椎名　へえ。デビューもしてない新弟子に対して、やさしい人ですね。
平田　それがずっと心のなかに残ってて、実家に帰ってしばらくして落ち着いてきた頃、またプロレスラーになる気持ちがムラムラと出てきてしまって（笑）。
玉袋　そりゃ、志半ばだもん。ムラムラするよ！
平田　でも、１回辞めたところには戻れないし、当時、新日本がすごく盛り上がってきたんですよ。
ガンツ　タイガー・ジェット・シンと抗争したり、異種格闘技戦をやったりして、猪木さんが全盛期を迎えた頃ですもんね。
平田　こんなこと言ったら失礼ですけど、あのとき全日本と新日本を比べちゃったんです。そしたら新日本にどんどん惹かれていって、でもすぐには入門できないから、また前に働いていた新聞屋さんにお願いして、イチから出直ししたんです。身体を鍛えるぞと。
玉袋　また新聞拡張しながら、辞める前と
平田　それで新聞屋さんに出戻ったら、店長が変わってて、新しい店長はプロレスファンだったんですよ。それで意気投合して「一緒に見に行かねえか？」って、猪木チャック・ウェップナー戦のチケットを買ってくれたんですよ。
玉袋　うわっ、いい店長だ！
椎名　じゃあ、日本武道館で猪木がオープンフィンガーグローブをつけて闘ったところを生で見てるんですね。
平田　見てるんですよ。店長のおかげで（笑）。それがきっかけでますます新日本が好きになって。そのとき買ったパンフレットに「新人募集」の告知が載ってたんですよ。
玉袋　ああ、そりゃ導かれたんだ。
平田　でも、その「新人募集」告知は、試合からずいぶん経ったあと、家でたまたまパンフレットを眺

めてたときに見つけたんで、もう募集期限が切れてたんですよ。でも、どうしても諦めきれなくて、山本小鉄さんに手紙を書いたんです。当時、小鉄さんが若手を指導してるっていうのは情報として知っていたんで。

ガンツ プロレスファンだから鬼軍曹伝説を知ってたわけですね（笑）。

平田 それで、きったねえ字で一生懸命手紙を書いたんですよ。「いま新聞屋でがんばってます」「早くプロレスラーになって親を安心させたい」みたいな感じで。それで、しばらくしたらお店に小鉄さんから電話がかかってきたんですよ。

玉袋 うおー、スゲー！

ガンツ 新聞販売所に直電ですか（笑）。

平田 自分は住み込みで働いてたんで、連絡先はお店だったんですよ。あのときは店長も驚いてましたね。

玉袋 そりゃそうだよな。電話とってみたら山本小鉄さんなんだもん。

平田 自分も電話をとった途端に直立不動ですよ。で、「おまえ、話はわかった！　今度大田区体育館で試合がある。そこでテストするから来い！」と。こっちは緊張して「はい、わかりました」以外のことは言ってなかった気がするんですよね。

玉袋 じゃあ、手紙作戦が大成功だったたってことなんですね。

平田 それで入門テストを受けたあと、小鉄さんに「俺も新聞配達やってたから、おまえの気持ちはわかる」って言われたんですよ。

ガンツ ああ！　小鉄さんって小学校高学年からずっと新聞配達して家計を助けてたんですよね。

平田 そう。わりと苦労してたみたいなんです。だから自分が新聞配達しながらレスラーを目指していることを手紙に書いたら、その気持ちが通じたのか、入門テスト前からたぶん決めてたと思うんです。

野毛道場のイタズラ伝説

玉袋　いい話だな〜。「新聞配達」の４文字が小鉄さんの心を動かした。すげえ運命だなあ。

平田　それで入門のオッケーが出まして、数日後に合宿所入りするんですけど、そこでちょっとした問題があったんですよ。

ガンツ　どうしたんですか？

平田　例の荒川真さん（ドン荒川）が、自分より前に入門した**ヒロ斎藤**※260、前田日明、あと**原薗（善由紀）**※261選手に、いろいろ吹き込んだみたいで……。

ガンツ　また荒川さんが焚きつけましたか（笑）。

椎名　その頃からやってるんだね（笑）。

平田　荒川さんは自分の入門テストを傍らで見てたんですけど、そのあと道場生たちに「今度の新弟子は凄えぞ」と、あることないこと吹き込んだみたいなんですよ。「ジャンピングスクワット１０００回を10分ぐらいで終わらせて、腕立て３００回を何分でやって、しかも顔は三浦友和で……」みたいなことを。

椎名　平田さんが若手の頃、「三浦友和に似てる」って言われてたのは、そこから来てたんですか！（笑）。

ガンツ　荒川さんは前田さんに「トンパチ（前田のあだ名）、おまえなんかすぐに追い抜かれるぞ」みたいに言ってたらしいですよね（笑）。

平田　そのおかげで、合宿所に入所したら寮生三人の目が怖いんです。

玉袋　ガハハハハ！　完全に敵視してるわけですね。コイツは芽が出る前に潰さなきゃいけねえって。

平田　誰も口も利いてくれなんですよ。寮生でも小林邦昭さんはそうでもなかったですけど。

ガンツ　小林さんは温厚な人だって言いますもんね。

平田　いや、たぶん小林さんはわかってるんです、荒川さんのことを。

ガンツ　ダハハハハ！　いつもの荒川さんのカマシだと（笑）。でも、前田さんとか純真な若手は信じちゃってたわけですね。

平田　入門してからしばらく誰とも口を利いてもらえなかったですからね。そんな状態が1カ月くらい続いたあと、最初に前田日明が「平田、おまえ入門テストでどんなことやった？」って聞いてきたんですよ。たぶん、彼は荒川さんが言ったことを信じてたんでしょうね。実際はジャンピングスクワット30回ぐらいしかやってなくて、ヒンズースクワットも30回ぐらい。腕立ても15秒ぐらいしかやってなくて。あと裸になって、身体つきを見てもらっただけなんですよ。それを言ったら「なんやそれ⁉　話がぜんぜん違うやないか！」って。

玉袋　ガハハハハ！　「ドッキリ」みてえなもんですね（笑）。

平田　俺は何のことかわからないから「え、なに？」って聞いたら、「荒川さんがこう言ってたけど」って。

ガンツ　前田さんは何回、荒川さんにダマされてるんですかね（笑）。

椎名　何度もダマされてるよね、「新日本にはホモの洗礼がある」とか（笑）。

ガンツ　旅館に幽霊が出るとか（笑）。

玉袋　いまでもダマされるんじゃないか？　荒川さんにプチシルマ売りつけられたりしてるかもしれねえぞ⁉

平田　前田さんも入門して一年も経ってるんだから、それぐらい気がついてもいいのに。

玉袋　前田さんは純真なトンパチだったんでしょうね。

平田　ホント、トンパチでしたよね。そのあと俺ら新弟子同士は仲よくなりましたけど、荒川さんに吹き込まれたおかげで、先輩たちはより気合い入れて練習したみたいだから、そこはいい効果もあったんですよ。

ガンツ　なるほど。道場生たちに刺激を与えたわけですね。

平田　荒川さん自身は、そういう考えで言ったわけじゃないんでしょうけど（笑）

椎名　ただの悪ふざけで（笑）。

玉袋　いやー、おもしれーな。荒川さんといえば、橋本（真也）選手や**船木**[※262]**（誠勝）**選手を〝プロの店〟に連れていって、筆下ろしさせたって話がありますけど、平田さんの時代はそっち方面はなかったんですか？

平田　自分らの頃は、そういうところで遊ぶってことが先輩にバレるのは絶対にNGだったんですよ。

玉袋　じゃあ、こっち（小指）の遊びはなし？

平田　だから、オフになるとこっそりと……当時でいうトルコ風呂に（笑）。

椎名　自主的に行ってたんですね（笑）。

ガンツ　新日本プロレスは代々、川崎方面に出かけていく伝統があると伺っております（笑）。

玉袋　ああ、あのへんだと堀之内だな。

平田　だからタクシーで野毛の道場からトルコ行って、またタクシーで帰ってきて。当時はやっぱりタクシー代が安かったからみんなよく行ってましたよ（笑）。

ガンツ　当時の若手選手はファンに手を出すのは御法度だから、みんなプロに通ってたらしいですね（笑）。

平田　っていうか、女性にチヤホヤされると先輩が怒るんですよ（笑）。

玉袋　一番妬いたのは誰なんですか？

平田　え？　あのー……まこっちゃんですよ。

ガンツ　アハハハハ！　そこでも登場しますか（笑）。

平田　当時は道場の周りに女の子のファンとかがたくさん来てたんですけど、荒川さんの前ではファンの子と話しちゃダメで、特にかわいい子と話すと怒るんですよ。

椎名　「俺がツバつけたいのに」（笑）。

玉袋　おもしれえな〜。野毛伝説っていうと小鉄さんの話がよく出るけど、その一方で荒川さんっつーのもまた別の伝説を残してんだなあ。

平田 また違うタイプで言うと、栗栖さんっていうのもいましたよ。

玉袋 出た！　国士舘大学出身！　また厳しそうだな〜。

平田 栗栖さんはね、怖いんですよ。入門してすぐにもの凄く怒られて。

ガンツ なにがあったんですか？

平田 入門してすぐ静岡の会場で、坂口さんに「栗栖呼んで来い」って言われたんです。でも、どうしていいかわからないでいたら、「場内放送で〝運転手の〟栗栖を呼べばいい」って言われて。

ガンツ 栗栖さんって、猪木さんの付き人で運転手やってたんですよね。

平田 当時、栗栖さんはしばらく試合に出てなかったら、俺はホントに運転手になったんだと思って、事務室に行って場内放送で「運転手の栗栖さん」って呼び出してもらったんですよ。

ガンツ ダハハハ！　レスラーではなく、「運転手」という肩書きで（笑）。

平田 もうお客さんが入ってる会場で「運転手の栗栖様〜」って場内放送が流れて、あれ控室は大爆笑ですよ（笑）。で、俺が控室の近くまで戻ったら栗栖さんがバッと現れて、「ふざけんなテメエ、誰が運転手だ！」って（笑）。そりゃ怒りますよね。でも、自分はなにも知らないんで。

玉袋 ガハハハ！　いい話だなあ。

平田 初対面でいきなり怒られたから、それからしばらく怖いイメージがあって会うのも嫌でしたね。でも、時間が経つにつれてだんだん話しやすい人だなって気がついて。自分の過ちも話したらわかってくれましたけどね。

ガンツ いやあ、当時の新日本プロレスはイタズラのトラップが至るところに張り巡らされていたんですね（笑）。

新日軍団、ディスコへ

玉袋　平田さんは、そんな「俺が俺が」の個性が強い新日本の中で、調整型というか調和型だったような気がするんですけど、どうですか？

平田　当時はそうだったかもしれないですね。やっぱり一年先輩とはいえ、前田日明は（年齢が）2つ下だし、ヒロちゃんにいたっては5つか6つぐらい下ですからね。だから、ヒロちゃんなんかは先輩なのに俺を呼び捨てにしないで、「にいさん、にいさん」って言ってましたから。前田日明も最初は「平田」って言ってたけど、そのうち「オッサン、オッサン」ってオッサン呼ばわりで。

玉袋　前田さんなりの気の使い方なんでしょうね。

椎名　「おっさん」とはいえ、一応「さん」付けで（笑）。

平田　年上だからちょっと遠慮してたんでしょうね。だからよく合宿所でヒロ斎藤と前田日明が口喧嘩してて、「なんだこの野郎！」「うるせー！　テメー！」とか言い合ってたんですけど、いつも止めに入るのが俺でしたからね。

玉袋　それ以外の同期で言うと、高野兄弟はどうだったんですか？　ジョージと俊二[※263]は。

平田　ジョージはね、いつも別行動なんですよ。でも、1回だけジョージが「みんなでディスコに行こう」って言い出して、俺とジョージと前田日明とか、みんなで新宿のディスコに行ったことがありましたね。

椎名　どんな格好で行ったんですか？　まさか新日のジャージとか（笑）。

平田　いや、一応自分らで考えうる若者の格好で行きましたよ（笑）。で、ディスコに行くと、やっぱりジョージがカッコいいんですよね。足が長くて、顔もハーフだし、みんなの注目を集めてましたよ。その周りで俺たちはヘタクソなダンスを踊ってたんですけど、そこでもひとつ事件があって。

ガンツ　新日軍団が行くとこ事件ありですね（笑）。

平田　1杯引っかけてから行ったから、前田日明がちょっと酔ってて。しかも、ディスコダンスの踊り方を知らないから、彼はステージ上で空手の型を始めちゃったんです。そしたら、その周りは3メートル四方、人がいなくなって。

玉袋　ディスコ内にミステリーサークルが形成されて（笑）。

平田　店の人に注意されましたからね。

玉袋　ある意味、スーパーモンキーズに先駆けて、空手ダンスをやってたわけだ。

椎名　**大山総裁**[※264]が見たら「キミィ、空手ダンスだよ」と言われてたでしょうね（笑）。

平田　そのときは、みんなで前田日明を置いて帰りましたけどね（笑）。

玉袋　おもしれえな～。やっぱり新日本プロレスは、そういうヤングなライオンたちがね、だんだんタテガミが生えてきて。独り立ちしていくってとこがおもしろいですよね。

ガンツ　合宿所生活を経たあと、みんな海外へ、文字通り武者修行に旅立っていくわけですからね。

玉袋　20歳そこそこの若者が、みんなパンツ一枚で海外に放り出されるんだからすげえよ。

ガンツ　平田さんは合宿所にいた頃から、同期の人たちだけでなく、ダイナマイト・キッドとか**ブレット・ハート**[※265]とも仲よかったんですよね？

平田　仲よかったですね。年齢も近かったから、彼らが来日したときはいつもつるんでて、特にブレットとは親友と言ってもいいくらいの仲のよさでしたね。そのコネクションで、ブレットは「俺が親父に言ってカルガリーに呼んでやるから」って約束してくれてたんです。

玉袋　**スタンピード・レスリング**[※266]の御曹司が直々に呼んでくれるんだから、最高だよ。

平田　その話がちゃんと会社のほうにも来て、ほぼ

%ぐらいカルガリー行きが決まってたんです。ところが、ちょうどそのとき長州さんがメキシコ遠征から帰ってきて、メキシコ側から新日本に「代わりの日本人を送ってほしい」ってオファーが来たんです。そこで目をつけられたのが俺なんですよ。

ガンツ 平田さんと長州さんは背格好も似てますしね。

平田 でも、ちょうどメキシコでペソが大暴落した直後だったんですよ。

玉袋 ガハハハハ！　ひでえ貨幣価値で。

平田 それまではすごく稼げて、小林さんなんか半年で「1000万ぐらい貯まったぞ」とか言ってたんですけど、ある日突然ドーンと落ちて。

玉袋 1000万円分のペソが紙切れになった（笑）。

平田 そういうときに「メキシコに行け」って言われたんです。

玉袋 こりゃ赤紙だ、赤紙。

平田 せっかくカルガリー行きがほとんど決まってたのに、天国から地獄ですよ。だから本当に行きたくなくて、合同練習もサボッて合宿所の部屋に閉じこもってたんですけど、誰も怒りに来ないんです。みんなわかってたんですよ、会社のあの人の命令だって。名前は伏せますけど、○間さん。

玉袋 コトブキさんですね（笑）。

平田 ○間さんがメキシコ側にいい顔したいがために、俺が出されるわけだから。

ガンツ ○間さんはメキシコUWAとの結びつきが強かったですからね。

平田 出発前、○間さんからは「メキシコ行ってカネ貯めて、帰ってきたら店でも出せるようにがんばってくれ」って言われましたけど、無理だって！　ペソがドルに交換できない時代ですよ⁉

玉袋 ガハハハハハ！

椎名 いくら稼いでも換金すらできない（笑）。

玉袋 ノーと言えないんだ。

平田 言えない。「嫌なら辞めろ」と。でも、まだ若かったから「何年かがんばってみよう」って決意して行きましたよ。向こうで辛抱していれば、いつかチャンスが巡ってくるだろうって。

カルガリーで武者修行

ガンツ　実際、カルガリーに行くチャンスがそのあと巡って来たんですよね？

平田　無理矢理行ったんですよ。メキシコでは常に仕事はあったんですけど、1年近くいて嫌になっちゃって。自分の描いていたプロレスのスタイルと違ったし、いつまでもここでやっていたらダメになっちゃうなって。そうしたら先にカナダに行ってたヒロさんが連絡くれて、「カナダ来いよ」と。向こうのプロモーターもオッケーしてるからって言われて、UWAのフローレンス会長とはケンカして辞めて行くことになって。

ガンツ　新日本の提携団体とケンカ別れして出ていくということは、もう日本に戻らないくらいの覚悟だったんですか？

平田　そうです。カナダに行けば未知の世界が開けるから。ところが、カナダに入国しようとしたとき、飛行機のチケットが往復ないと入れないんですよ。

ガンツ　ああ、メキシコから片道だと移民扱いになって入れないんですよね。

平田　俺、知らなかったんですよ。そういえば、カナダに行く前に新日本プロレスのある人が来て、片道分を回収していったなって。

玉袋　そんな妨害工作まであったんですか。

平田　もう、いまは新日本にいない人だから言ってもいいと思いますけど（笑）。

椎名　で、どうやってカナダに入国できたんですか？

平田　ミスター・ヒトさんの奥さんがカナダの税関関係で仕事していて、助けてもらったんですよ。俺が来る前にちゃんと根回しもしていてくれてね。

玉袋　やっぱりみんな安達さん（ミスター・ヒト）

の世話になってるんですねえ。で、着いたカルガリーは楽園だったんですか？
平田　楽園でしたね。もう、食い物はうまいし、水道の水は飲み放題だし。
ガンツ　水道の水飲み放題（笑）。
平田　メキシコだったら絶対に飲めないですから。カナダはギャラもドルだし。
椎名　ちゃんと換金できるようになったんですね（笑）。
平田　ただ、唯一ビックリしたのは、安達さんの家に「メシでも食おう」って呼ばれたので行ったら、部屋に新聞紙が敷き詰めてあって、いきなりバリカンで頭を刈られてモヒカンにされちゃったんですよ（笑）。
玉袋　ガッハッハッハ！　問答無用でそういうキャラ付けをされて。
平田　要はブレットが「ヒラタはインディアンに似てる」って言ったらしいんですよ。安達さんもプロモーターの息子の命令には逆らえないから。
椎名　いきなりモヒカンにされたときはどう思いました？
平田　いや、インディアンでも何でもやってやろうと思いましたよ。ブレットにも安達さんにも助けられて、〝楽園〟に来られたんで。そこからリングネームを「サニー・トゥー・リバース」に変えて、自分はインディアンになったんです。
椎名　その名前はどんな意味があるんですか？
平田　インディアンレスラーのリングネームって、かならず木とか山とかが付くんです。だから「トゥー・リバース」っていうのは2本の川。そして「サニー」は太陽ですね。
玉袋　太陽と2本の川か～。
平田　その昔、カルガリーに「リリー・トゥー・リバース」っていう選手がいたらしくて、その息子という意味を兼ねた名前なんですよ。実際は全然息子じゃないんですけど（笑）。

玉袋　グレート・ムタだってカブキの息子ですからね。
椎名　でも平田さんはどっから見ても日本人に見えますけど、向こうの人が見たらインディアンに見えるんですか？
平田　インディアンっていろんな集落があるんですよ。だから、インディアンみたいな格好していれば、日本人だとは思われないんです。
玉袋　じゃあ、のちにマスクマンになる前に、言われたキャラになりきって「平田」という自分を消すっていうことには慣れたってことなんですね？
平田　いい経験ができたと思いますよ。あれはおもしろかった。カナダにはインディアンリザベーションっていう自治区があって、そういうところで試合したらもうヒーローでしたから。
玉袋　インディアンのヒーローですか。
平田　もう力道山みたいなもんで、試合では耐えて耐えて反撃して、インディアンダンスを踊るわけですよ。そうしたらインディアンのお客がみんな立ち上がって興奮して、最後はトマホークチョップで相手をなぎ倒すんですけどね。

玉袋　その恍惚感っていうのは、日本での若手時代には味わえなかったものですか。

平田　自分の感情を伝えて客を沸かせるっていうのは、そこで覚えたんですよね。またカナダにはアメリカから有名な選手もけっこう来ていたから、いろんな選手と試合ができるのも楽しかった。**マスクド・スーパースター**[※267]とか、**モンゴリアン・ストンパー**[※268]とか。

玉袋　いいね、踏み潰し屋！

平田　あとバンクーバーに行ったときは**ドン・レオ・ジョナサン**[※269]に会えましたから。

玉袋　おおー！　殺人台風！

平田　ドン・レオ・ジョナサンに会ったときは震えましたね。小学生の頃からの憧れのレスラーですから。ちょっと髪の毛は白くなってたけど、デカくてカッコいいんですよ。もう感動で動けなくなりましたね。

玉袋　子どもの頃に憧れた銀幕スターみたいなもんですよね。

平田　あとは自分はアメリカから来たロン・スターという選手と抗争を続けてて、カルガリーのハウスが落ちてきたあとは、地方をまわりながら毎日やってましたね。カルガリーからバンクーバーの方向にクルマでリングを引っ張って巡業してまわるんですよ。その道中の景色が最高なんですよね。

玉袋　カッコいいなあ。旅の一座ですね。

平田　会場に着いたら自分たちでリングを作ってね。作ったあと、若い選手相手にプロレス教室をやって、俺も教えてたんですよ。**ダニー・クロファット**[※270]って知ってますか？

玉袋　知ってますよ！　カンナム・エクスプレス！

平田　彼が若い頃、自分が教えてたんですよ。

玉袋　いろいろ繋がるな〜。

ストロングマシン登場

ガンツ　そのあと新日本から帰国命令が下されたんですか？

平田　そうですね。ただ、そのちょっと前にカナダにキラー・カーンが転戦してきて、「おまえ、テキサスに来るか？　話してやるよ」って言ってくれたんですよ。当時のテキサスはフリッツ・フォン・エリックがプロモーターでビッグマーケットだったから、夢が広がってね。

玉袋　ダラスの鉄の爪王国だ！

ガンツ　ケリー・フォン・エリックが絶大な人気を誇っていた時代ですよね。

平田　そうです。だからアメリカ行きを決意してたんですよ。「ついに俺もプロレスの本場アメリカに進出だ、これで三国制覇だ」って思ってね。そんなときに坂口さんから電話がかかってきて、「一度帰ってこないか」と。「いや、テキサス決まってますから」って言ったんですけど、「ちょっと日本に寄ってから行けばいいじゃないか」って言われて。自分も二年間離れてたから、ちょっと帰りたい気持ちもあって一時帰国しちゃったんですよ。

玉袋　トランジット気分で一時帰国したんですね。

平田　自腹で航空券買って、帰国したあとすぐにテキサスに行くはずだったんですけど……そこから「平田淳嗣」って消えてるんです。

玉袋　ああ、そういやあれから名前聞かなくなりましたね。どこ行っちゃったのかな〜（笑）。

椎名　ちょうど、その直後に謎のマスクマン、**ストロングマシン**[※271]が登場するんですよね（笑）。

平田　でも、平田淳嗣の消息は誰も知らないんです（笑）。

玉袋　それなのに、「おまえ平田だろ！」とか言った野暮な人もいましたけどね。

平田　ハッハッハッハ！

玉袋　どこ行っちゃったんだろうな〜。

椎名　でも、平田さんはマシン事情にもなぜか詳しいんですよね？（笑）。

平田　聞いた話ですけど、けっこう知ってますよ（笑）。

椎名　あのマシンのマスクっていうのは、自分でデザインしたんですか？

平田　聞いた話によると、〝マシンの正体〟が楳図かずお先生の『笑い仮面』っていう漫画が好きで、それとまったく同じイメージのマスクを探してきたらしいんです。

椎名　あれは素晴らしいデザインだと思います。目と口がすべて隠れるのが斬新でしたね。「かぶりてえ〜」って思うマスクでしたよ。

平田　でも、マスクを被る前は〝本人〟も悩んだらしいですよ。

ガンツ　最初は「**キン肉マン**[※272]のマスクをかぶれ」って言われたんですよね？

平田　そうなんです。一度はやりたくないって断わったんですけど、そのあと、昔から行きつけの飲み屋のマスターに相談したらしいんですよ。

玉袋　きっと偶然にも新聞屋さんの近所の飲み屋なんだろうな（笑）。

平田　その飲み屋のマスターに「会社が推してくれてるんだから、一度やってみたらいいじゃない。ダメならやめりゃいいんだから」って言われて、「じゃあ、やってみるか！」って決心したんです。ところが『キン肉マン』の権利関係が全然クリアされてなくてボツになってたんですよ。

玉袋　杜撰だな〜！

平田　そうやって、会社にいろいろ引っ掻き回された反動が、あの**マシン軍団**[※273]に乗り移ったような気がするんですよ。「もう好き勝手にメチャクチャやってやれ」っていう。

ガンツ　リアルに新日本プロレスに対して反抗してたわけですね（笑）。

平田　自由奔放、やりたい放題になってましたよ。ただ、1号に言わせると、パートナーがショッパくて大変だったって話ですけど（笑）。

ガンツ　アハハハハハ！　韓国人と噂されるパートナーが（笑）。

平田　日系ハワイ人もいましたね。

ガンツ　日系ハワイ人は3号でしたっけ？

平田　確かそうでしたね。あと謎の4号ってのもいたんですけど、じつは俺がカナダでプロレス教えてたヤツだったとか……。

玉袋　ガハハハハ！　ダニー・クロファットだ（笑）。

平田　そいつに無理矢理マスクを被せたらしいんですけど、身体が小さくてすぐにボツになって、ギャラだけもらって帰ったみたいですけどね。

マシン軍団の功責

玉袋　自由奔放と言えば、マネージャーの将軍ＫＹワカマツさんも相当やりたい放題やってましたよね？

平田　いきいきしてましたよね。日本人でプロレスラーのマネージャーになったのってあの人が最初じゃないですか？

椎名　ボクはワカマツを中学生時代に見て、衝撃的でしたよ！

平田　アメリカとかカナダではああいうの当たり前なんですよ。ヒールのレスラーにかならず誰かギャーギャー言うヤツがひとりついて。

ガンツ　いま外道さんが**レインメーカー**[※274]についてやってることの原点ですもんね。

玉袋　ワカマツさんはあの格好も衝撃的だったよ。白装束にグラサンかけて、鞭とトラメガ（拡声器）持ってな。

椎名　ちょっと『時計じかけのオレンジ』みたいな、カオスな感じがありましたよね。

平田　それで靴は地下足袋ですからね（笑）。

玉袋　コーディネートがムチャクチャなんだよ！

またトラメガの質が悪いのか声が割れててよ、それがまたリアリティがあっていいんだよ。
平田　まあ、ワカマツさんは地声もあんなもんですけどね。
玉袋　ガハハハハ！　でも、ちゃんと客を煽って盛り上げてましたよね。名前に「ＫＹ」ってついてるけどＫＹじゃなかった。空気はちゃんと読めてたよ。
ガンツ　あのワカマツがいまや市議会議員っていうのがおもしろいですよね（笑）。
玉袋　名前も「（若松）市政」だからな。そのまんまだよ。「名は体を表す」だからね。
椎名　ワカマツは日本初のラップシンガーだしね（笑）。
玉袋　最高のラッパーだよ。何が始まったかと思ったよなアレ。マシン軍団が暴れちゃってよ。
ガンツ　「ストロングマシンWe are No.1」[※275]は日本の音楽史に残りますよ（笑）。
平田　だからマシン軍団っていうのは、すごくインパクトがあったと思う。プロレスファンからは賛否両論だったけど、プロレスファンじゃない人が見たら、テレビをつけたときにあの同じマスク被った軍団とあのマネージャーが出てきたら、「なんだコイツら⁉」って見ちゃいますよ。だから新しいファンも開拓したと思いますよ。その証拠に長州さんたちが抜けたあとも視聴率は下がらなかったですから。
椎名　言われてみるとそうですよね。
平田　でも、当時は某プロレス雑誌に「マンガチックだ」とか、ずいぶん批判されましたけどね。
玉袋　その某『週刊プロレス』を読み込んで、すっかり信じてたのが俺たちなんですけどね（笑）。
ガンツ　あの頃は若かった（笑）。
椎名　「ＵＷＦだけが本物だ！」って（笑）。
玉袋　でも、いま思えばマスク被ってるだけで、試合はトレーニングに裏打ちされたストロングスタイルだったんですよね。
平田　試合はマンガチックじゃないですから。

玉袋　やっぱりあのマシンっていうのは、平田さんが少年時代からマスカラスなんかを見て育ったのが活きてる感じですか？

平田　いや、俺はマスカラスは大っ嫌いだったんです（笑）。マスクマンだったら**ミスター・アトミック**[※276]とか、あっちのほうが好きで。

玉袋　赤覆面だ！

平田　マスカラスはキザったらしくて、嫌いでした。

玉袋　業界の人みんな言いますね。キラー・カーンさんなんかも「あの野郎はカッコつけてばっかりだ」って言ってましたし。それを平田少年はファンながらに感じてたわけですか？

平田　わがままなところが子どもなりに伝わってきたんですよ。まあ、マスカラスが好きな子もいましたけど、俺は嫌いでした。

玉袋　そりゃ、見る目があるファンだよ。俺たちなんて、なんも考えずにマスカラス好きだったもんな。

椎名　「カッケー！　オーバーマスクほしい！」ってね（笑）。

ガンツ　平田さんは『週刊ファイト』系の〝プロレス者〟だったんですね。

玉袋　底なし沼が見えてたんだろうな。

平田　マスカラスが初来日して、最初に星野勘太郎さんとやった試合は素晴らしかったんですよ。だけど、馬場さんとやったときは、馬場さんがイラッとしているように見えて、子ども心に「馬場さん怒ってるんだろうな」って思ってましたから。

玉袋　そこまで深く見てるって、凄え子どもだな（笑）。

ガンツ　でも実際、勘太郎さんも亡くなるまで「マスカラスが人気出たのは俺のおかげ」って言ってましたからね（笑）。

玉袋　プロの仕事をしたんだろうな。でもよ、こういう話をしてるときに、小鉄さんも勘太郎さんも亡くなっちゃってるのが寂しいよな。

平田　立て続けに亡くなっちゃいましたからね。

玉袋　でも、こないだ俺、『タモリ倶楽部』のロケで、新日本の道場に行ったんですよ。それで打ち合わせのために合宿所に入ったら、若手の子たちがサッとスリッパを出して、マネージャーとかみんなの靴を揃えてね。俺はその光景見たとき「小鉄さんはここに生きてる！」って思いましたよ。

ガンツ　小鉄イズムが息づいてたわけですね。

玉袋　お客さんを受け入れるあの気持ちのいい態度！　芸人の世界でもなくなってきてることだからさ。あれ見て俺は感動したんだよ。「うわー、小鉄さんがここにいるな」って。

平田　確かにそういう伝統は守られてますね。

玉袋　あの伝統は絶やさないでほしいですよ。俺、ひさびさに嬉しくなったもん。

新日本道場の現在

平田　いまの若い寮生は、シャワーに入るときも気持ちいい挨拶をするんですよ。「シャワー失礼します！」って。いちいち言わなくてもいいことですけど、挨拶をピチッとするのは気持ちいいですからね。

玉袋　ホント、あの伝統が続いてるのを感じたとき、ボッと心が燃えましたからね。リング上のスタイルは時代に応じて変わったかもしれねえけど、新日イズム、小鉄イズムっていうのは、道場にちゃんと残ってるなって。

ガンツ　新日本が輩出してきた、数々のスター選手はみんな、あの野毛の合宿所に住んで、あの道場で練習していたわけですもんね。

玉袋　建て増し建て増しで、もうだいぶガタが来てるんだろうけど、あの合宿所はいいな〜。

ガンツ　道場もいまだにエアコンなしですからね。

平田　いまは屋根にようやく断熱材が入りましたけど、昔はトタン屋根でしたからね。でも、暑さはいまも昔も変わらないですよ。そろそろエアコン欲しいですけどね（笑）。

ガンツ　エアコンぐらい入れてもいいじゃないかと(笑)。
平田　エアコン入れたら、もっと練習の効率もよくなるんじゃないかとも思いますけど。あの暑い中でやるから、根性が養われる部分もありますからね。
玉袋　じゃあ、ガキの頃から「マスカラスが性格悪い」って見抜いてて、昭和の新日本を知ってる平田さんからすると、いまのプロレス界はどうですか？
平田　試合自体は凄く進化してますからね、それはいいんですけど、ただ基本を忘れかけてる選手もちょっと出てきてる。
玉袋　ああ、やっぱりそうなんだ。
平田　いろんな若い人を指導するんですけど、メキシコ系から入ってきたり、インディー系から入ってきたりした選手は、基本の教え方が違うんですよね。俺らが昭和の道場で教わったガチガチの基礎と違う部分があってもいいんですけど、まったく理にかなってないような試合をしている団体もあるし、それはダメだと思う。
玉袋　そうですよね。
平田　自分はいまデビュー前の新弟子の指導もしてるんですけど、とにかく基本をビシッと教えてるんです。そこから、いまの流れをほかの選手に指導してもらって、基本の上に新しいものを作り出してやらないとダメだと思うんですよね。うまく言えないですけど、プロレスはサーカスじゃねえんだし、技の品評会じゃないんだから。
玉袋　ですよね。芸人の世界でもポンポンとネタ出しゃあいいってもんじゃないんですよ。
平田　俺らは闘ってるんだから、闘いを見せる。それを見せられるレスラーももちろんたくさんいますけどね。例えば真壁とかは、技はそんな出さないけどアイツの表情から怒りとかすごい伝わってくる。そういう選手を育てたいなって思ってますけどね。
玉袋　それがストロングスタイルだよな。
平田　理にかなわないものはＮＧです。

玉袋　このあいだトークイベントでね、柴田[※277]（勝頼）くんと一緒だったんですけど、柴田くんもそこは憂いてましたよね。

平田　柴田は基本を知ってますよ。

玉袋　ですよね。だから「いま会場がワーッと盛り上がってるいい状況ではあるけど、熱いものが欲しいんです」ってことは言ってたなあ。

ガンツ　柴田勝頼は新日本プロレスが好きすぎる男ですからね。

玉袋　好きすぎて辞めた男ですよ。

ガンツ　平田さんは柴田選手が新日本を辞める前に相談を受けたんですよね？

平田　何度も相談を受けましたね。彼は本当に悩んでて。いまだから言っちゃいますけど、最後は俺がポンと背中押してやったような感じだったんですよ。「そんなに悩むなら、1回おまえのやりたいことをやってみろ」って言ってやって。

ガンツ　平田さん世代の人達ってみんなそうですもんね。みんな一度は辞めてる。

玉袋　新日本のレスラーはライオンなんだから、社畜になってどうすんだ、一回群れから離れて旅に出ろってことなんだろうな。

平田　自分のプロレス人生もそうでしたからね。カナダに行ったのもそうだし、一度、カルガリーハリケーンズを作って全日本に行ったのもそうだし。とにかく自分を信じてやってみるっていう人生を歩んできたから、「行ってこいよ」っていう言葉が出たんでしょうね。ただ、アイツの背中を押してやったけど、「違う世界に行っても他人の玄関にクソはするなよ」とは言ったんですよ。ちゃんときれいなカタチで出ていって、悪口は言うなよと。

玉袋　大事なことですね。

平田　それはアイツ守ってますよ。まあ多少あるかもしれないですけどね。

玉袋　そうやって旅に出て、また外敵となって帰ってくるってのがドラマだよな～。

椎名　今回、柴田選手といっしょに**桜庭和志**[※278]選手も新日本に上がりましたけど、桜庭さんが**ホイス・グレイシー**[※279]戦のときにストロングマシンのマスクをかぶって出てきたとき、どう思いました？

平田　いやぁ、嬉しかったですねぇ！　ただ、一言ほしかったです（笑）。

玉袋　ちょっとはパーセンテージ払えよと。

平田　そうは言いませんけど（笑）。マシンのマスクはいろんな人が被りましたけど、あのときは嬉しかったです。

ガンツ　桜庭選手がプロレス界を代表してグレイシーと闘うにあたって、「一番プロレスっぽい象徴はなんだ？」って考えたときに出てきたのがマシンのマスクですからね。

椎名　しかも、入場シーンで増殖するっていうね。

玉袋　いやぁ、柴田選手や桜庭選手も来て、いま新日本にいろんな選手が集まってきてますけど、平田さんに音頭をとってもらって、１・４ドームかなんかにあの頃のレスラーがみんな集まってくれたら嬉しいね。

ガンツ　今年は新日本プロレス創立周年ですから、可能性はありますよね。

玉袋　それか、飲み屋でもいいんだよ。平田さん幹事で昔の野毛道場生の同窓会をやってもらって、その模様を『ＫＡＭＩＮＯＧＥ』で独占でやるとかな。

平田　いや、やめましょう、同窓会は。大変なことになります（笑）。

玉袋　みんな酔っぱらって暴れちゃうか（笑）。

平田　旅館の１軒や２軒、壊されることを覚悟しないといけないですから（笑）。

玉袋　それも新日の伝統だもんな～。平田さん、今日はありがとうございました！

黒のカリスマ

蝶野正洋

蝶野正洋（ちょうの・まさひろ）

1963年9月17日、アメリカ合衆国ワシントン州シアトル生まれ。高校卒業後の1984年に新日本プロレスに入門。同年10月に武藤敬司戦でデビューを果たす。海外遠征から帰国後は武藤、橋本真也らと闘魂三銃士のひとりとして活躍。新日本の真夏の祭典『G1クライマックス』で5度も優勝を果たし、"夏男"の異名を取る。また、1996年にはアメリカのWCWでハルク・ホーガンが結成したnWoに加入。その日本支部とも言えるnWoジャパンを設立し、一大ムーブメントを巻き起こした。2010年の新日本退団後も、プロレス界に絶大なる存在感を残す"黒のカリスマ"として活躍。2017年3月にはプロレス休業宣言をするが、プロレスに関する活動は一貫して継続している。

ガンツ　今回の取調室は、真夏にふさわしいゲスト、“夏男”蝶野正洋選手に登場していただこうと、ここ原宿・表参道にある「**アリストトリスト**」※280におじゃましました！

玉袋　いや〜、こんな一等地にお店構えちゃって、蝶野さん凄いじゃないですか。

蝶野　いや、こっちのほうが下北なんかより安いんですよ。

玉袋　えっ、そうなんですか？

蝶野　じつは下北と家賃変わらないんで、だったらこのへんに出してもいいかなって。

玉袋　ちなみにウチの師匠（ビートたけし）の家がこの近くにあるんですよ、１００億円と言われてる家が。

蝶野　そうだ、この近くですよね。立派なお宅で。師匠はいまもあそこに住んでるんですか？

玉袋　いまは住んでないみたいですよ、週刊誌によると（笑）。

蝶野　ああ〜、大変なんだね（笑）。

ガンツ　まあ、そんな話も交えながら、今日は蝶野さんのこれまでの歩みを、みんなで根掘り葉掘り聞いていきたいと思います！

蝶野　わかりました。

三鷹で触れた不良の世界

ガンツ　まずは、ずいぶんさかのぼりますけど、蝶野さんはアメリカ生まれなんですよね？

蝶野　親父の出張先が（ワシントン州）シアトルで、そこで生まれて2歳半で日本に帰ってきたんですよ。だから、まったく記憶にないんですけどね。

椎名　シアトル生まれなんですね。

玉袋　イチローやＴＫ※281（**髙阪剛**）なんかより、ずっと早くシアトル行ってんだよな。いいとこのお坊ちゃんだったわけだから。で、そこからどちらに？

蝶野　川崎のほうにちょこっといて、それから渋谷ですね。渋谷の鉢山町ってところで、いまでこそブティックとかありますけど、当時は社宅だらけ。ウチも社宅だったんですけど、いまで言うNTTだとか、伊藤忠だとか、あのへんの企業系の社宅がいっぱいあるところだったんです。

玉袋　一流企業の人たちだらけってことですね。

蝶野　みんな社宅に入ってしばらくして出世したら、郊外に一軒家建てて引っ越すって感じだったんで、みんなどんどん転校しちゃうんですけどね。で、俺は5年生で三鷹に引っ越すんですけど、そこがまた品が悪くてね（笑）。

ガンツ　これまで周りはエリートの子どもばかりだったのに（笑）。

蝶野　ちょうど三多摩はみんな同じように引っ越して一軒家を建ててというような人が多くて、調布だとか八王子のほうにもどんどん住宅が広がっていってたんで、そこを拠点とする工務店の息子さんとかが多かったんですよ。

玉袋　職人のセガレなんかも多かったんだろうな。

蝶野　あと、俺らの地域には団地があって。団地族の先輩たちが悪くてね。

玉袋　俺は新宿でしたけど、確かに当時の団地は悪かった！

蝶野　俺は最初、そのへんのことがわからなかったんですけどね。当時は子どもの世界でもボスっていうのがいたじゃないですか？

玉袋　ガキ大将ですよね。

蝶野　渋谷の場合、低学年はスポーツができるヤツがボスになるけど、3、4年生ぐらいになると進学塾に通い始めるんで、文武両道じゃないと大将になれなくなるんですよ。

椎名　腕力があっても、バカじゃ上に立てなくなってたんですか。東京だな〜。

蝶野　で、俺はちょうど悪くなったときに三鷹に行って。三鷹は誰かが引っ越してきたら、すぐ腕相撲を挑まれるんですよ。

椎名 まんま力の世界でしたか（笑）。

蝶野 そう。とくに都心から来たヤツが標的にされて。やっぱり肉体系の息子さんが多いところだったんで、力自慢というか、力が強いヤツが上に立つ世界だったんですよ。でも、俺は悪かったし、腕力強かったから、腕相撲でも勝っちゃって、1週間も経たないうちにポジションを築けたんだよね。

椎名 あの渋谷から来たヤツ、強えぞ！　っていう。

蝶野 そこはわかりやすくて、逆におもしろかったね。

玉袋 転校先で勉強とかもついていけたんですか？

蝶野 勉強はね、渋谷のほうではみんな進学塾に通ってたから、学校の半年先、1年先をやってるんですよ。だから、三鷹に引っ越したら、全部渋谷の復習になっちゃって、5年生のときは学年のトップになっちゃったんですよ。

玉袋 学年トップ！

蝶野 渋谷の進学塾では100人ぐらいが成績順に座らされてて、俺なんか一番ケツのほうで嫌々勉強してたんだけど、三鷹に行ったら、もう知ってることしか出てこないから、すぐ学年トップになっちゃって。その1年間だけは、スポーツも勉強もできる凄いヤツになってましたね。

玉袋 じゃあ、中学は私立に行ったりしなかったんですか？

蝶野 親に受けろって言われて、しょうがないからどっか受けたんだけど、落ちちゃったんですよ。結局、評判の悪い、親が絶対に行かせたくないって言ってた公立に行って（笑）。

椎名 そんなに悪かったんですか（笑）。

蝶野 当時、俺は不良の世界を知らなくて、どんな学校かも知らなかったんだけど。ひとつ上にスポーツ万能の憧れの先輩がいたんで、その人が行ってる中学に行きたいと。で、俺が6年生のとき、その人は中学入ったんだけど、こんなチョッパーのバイク乗って、髪の毛はマッキンキンになってたんだよね、中学1年生なのに。で、周りは「カッケー、あの先輩！」とか言ってるんだけど、ウチの兄貴とか姉貴は渋谷育ちでそのまま私立の中学に行ったんで、そういう世界とはあんまり接点がなかったから、俺もその世界がわからなくて。

椎名　まったく文化が違ったんですね（笑）。

蝶野　それで俺は三鷹五中っていうところに入ったんだけど、その学校はふたつぐらい団地が絡んでるんですよ。その団地っていうのは、そこに住んでる人以外は近づけないエリアっていう噂の場所で。

ガンツ　そんなエリアが東京にありましたか（笑）。

蝶野　でも、実際に中学行くと、悪かった先輩たちがあんまりいないんですよ。それで「あれ、先輩たちどうしたの？」って周りのヤツに聞いたら「いや、もう学校来てないよ」って。そこで表の番長も裏番も、2年になったらもう学校に来ないってことを知るんだよね。

ガンツ　在籍してるはずなのに見たことない（笑）。

玉袋　義務教育でもなんでもねえ（笑）。たぶんそのときもうシノギ始めてたと思うよ。

蝶野　で、自分はそういうツッパリの世界はわからなかったけど、小学校の頃から他校とケンカはしてたんで。三鷹五中は4つの小学校から集まってたんだけど、「北野小から来たヤツでは蝶野が一番強い」とは言われてたんだよね。でも、不良グループには入ってなかったから、ケンカがあったら呼ばれるっていうだけでね。

ガンツ　ケンカはしてたけど、いわゆる不良ではなかったと。

蝶野　ただ、中学1年のときにバスケットをやってて、各部活にひとりか2人は必ずキンの先輩がいるわけですよ。

ガンツ　キンの先輩！　上田馬之助系の人がいたわけですか（笑）。

蝶野　その先輩たちに「空気椅子だ」とかやらされてるとき、たまにしか来ない3年生の表番と裏番の人が完璧な私服で来て。俺らは金髪の怖い先輩に言われて空気椅子やってたんだけど、裏番の人が「こんなのやんなくていいよ！」ってやめさせて。金髪の先輩にも「おまえ！　こいつらにこんなのやらせるな！」「すみません」とか言って。そのとき、「こういう縦社会があるんだ、カッコいいな」って（笑）。

ガンツ　初めて不良の縦社会に憧れを感じてしまいましたか（笑）。

蝶野　裏番とか表番の人には、先生も何も言えないような立場だったからね。あとスケ番の裏番でトヨコさんって人がいて、その人もほぼ学校に出てこない伝説の人だったりしてさ、おもしろかったよね。

玉袋　いいねえ！　伝説のスケ番がいるってのがいいよ！（笑）。

蝶野　だから、三鷹五中っていうのは、あのへんで有名で。俺らが吉祥寺なんか遊びに行くと、あの辺の不良連中に「おまえら、どこの中学だよ」って声をかけられるんだけど。「三鷹五中だよ」って言うと、「五中か、じゃあいいよ」って言われるんですよ。

椎名　三鷹五中には手を出すなと（笑）。

ガンツ　いやあ、吉祥寺っていう場所も含めて、まんま『ろくでなしＢＬＵＥＳ』ですね（笑）。

パンチに剃り込みの高校生活

玉袋　蝶野さん、その頃はプロレスは観てなかったんですか？

蝶野　観てなかったですね。ウチは親父がうるさかったんで、家では漫画も読ませてもらえなかったし、テレビも基本はＮＨＫ。で、勉強しろ勉強しろって。

玉袋　じゃあ、プロレス番組はもちろん、ドリフとかも全然観てないんですか。

蝶野　観てないです。バラエティ系はほとんど観てない。

椎名　凄い厳しいですね！

蝶野　だから俺、テレビはほとんど観てないし、不良グループに入ってたわけでもないから、ひたすらサッカーをやって、あとはケンカぐらいでしたね。

ガンツ　それが高校になってから変わるんですか？

蝶野　高校になると、親も少し目を離すようになるから、部活が終わったあと、溜まり場のほうに行ったり、集会に参加するようになるんだけどね（笑）。

ガンツ　集会（笑）。

蝶野　でも、最初は違ったんだよ。俺はもともと中学3年のとき、サッカーのスポーツ推薦で国学院久我山っていう高校が決まってて。入試のテストは、3科目で30点ずつ取ればよかったの。

玉袋　30点って、赤点じゃないですか！（笑）。

蝶野　赤点だけど、30点ずつ取れていればいいと。だから完全に安心してて、そこ1校しか受けてなかったんだけど、いざテストをやったら、合計90点取らなきゃいけないところを80点しか取れなくて。

ガンツ　３００点満点で80点（笑）。

蝶野　これはヤバいって青くなってたところに、仲間が試験の帰りかなんかに絡まれて、何人かに袋叩きにされて。そういうことがあったんで、駆け込みでみんな集めて隣の中学に殴り込みに行って。そしたら相手が大きなケガしちゃったんですよ。それが新聞沙汰になって、そこに赤点が重なって、これはもう高校浪人だと。覚悟はしてたんだけど、多摩センターにある都立の永山高校っていうところが、遠すぎて人が集まらなくて二次募集をかけてたんで、なんとかそこに入れたんですけどね。

ガンツ　中卒で浪人はなんとか避けられたと（笑）。

蝶野　で、その新聞沙汰の事件を起こした十何人が「もう改心して、こういうことは絶対やめよう」って言って、みんなそれぞれ高校なり仕事なり専門学校なりに分かれて、ケンカとか悪さはやめたんですよ。でも、1カ月ぐらいして、みんなどうしてるんだろうって話になったとき、「誰々はバイクに乗ってる」とか、「誰々は烏山工業ってところに行ってる」っていう話が入ってきて。

玉袋　烏山工業、カラ工ですね。あそこも悪くて有名でしたもんね。

蝶野　悪かった。「カラ工はすげえよ、学校じゃない！」とか言われてて。

ガンツ　学校じゃない（笑）。

玉袋　カラ工の名は、都内全域に轟いてたんじぇねえかな？

蝶野　そういう情報を聞いたら、またみんなが1カ月も経たないうちに同じように、そういうところに手をつけ始めて。

椎名　当時は不良が流行ってましたもんね（笑）。

蝶野　俺らの頃って、高校にまで行くヤツでも、1年の夏ぐらいでだいたい学校からいなくなってて。入って1年後くらいになると、亡くなってるヤツが何人もいたもん。

ガンツ　それ、死因は何なんですか？

蝶野　だいたいバイク事故。

玉袋　バイクでやっぱ死んじゃうんだよね。

ガンツ　そういう時代だったんですね。

玉袋　でも、蝶野さんが暴力事件を起こしたとき、厳格な親父さんはどうだったんですか？

蝶野　あのときはね、まずお袋が警察に引き取りに来て、家に帰ったら親父に呼ばれて、「おまえ何やったんだ」って言われて、「ケンカです」と。「どういうことなんだ？」「仲間がやられたんで、敵討ちに行ってきた」と。そしたら親父が「誰が先に手を出したんだ？」「俺が最初に手を出した」「じゃあいい」と。

ガンツ　それでオッケーなんですか（笑）。

蝶野　昔の人だから、ケンカはしていいんですよ。ウチの親父も若い頃はずいぶんケンカしてたらしいから。

椎名　ケンカが当たり前の世代なんですね。

蝶野　だから、俺は何回か捕まってるんだけど、ケンカでは怒られなかった。3回ケンカで1回タバコで捕まって。でもタバコも昔の人にしたら、べつに中学高校ぐらいで吸ってたから。やっぱそのへんはね、昭和ひとケタの人だから、感覚が全然違ってた。あと服装にしても、たぶんいまの俺らが若い人たちの悪い連中の見分けがつかないのと一緒で、親父たちは俺らの世代がボンタン穿いたり髪の毛染めたりパンチにしたりしても、それはどのレベルのワルなのか見分けがつかなかったんだと思う。だから、いろいろうるさく言われてたわりには、髪の毛剃り入れてパンチパーマにしても、そこは何も言われなかった。

椎名　パンチが不良だってわかんないんですね（笑）。

蝶野　お袋とか、おばあちゃんには「正洋ちゃん、それどうしたの？」とか聞かれたけど、「いまちょっと流行ってて、サッカー選手だから短いこういう頭にしてるんだよ」とか説明したら、何の問題もなかった。

ガンツ　あくまでサッカーのための、剃り込みとパンチだと（笑）。

玉袋　そのときファッションはどうだったんですか？

蝶野　俺らのときは学生服をちょっといじくってボンタンにしたり、ハイウエストにしたりとかっていうような格好で。私服だと夏はアロハで、ちょっと親父みたいな格好ですよね。へんなスーツとかも流行ってて、パッと見たらオッサンだよ（笑）。

玉袋　冬はハイネックにドカジャン羽織ってね。

椎名　パイプのマーク入ってるやつとか（笑）。

蝶野　親父みたいなジャケット着て、あれどっかのオッサンだよ。

暴走族のヘッドに

ガンツ　それで高校時代は、暴走族のヘッドにもなるんですよね？

蝶野　俺はそっちもホントはあまり参加したくなかったというか。俺らのヒーローだった先輩とか、表番、裏番の人たちはそっちのグループには入ってなかったんだよね。俺もずっとサッカーもやってて、そっちのほうはやめようと思ってたんだけど、誘われてるうちにおもしろくなってきちゃって。単車も持ってなかったんだけど、なぜか集会で単車のヘッドに選ばれちゃって。慌ててどっかのヤツをカツアゲしてバイクを調達してね。

ガンツ　慌ててカツアゲで調達（笑）。

蝶野　ナンバープレートもない、車検もない単車を知り合いのところに置いといてもらって。で、集会になったらそれに乗っていくんだけど。1回エンジン鳴らすと半径5キロぐらいバンバン聞こえるような、もの凄くうるさいバイクだったから、あんまり鳴らさないように集会場までゆっくり押してって。

玉袋　ワハハハハ！　周囲に気を遣う暴走族のヘッド！　最高だな（笑）。

蝶野　でも俺はバイクでは1回も捕まったことない。月に1回か2回、東京を何カ所か走るんですよ。そのときに、もともと先輩からの流れで、ちゃんと走る場所を1週間前とかに下見するんですよね、仲間で。

ガンツ　捕まらないルートをロケハンするわけですか。

蝶野　そうそう。どのコースを走って、ここだったら200、300台ぐらいで走ってたら警察に通報されたら捕まるから、こっち行く振りをしてこっちに避けようとか。基本は渋谷、赤坂、六本木とかで、最後に新宿を回る都内コースとか。あと調布とか、三多摩をグーッと流して帰ってくるとかね。要は走ってるよっていう宣伝みたいなもんで。

ガンツ　存在をアピールするのが目的なわけですね。

蝶野　ただ、俺たちの頃は、ちょうど交通機動隊っていうのが暴走族用の対策の出始めで、一番キツいときだったの。だから俺らの年のときが一番（暴走族の）解散率も高くて。翌年には、ほとんど暴走族がなくなっちゃったの。それで俺らの後輩は逆に愚連隊とかっていうようなカタチに変わっていって。

ガンツ　より、ひどくなっちゃったわけですか。

蝶野　いや、俺らの先輩たちがひどかったから、規制が厳しくなった。俺らの先輩たちは、まず走り屋の人たちから集団になって、それがパーティーみたいに膨らんで、それからシンナーとかが流行って、事故が増えたり、いろいろ暴走行為がひどくなっていった。それで交通機動隊が一気に入って1年ちょっとぐらいでガッと終結させられていったんだよね。俺らは三鷹のハンテンってチームだったんだけど、その頃、デカいとこはほぼみんな捕まっていましたね。

椎名　デカいところは、捕まりやすいんですか？

蝶野　デカいところっていうのは、チームがデカいわけじゃなくて、いろんなところから寄せ集めで5～600台のパーティになってるんですよ。要は頭とケツ持ちと真ん中だけをグループのヤツがやって、あとは寄せ集めで走るんで、お祭りみたいなもんですよ。そこで、頭とケツがしっかりしてないと捕まっちゃう。

ガンツ　寄せ集めをすべて統率できるぐらいの頭とケツじゃなきゃ、簡単に捕まっちゃうわけですね。

蝶野　俺らなんかは逆に100台ぐらいで、地元の五中のOBだとかね、そのへん中心で走ってたから、捕まらないというか。ちゃんとみんな役割があって、バイクっていうのはまず頭が入って信号止めて、真ん中の本隊をバーッと走らせてあげなきゃいけない。それで、うしろでケツ持ちやるヤツっていうのは、パトカーとかがうしろから来るから、蛇行して煽って、俺らを煽って援護してやらなきゃいけない。

玉袋　『警視庁24時』で観る映像だ！

蝶野　ここの連中はケツ持ちがしっかりしてるかっていうので度胸据えなきゃいけないから。単車のリーダーっていうのはケツ持ちをやるんですよ。それで後ろからパトカー4～5台に囲まれて、バンバンぶつけられて。

椎名　え、パトカーがですか？

蝶野　そう、パトカーからぶつかってくるから。
椎名　何やってんだ警察も（笑）。
蝶野　だからケツ持ちが大事なんですよ。変な集まりだと、パトカーが来ただけでビビッて散らばっちゃうから、それで捕まっちゃう。俺らのところはケツ持ちちゃんとやってくれよっていうことで、逆に前をいく先輩たちはわざとゆっくり走って、俺は後ろで警察とバカバカやって、「うるせーコノヤロー！」とか言って、旗振りながらやってましたね。
椎名　よく逮捕されなかったですね（笑）。
蝶野　だけど、そういうカタチで交通機動隊の規制が入って、ケツ持ちがしっかりしてないところはどんどん捕まっちゃったり。ヘッドが少年院入れられたりしたときは、俺らが援護しに行ってあげて、頭とケツ持ちをやってあげたりとかっていうような、いまのプロレスでいうコラボじゃないけど、そんなような時期でしたね。
ガンツ　チーム同士のコラボで警察に対抗してた時期だったんですね（笑）。
玉袋　凄え時代だよ（笑）。
蝶野　でも、それがもう最後で、そのあと（東京の暴走族は）ほとんど残ってないですよ。
椎名　東京はやっぱ早いですね。蝶野さんの世代が最後なんですか。
蝶野　俺らが最後ですね。
椎名　田舎はもっとあとですからね。
ガンツ　ウチの田舎なんて、まだやってますよ（笑）。

藤波vs長州でプロレスにハマる

玉袋　蝶野さんも高校卒業と同時に、そういう世界から足を洗った感じなんですか？
蝶野　そうなんですけど、もともと「まず卒業できないだろう」って言われてたんですよ。それは自分でも思ってて、留年するつもりでいたら3月のギリギリに「卒業できる」って言われて、「えぇーっ⁉

３学期のテストもほとんど白紙で出してるのに、これおかしいんじゃねえか」と思って。

玉袋　学校も追い出したかったんじゃないですか？　トラブルメーカーだから（笑）。

蝶野　でも俺、学校内ではトラブルないんですよ。校内でシンナー吸ったりとか、女の子と変なことしたりとかね。俺は家でもそうだし学校内でのトラブルはほぼない。というのは、面倒くさくて嫌だったから。

椎名　いちいち、学校内で反発するのも面倒だったんですね（笑）。

蝶野　だけどテストはまったく白紙に近い状態で出してたんで、よく卒業できたなと。でも、卒業後のことが何も決まってないのに卒業できちゃったから、逆に困っちゃって、半年ぐらいプータローみたいな生活でしたよ。でも、親に「ちゃんとしなさい」って言われて、一応、浪人生ってことで秋か冬ぐらいからゼミに行って、大学受験をするような方向になってたんですけど、ちょうどその頃にテレビでプロレスを観るようになったんです。

ガンツ　あ、高校卒業するくらいに、ようやく民放のテレビが観られるようになったんですか。

蝶野　それもあるんだけど、それまで金曜とか土曜っていうのは、絶対に集会とかがあったから。

ガンツ　集会が忙しくて、金曜の夜に『ワールドプロレスリング』を観てるヒマなんかなかったと（笑）。

蝶野　忙しくて、まったくテレビ観てなくて。それが高校卒業して、周りはそれぞれ進路が決まって、遊ぶヤツがいなくなって。で、親父もその頃は仕事が忙しくて帰ってくるのが遅かったんですよ。だから、テレビを家で観るようになって、たまたまプロレスを観たら、「うわ、凄え！　カッコいいな、ケンカやってカネになるのか！」っていうような、最初はそんな感覚でしたね。

玉袋　そっから、「プロレスラーになろう」ってなったんですか？

蝶野　最初は全然、自分の将来なんか考えられなかった。俺が高校卒業してフラフラしてる時期に、「誰々は〝本業〟のほうに行った」とか、そういう話も聞こえてきたんだけど、俺は本業のほうにあまりいいイメージを持ってなかったというか。やっぱり、弱い者を見つけて、シンナーだとかをもの凄く高い値段で売りつけてシンナー漬けにしちゃったり、全然いいイメージがなくて。不良のなかでも、俺たちのヒーローだったカッコいい先輩たちは、そっちの道には行ってなかったから。だから、本業っていうのは自分の目指すものではないし、かといって何をやればいいかわからないときに、プロレスというものに出会ってね。

椎名　ちなみに誰の試合だったんですか？

蝶野　藤波さんと長州さんの試合だったんだけど、こんなにスポーティーな競技だったのかって驚いてね。プロレスって、それまで俺のイメージの中では、血を流し合って、怪獣の世界みたいだった。

ガンツ　スポーツとはかけ離れた世界ですね。

蝶野　全然異次元の世界で、自分らが目指せるようなもんじゃないっていうのがあったんだけど。藤波さんと長州さんの試合は、身体もそこまで大きくなさそうだし、目指せないあれでもないし、カッコよかったんで、どんどん興味をそそられていって、週刊誌を買うようになってね。

ガンツ　あっという間に、『週プロ』とか『ゴング』を買うまでハマりましたか。

蝶野　だから予備校だけ行って、これからの自分の方向性が決まってない時期にプロレスっていうものが見えてきちゃって。最初はファンとして観ていたんだけど、19歳で浪人中というタイミングもあって、「飛び込んでみよう」ってなったんだと思います。これが高校時代とか、大学入った後にプロレスと出会ってたら、たぶんやってないと思う。

玉袋　完全にエアポケット状態のところにポーンと入ってきたんですね。

蝶野　そうですね。

玉袋　でも、プロレスラーを目指すとなると、まずは身体を作らないといけないですよね？

蝶野　だから、プロレスを見始めてすぐに1浪目の受験があったんだけど、勉強もしてないからもちろん全部落ちて。2浪目はもうプロレスラーになるって決めてるんだけど、親には大学目指してるふりをしなきゃいけないから、「大学でスポーツがやりたい。今度はサッカーじゃなくて、アメリカンフットボールをやるから、そのために身体を作らなきゃいけない」って言って。

ガンツ　ウェイトトレーニングばっかりしてるけど、これはあくまで大学に入る準備だと（笑）。

蝶野　そうそう（笑）。それで、プロレス雑誌の裏に載ってる通販で、バーベルを買ったりしてね。

ガンツ　のちに日本通販でパワートレーナーのＣＭに出る蝶野さんは、レスラーを目指す時から、通販を利用してたんですね（笑）。

蝶野　で、バーベルにもいろいろ重さがあるんだけど、「レスラーはみんな１４０～１５０キロぐらい平気で上げてる」っていう記事を見てたから、「やっぱり１４０キロセット買わなきゃいけないかな」って思って買ったら、やったことないから最初30キログらいのやつでも上がらなくて潰れちゃって、そんな世界でしたね。

椎名　トレーナーも補助もなく、素人がいきなりベンチプレスやるって、いま考えると危険ですよね（笑）。

蝶野　まったくわからないから見よう見まねで。プロレスに行くっていうのは、親にも内緒だし、昔の仲間なんかにも一切言ってなかったんですよ。

玉袋　あ、そうなんですか？

蝶野　悪い連中って、じつは現実的で、夢を見るタイプじゃないでしょ？　それが、高校出たあとプロレス目指してるなんていうのは、あまりに夢見がちでちょっと恥ずかしかった。

玉袋　そうだよな〜。不良ほど、手に職付けたり、すぐ結婚しちゃったりするからね。

蝶野　これが中学高校ぐらいから目指してるんだったら、まだ恥ずかしくなかったけど、俺はずっとサッカーで来たから。「なんでプロレスなの？」ってなるし、ワルの延長線でもない。だから恥ずかしくて言えずにいて、入門が決まったあと、初めて昔の仲間にも明かしたんだよね。

玉袋　ご両親にはどう説明したんですか？

蝶野　親にはそれまでずっと内緒で、それでも「アメリカンフットボールをやるため」って嘘をついて、1日5食ぐらい用意してもらったり、夜食作ってもらったりしてたんですよ。で、大学は受けたところが全部落ちたんですけど、最後の1校だけ受かって。「やっと大学に行ってくれる、よかった」って親が安心してるところで、「ちょっと話があるんだ」と切り出して。

ガンツ　ついにプロレス入りを打ち明けましたか（笑）。

蝶野　親父とお袋に、「じつは」という話をしたら、お袋は泣いて。親父は「おまえ、何バカなこと言ってるんだ。そんな世界で通用するわけないだろ」というような、取り合ってももらえない感じで。それでも2〜3時間ぐらい話して、「とにかく1回やらせてくれ」って食い下がったら、「じゃあ期間を決めて、半年なら半年、1年なら1年、やるだけやってみろ。絶対できないから」って言われて。「じゃあ1年だけやらせてくれ」ということで、新日本から預かってきた入門の同意書にハンコ押してもらおうと思ったんですよ。そしたら、そこに「ケガ、死亡については一切責任取りません」って書いてあるんで、「おまえ、なんなんだこれ！　こんなのありえないだろ！」って。

椎名　アハハハハ！　どういう会社なんだって（笑）。

玉袋　元祖ブラック企業だよ（笑）。そりゃ子どもをそんなとこ預けたくねえよなぁ。

新弟子・武藤の駆け引き

蝶野　でも、「どうせ、もたないから」ってことで、なんとか判を押してもらって、それで入ったんだけど。実際、入門してもほとんどが1週間ももたないんだよね。俺らが入った頃は、まだ前田さんとかUWF系がいて、長州さんたちもいたから上が詰まってて。毎年、新弟子なんて洗濯番みたいなのがひとり残ればいいって感じで、デビューもさせずに使い捨ててしてたんですよ。

ガンツ　所属させられる枠は決まってるわけだから、逆に何人も残られても困るぐらいの。

蝶野　そうそう。だから、最初の1カ月ぐらいは、ほんんどカスみたいな扱いですよね。練習しようにも道場は選手でいっぱいだから、「おまえら、外でスクワットやっとけ」って言われて、ただひたすらスクワットだけやらされて。とにかくへバるヤツを待ってるだけなんですよ。それで2〜3日ぐらい経つと、明らかに相手にされてないってことにみんな気づき出して、「あ、これは少しずつ脱落していって、最後に残ったヤツだけがデビューできる脱落ゲームなんだな」ってことがわかるんですよ。

ガンツ　なるほど！　UFCのリアリティショー『TUF』と同じで、最後に残った人間だけがデビューできるような仕組みだったんですね。

蝶野　だから、先輩なんか見ても、1年にひとりかふたりくらいしか残ってないんですよ。それで俺ら新弟子同士も会話なんかなくて、「誰が先に辞めてくれるか」っていう感覚しかないから。

玉袋　お互い牽制し合うだけなんだ。

蝶野　そのとき唯一、新弟子だけの空間になる場所っていうのが、練習やちゃんこ番、雑用なんかをすべて終えたあとのシャワーだったんだけど。入って3日目か4日目に、同期の武藤さんが「あー、俺ダメだ、もう無理だ！　こんなとこでできねえわ」って言い出して、そしたら15歳の子がいて、彼も「無理だ」って言って。こっちは「よし、ふたり抜けた」って思ってたんですよ。そしたら翌朝、15歳の子は鞄背負って出てきて、先輩に「もう練習ついていけないんで辞めます。高校入り直して、高校野球で甲子園目指します！」とか言って辞めてね。

椎名　夢があるなあ（笑）。

蝶野　「おう、がんばれよ！」って言われて出ていって。でもあとから、「あいつたしか、定時制高校行くって言ってたけど、定時制で甲子園行けるか？」ってなったんだけど。

椎名　アハハハ！　甲子園じゃなくて、神宮じゃねえかよ！　って（笑）。

蝶野　で、次は武藤さんが出ていくのを期待してたんだけど、なんか普通に寮の掃除始めて、そのまま練習に加わってるの。たしか前の晩、食事のときに「寮を出たあと、等々力渓谷で合流して、一緒に街まで出よう」とか、そんな話をしてたはずなのに。だから、あの15歳の子、ずっと待ってたんじゃないかと思って。

玉袋　渓谷でひたすら武藤さんを待ってる（笑）。

ガンツ　武藤さんは、少年との約束をあっさり反故にしたんですね（笑）。

蝶野　あとから考えると、武藤さんは駆け引きで言ってたんだよ。誰かが弱音を吐けば、一緒に「俺も俺も」ってなるのを狙ってたんじゃないかと思う。

玉袋　あ〜、それはそうだな！

蝶野　だって、あのとき新弟子でひとりだけ22歳ぐらいでしょ？

ガンツ　ひとりだけ大人だったんですよね。

蝶野　で、少年のほうは15歳だから。

椎名　完全に手のひらの上ですね（笑）。

玉袋　武藤さんは練習の途中に「辞める」って言って、山本小鉄さんに引き止められたって話も聞きましたよ。

蝶野　そうそう。だから、2回ぐらい辞めるって言って、結局辞めてないんだよ。

椎名　辞める辞める詐欺だ（笑）。武藤さんっぽいですね。

蝶野　で、何人か脱落したあと、入って2カ月目ぐらいで新団体のＵＷＦが立ち上がるって話が持ち上がって。俺らは上がどうなってるのか、全然わからなかったんだけど。ある日、藤原さんが多摩川に新弟子を集めて、「じつは、こういう事情があって向こうに移籍する。だから、もうおまえらに稽古はつけられない。もし、来たいヤツがいるんだったら、明日の朝、俺についてこい」って、話してくれて。そこで俺らは初めて、団体が分裂するっていうのを知ってね。

玉袋　あ～、藤原さんの話で初めて知ったんだ！

蝶野　藤原さんも新日本を出るということに対してもの凄い決意があったんだと思うんだよね。律儀に俺たち新弟子に対してもいろんな話をしてくれて。途中で船ちゃん（船木誠勝）なんか泣き始めてね、凄く慕ってたから。あとは、みんな下向いて沈痛な雰囲気になってたんだけど、パッと横を見たら、武藤さんだけ空見てて、なんか話を聞いてないの。

ガンツ　ダハハハハ！　俺には関係ないって感じで（笑）。

椎名　武藤さんらしい（笑）。

蝶野　そのとき、笑いそうになっちゃって。みんな落ち込んで、泣いてるヤツもいるのに、ひとり聞いてないのがいるから（笑）。で、結局、俺らは状況もよくわからないし、新弟子で藤原さんについていくのはいなかった。でも、橋本選手だけは、髙田さんに凄くかわいがってもらってて、個人的に声を掛けられてたから、藤原さんラインじゃなくて、髙田さんラインでＵＷＦに行くつもりだったんだよ。そしたら、いざ髙田さんが辞める日に寝坊しちゃって。

一同　ダハハハハハハハ！

蝶野　のちに、ＵＷＦが戻ってきたとき、髙田さんに「おまえなんであのとき来なかったんだよ！」っ

て言われたら、寝坊だった。

玉袋　破壊王らしいな〜〜！

ガンツ　武藤さんも、じつに武藤さんらしいですよね（笑）。

蝶野　土手で藤原さんが真剣に話してるとき、こっちでは船ちゃんが泣いてる、**（獣神サンダー・）**[※282]**ライガー**は下向いてる、橋本選手は行く決意を固めてたから、なんか違う表情だったんですよ。で、武藤さんどうしてるかなと思って見たら、空見てるから。

ガンツ　「早く話終わんねえかな」みたいな（笑）。

蝶野　そんな感じで（笑）。

玉袋　おもしれえな〜〜！

付き人の気遣い

蝶野　それで、ＵＷＦで上がごそっと抜けて。あとは選手側じゃなくて、会社の営業部隊がタイガーマスクブームで凄い力をつけてたんだけど、その営業部隊が丸ごと別会社を作って、そこが母体となって長州さんたちをガバッと引き抜いたんですよ。

玉袋 それがジャパンプロレス？

蝶野 そう。ジャパンです。

玉袋 大塚直樹さんだ！

蝶野 そうそう。やっぱり、新日本の最盛期っていうのは、営業の強さもあって、会場が全部満員になってたんだよね。そこが猪木さんのアントンハイセルとかでトラブルになって、長州さんたちを引っ張って出ていっちゃったんだよ。だから、UWFとジャパンができて、新日本は上がほとんどいない状態。そうなると、俺ら新弟子も突然扱いが変わって、いままで辞めさせるための練習をさせるだけで、練習なんか見てもくれなかったのが、藤波さんとかが直接教えてくれるようになって。さらにUWFとかジャパンに若手を引っ張られないように、道場に小鉄さんとか、星野さん、藤波さんなんかが寝泊まりするようになってね。

ガンツ 上の人間が常駐して、辞めないように見張りをつけたと（笑）。

蝶野 そうそう。これ以上引き抜きされたら困るっていうことで、ずっと道場にいて。あとオフ中は、伊豆とかで合宿をやって、そのまま隔離しちゃう。

椎名 あの合宿って、一致団結のためじゃなくて、隔離するための合宿だったんですか！（笑）。

蝶野 そう、隔離。だから、上が抜けたことで、俺らは突然扱いが変わったんだよね。それまで辞めさせようとしてたのが、早くこいつらをデビューさせないと、試合数が組めないってことで、小鉄さんなんかも手取り足取り練習を見てくれて。

玉袋 蝶野さんたちは上が抜けてよかったけど、団体としてはピンチはピンチだもんな。そのとき、猪木さんは雲の上の存在ですけど、話したりする機会はあったんですか？

蝶野 猪木さんと直接はなかったですね。俺らのことは、藤波さん、小鉄さんなんかが面倒見てくれてたんだけど、そのふたりももともとは猪木さんに対してクーデターかけたりしてたりとか。

ガンツ　そういえば、そうですよね（笑）。

蝶野　だから、出ていった人間だけじゃなくて、残った人間もその前にクーデターかけてたりとか、複雑な状況だったんですよ。

椎名　凄い世界ですね……。

玉袋　たいへんだよ！

蝶野　それでも猪木さん、藤波さん、坂口さん、木村（健悟）さんとかいるんで、なんとか興行はできたんだけど、営業部隊がごっそりジャパンに行っちゃったから、地方なんかはガラガラで。１００人入らないっていうときもあった。そのとき、猪木さんがよくやってたのが、会場入りしたあと、俺ら若手を連れて町をランニングするんですよ。なんで、体育館の中じゃなくて、わざわざ外を走るのか思ってたんだけど、いま考えると、自分が町を走ることで宣伝活動をしていたんだよね。要は選挙活動みたいなもんで。

玉袋　「あ、猪木が走ってる！　今日、プロレスがあるのか」ってわからせるわけか。凄いなー。

蝶野　そこはホント凄いなと思います。

ガンツ　蝶野さんは、猪木さんの付き人も務めたんですよね？

蝶野　そうです。俺はデビュー半年後に猪木さんの付き人について。それまでは、すぐ上の先輩の洗濯とか雑用をやらされてたのが、付き人になると専属になるので、逆にほかの雑用はやらなくてよくなるんですよ。しかも、猪木さんの付き人っていうのは、歴代出世頭ってわかってたから、道場に付き人人事が貼り出されたとき、俺の名前があったんで、一瞬よろこんだんだけど、そのあと急にお腹痛くなっちゃって。その日の夜中、猪木さんが深夜2時か3時くらいに突然道場に来るっていう夢を見て、バッと目が覚めて廊下まで出てっちゃって。そういうプレッシャーがあった。

玉袋　いつ呼び出されても、粗相があっちゃいけねえってことか。そうだよな～。

蝶野　猪木さんはいつ練習に来るかわからなくて、たまに夜中に来たりするから、常に道具は用意しといて、猪木さんがいたら猪木さんの近くにずっと立ってて、何かあったらすぐ行動っていうのをしなきゃいけないから。その通達をもらった夜から眠れなくなっちゃってね。

ガンツ　それぐらいのプレッシャーなんですね。

玉袋　だから武藤さんは、木村健悟さんの付き人がプレッシャーなくて最高だったって言ってるんだよな（笑）。

蝶野　あれはズルいよね、立候補してるんだから（笑）。でも、あの頃一番憧れの付き人は藤波さんだったんですよ。藤波さんは付き人に小遣いくれるって聞いてたんで。たしか、船ちゃんが付いたんだったかな？

椎名　橋本さんは誰だったんですか？

ガンツ　坂口さんですよね。前代未聞の付き人をクビになったという（笑）。

蝶野　そうそう（笑）。坂口さんが興行部長やってて、売上金をジュラルミンケースに入れて巡業を回ってたんだけど、それを旅館に置いてきちゃって、大目玉喰らったり。あとは、坂口さんはもの凄く高い中国製の水虫の薬をカバンに入れてたんだけど、バスを降りようとしたとき、カバンの中身を全部ぶちまけちゃって、その薬の瓶が割れちゃったの。それで坂口さん怒っちゃってクビ（笑）。

玉袋　破壊王はおもしれえな～！（笑）。でも、付き人になったら必然的に距離は近くなると思うんですけど、蝶野さんは猪木さんとは一線引いてたんですか？

蝶野　いや、付き人にもタイプがあると思うんだけど、俺の前のライガーはすぐ近くに付きっきりで手足のように動いてた。ただ、俺はそれを見て、あんまり近くにいすぎるのも窮屈なんじゃないかなって感じてて。ライガーが海外に出て俺がメインの付き人になったときは、ちょっと距離を置いて、必要なときに寄ってパッと渡すような、一歩じゃなくて三歩ぐらい後ろにいるような付き人を心がけてたんですよ。猪木さんって、付き人に対しても「アントニオ猪木」でいようとするところがあったから。試合が終わって旅館に戻ってマッサージかなんかしたあとは、ホントはゆっくりしたいんだろうけど、猪木さんはそこで「今日はちょっと練習できなかったからスクワットだ」って、風呂入る前にその場でスクワット200回、300回やったりとか。ブリッジやったり、ストレッチ30分ぐらいやったりするんですよ。

ガンツ　付き人にそういう姿を見せるために。

蝶野　たぶんそうなんですよ、配下のレスラーに見せるという。で、ライガーなんかはずっと近くで見てるから、猪木さんは途中で絶対にやめられないんですよ。だから俺は逆に、俺と猪木さんしかいないような空間で猪木さんがそれを始めようとしたら、「すみません、ちょっと荷物取ってきます」って言ってわざと外すんです。そうすると猪木さん休めるじゃん。ホントに練習したかったらやればいいけど、俺のためにアピールしてるんだったら、そんな必要ないから。だから俺は「ちょっとタオル絞りに行ってきます」って言って、5分ぐらい外して、戻ってきたらもう練習終わってたりっていうようなことがよくありましたね。

玉袋　凄い気が利く、クレバーな付き人だな〜！

椎名　そこまで気が回るのは蝶野さんぐらいでしょうね。

ヨーロッパ修行へ

ガンツ　蝶野さんは若手時代、寮長もやられてたんですよね？

蝶野　やってましたね。

玉袋　厳しくないほうですか？

蝶野　一番ひどかったです（笑）。猪木さんの付き人で寮長もっていうことで、若手の長みたいになっちゃってて。俺もすぐ下に振るほうなんで。猪木さんの付き人もサブの**大矢**[※283]**（剛功）**に振って、道場の仕事もその下の**飯塚**[※284]**（高史）**とか松田（納／現・**エル・サムライ**）[※285]、**片山**[※286]**（明）**とか、そこらへんに「こういうふうにやっとけ」っていうことで。

ガンツ　不良時代から、子分の扱い方がよくわかってるんですよね（笑）。

蝶野　だから俺は道場にあんまりいなかった。

ガンツ　それまで門限が厳しかったのに、蝶野さんが寮長になったら、寮長自身が全然帰ってこないという。

蝶野　寮にはいなかったからね（笑）。

ガンツ　それで第3回ヤングライオン杯に優勝して、海外遠征が決まるわけですよね。

蝶野　優勝して1カ月後くらいに海外遠征に出されたんだけど、あんまり海外に行きたくなかったんですよ。道場も下に任せて自由が利いていい感じだったんで。

玉袋　ある意味王国作ってたから（笑）。

蝶野　しかも、ヤングライオン杯に優勝したら海外って決まってはいたけど、第1回で優勝した小杉（俊二）さんが、彼女がいるとかなんかの理由で海外遠征拒否したこともあったんで、俺も行かなくていいかな、と思ってたんですけどね。

ガンツ　小杉さんって、そんな理由で海外出なかったんですか（笑）。

蝶野　でも、俺は急に呼び出されて「こういう手続きをしてあるから、すぐに行け」って呼ばれちゃって。全然準備もしてなかったから、飛行機に乗っても実感がなかったんだけど、ファンの人にもらったTMネットワークとか米米クラブの音楽を聴き始めたら、「もう、俺は帰ってこれねえんじゃねえか」と思って、涙がボロボロ出てきちゃってね。

玉袋　とんでもねえ〝浪漫飛行〟になっちゃったと。

蝶野　そうそう（笑）。

椎名　英語圏ならともかく、ドイツですもんね。

蝶野　ドイツ語なんか、まったく準備してなかったから、もう困っちゃったんですよ。ほかの人間はというと、橋本選手はカルガリーで、そこは安達さんがいて、武藤さんも最初は**ヒロ・マツダ**[※287]さんがいるフロリダに行って、そのあとは桜田さんがいて、保護者付きなんですよ。でも、ヨーロッパ系は保護者がいないから、行った人間はだいたいホームシック。俺もホームシックになっちゃってね。

椎名　絶対なると思いますよ、それは。海外遠征の行き先っていうのは、どうやって振り分けられるんですか？

蝶野　俺らのときは会社がグチャグチャだったんだよね。だから、海外のルートもヒロ・マツダさんルートがメインであるけど、あとはカルガリーと、坂口さんのダラスルートぐらいしかなくて。服部さんは向こうに行っちゃったし、メキシコも浜田さんや新間さんがいなくなってたからなくなって。俺なんかは、**（ジョー）大剛**[※288]さんが元国際プロレスのルートで、ヨーロッパだったんですよ。

玉袋　ヨーロッパは、国際プロレスのルートだったんだ。知らなかったな～。

蝶野　でも、本道はアメリカルートですからね、あんまりいいルートではなかったんだけど、俺が新日本では初めての大剛さんルートだったんですよ。でも、大剛さんはカナダに住んでるから、ヨーロッパにいるわけじゃないし、先輩もいなかったからなんの情報もなくて、そこは大変でしたね。

玉袋　まったく未知の世界に飛び込んだってことか。

蝶野　ヨーロッパは大人の世界すぎてオープンなところがないというか。控え室なんかもレスラーはしゃべらないでタバコ吸ったり本読んだり、なんかダンディズムの世界なんですよ。アメリカなんかは若い選手もいて、サーキットするのもドライブしながら酒飲んだり、楽しい世界なんですけど、ヨーロッパはそういう雰囲気じゃなかったですね。

玉袋　それで言葉も通じなかったら、鬱になっちまうよ。

椎名　でも、蝶野さんは言葉が通じなくても、言いたいことを伝えるのがうまかったとか？

蝶野　ああ、もう手話ですよ、手話。

椎名　なんか、レストランでカルボナーラを頼むのに、ニワトリから説明したって聞きました（笑）。

蝶野　ホントに、手をバタバタさせてニワトリの説明から始めたからね（笑）。

ガンツ　そのあと卵を産んで（笑）。

玉袋　「置いといて」とかジェスチャーでやったりしてな（笑）。

蝶野　最初は会話がストレスになっちゃって。日本語英語みたいなのは、一切聞いてくれないんですよ。それで一時期ふさぎ込んだけど、ウィーンに行ったときは、日本レストランもあったから、少し気持ちがほぐれてきて。とにかく、身振り手振りでいいから、何でも伝えようと思うようになってってね。

玉袋　いやあ、海外でひとりで生き抜いた人は凄いね。行った人と行ってない人じゃ全然違うよ。人間的な徳が上がる。

椎名　蝶野さんは、それで結婚までしちゃったわけですもんね。

三銃士前夜

蝶野　最初はそこまで考えてなかったんだけどね。で、そのあとカナダ経由でアメリカに入るんですけど、トライアウト受けて入ったところがすぐ潰れちゃったから、モグリで入ってビザ申請してなかったんだよ。だから、ちょっとした軽犯罪なんかでも、捕まったら強制帰国させられちゃうから、その期間はビクビクしながら生活してましたね。

ガンツ　ようやくアメリカ本土に入れたけど、不法労働だったと（笑）。

蝶野　そうそう（笑）。

玉袋　入管が入ってきたらおしまいっていう。摘発されてるフィリピン人と一緒ですよ、それ！（笑）。

ガンツ　そのあと、**闘魂三銃士**※289が結成されるわけですか？

蝶野　そうですね。当時、武藤さんがプエルトリコにいて、俺はカナダ。で、橋本選手もカナダのカルガリーにいたんだけど、小さい女の子にサインも求められたとき、いわゆる放送禁止のマークかなんか書いて訴えられちゃって、試合は干されててね。

椎名　それ、武藤さんも言ってましたけど、どんな理由だって感じですよね（笑）。

玉袋　国辱だよ（笑）。

蝶野　で、ちょうど猪木さんがロスにヒジのケガか何かのリハビリに来てて、「試合がないならちょっと来い」って、橋本選手を付き人代わりに呼んだんですよ。たぶん、そのときに闘魂三銃士の話が出てきて、橋本選手が「武藤、蝶野と合流して来い」って言われたみたいで、まず俺とニューヨークで合流したんですよ。そのとき、橋本選手は猪木さんから預かったアメックスのゴールドカードで、サインを真似て平気でスーツを買ったりしてたんだけど。

椎名　それ、捕まりますよ！（笑）。

蝶野　「何かあったときに使え」って言われて猪木さんから預かっても、普通使わないじゃないですか。

ガンツ　なんかあったときのためにですから、最後の手段ですよね。

蝶野　そう。それなのに橋本選手は「蝶ちゃん、ニューヨークでなんか買ってけよ。買っていいよ」とか言ってさ。結局、4000ドル分ぐらい買ってましたからね。

玉袋　完全に横領だよ（笑）。

蝶野　で、武藤さんのいるプエルトリコに行って、3人揃って絵作りした写真をマスコミに撮らせてね。

玉袋　武藤さんなんかは「プエルトリコで売れてた

から、闘魂三銃士として3人一緒にされて日本に帰るのは嫌だった」って言ってましたけど、蝶野さんはどうだったんですか？

蝶野　いや、俺もカナダともう一個のところで食っていけるようになってたんで、そんなに日本でっていう思いはなかったですね。

椎名　帰りたがってたのは、干されてた橋本さんだけで（笑）。

蝶野　橋本選手は安達さんのところにいたから、日本の情報もいろいろ聞いていただろうし。ロスで猪木さんとも直接話してるから、「日本は長州軍が帰ってきても興行不振が続いてるから、おまえたちが救世主になれ」っていう話もされていたと思うんですよね。ただ、武藤さんなんかは、一度スペース・ローン・ウルフで帰国したときに潰されてるから、もう日本に興味がなかったんですよ。

ガンツ　「いい扱いをするから」って言われても、前回のことがあるから、信用できないと。

蝶野　でも、「とにかく一度戻ってきてくれ」ってことで、（1988年7月29日の）有明コロシアム大会で戻るんですけどね。

ガンツ　で、闘魂三銃士が生まれるわけですが、早くも2時間経ってしまいタイムアップということで、今回はここまでになります。

玉袋　おいおい、夏男なのにG1まで行かなかったよ！（笑）。

ガンツ　三鷹話があまりにおもしろくて、時間を使いすぎました（笑）。というわけでこの続きは、また次の機会によろしくお願いします！

※以下、2年半越しの後編スタート

ガンツ　今日は、蝶野正洋さんをゲストに迎えて取り調べを行なわせていただきます！

蝶野　でもこの座談会って前もやらなかった？

ガンツ　2年半前にやってるんですけど、あのときは話が途中で終わってしまったこともあって、忘れた頃に後編をやろうかなと。

玉袋　あれじゃ聞き足りないからね！

ガンツ　というわけで、あらためまして蝶野さんのレスラー人生を振り返ってもらいたいんですけど、前回は三鷹不良時代の話がおもしろすぎて、闘魂三銃士が初めて結成されるってところで話が終わってしまったんですよ（笑）。

蝶野　そんなところで終わっちゃったの⁉

玉袋　まだG1優勝どころか、凱旋帰国すらしてないっていうね。

ガンツ　しかも後半はけっこう駆け足だったので、あらためて海外遠征時代の話からうかがいたいんですけど。

坂口に出した手紙

蝶野　でも俺たちの海外遠征なんてカッコいいもんじゃなかったけどね。武藤さんは最初に海外に出て向こうで活躍したけど、1回なんとかウルフで帰ってきたら潰されちゃってね。

玉袋　スペース・ローン・ウルフですよね。

蝶野　それで逃げるような感じでもう1回海外に出てね。で、俺とか橋本選手が出たのはそのあとだから。UWFが戻って来て、さらに長州さんたちが戻って来たのに、それでも新日本のビジネスがダウンしてたから、収入が少ないのに人が多すぎるってことで俺らの同期や1個上の先輩であるケガした畑※290（浩和）さんとかを会社が切り始めたんだよね。その一環で俺も「若いヤツらを食わせていけない」ってことで海外に出されたんだよ。

玉袋　口減らしですか？

蝶野　まさにそう！　俺なんかわけもわからずドイツに飛ばされた感じだから。

椎名　海外遠征って普通、アメリカ、カナダ、メキシコあたりに行くのに、なんで蝶野さんだけドイツだったんですか？

蝶野　俺の頃はルートがそんなになかったんですよ。アメリカはマーケットがどんどん潰れていくような状態で。

ガンツ　WWEの全米侵攻の時期ですもんね。

蝶野　それでちょっと前にIWGP[※291]（リーグ戦）にオットー・ワンツ[※292]が来てた兼ね合いで、ヨーロッパにパイプができたってことで俺がポンと行かされたと。新日本からドイツに選手を出すっていうのは、藤波さん、木戸さん以来、10年以上ぶりだったらしいんだけどね。

玉袋　蝶野さんはアメリカよりヨーロッパが合ってたんじゃねえかって思うんですけど、言葉の問題がありますよね？

蝶野　こっちは英語だってしゃべれないのに向こうはドイツ語ですからね。もう1週間ぐらいですぐホームシックになって。

玉袋　1週間って旅行ぐらいですよ！（笑）。

蝶野　でもホントに一切言葉が通じないから、会場とホテルの行き来しか外に出なくなっちゃったの。引きこもりっていうか刑務所にいるような感じ。でもしばらくして「これもいい勉強だな」と思えるようになって、坂口さんに「プロレスラーになってなかったらこんな場所にも来られなかったし、こんな経験はできなかった。プロレスラーになってよかったです」なんて手紙書いちゃったりしてね。

玉袋　最初は「刑務所だ」と思ってたのが「来られてよかった」と思えるところがいいね。

蝶野　俺、生まれがアメリカの（ワシントン州）シアトルなんで、一度は自分が生まれ育ったシアトルに行ってみたいっていう願望があったんですよ。それで俺がドイツで最初に行ったグラーツっていう街の公園で、パッと空を見上げたとき、「あれ!?　これは俺が子どもの頃に見ていた空じゃねえのか？」って全然場所は違うんですけどそんなふうに思えて。そこから気持ちが少し変わって。ここもまた、俺にとってひとつの故郷になるかもしれないと思って、そっから自分の気持ちを素直に手紙に書けるようになったりしたんですよね。

玉袋　ドイツの空を見て、「ここも俺の故郷かもしれない」って思える蝶野さんの感性が凄え。生きるための術でもあったんだろうけどね。

蝶野　ただ、やっぱり言葉が通じないんでドイツは大変ですよ。俺のあとに行った船ちゃんもノガちゃん（**AKIRA**）[※293]も**小原**[※294]（**道由**）もみんなホームシックになっちゃったから。で、言葉が通じないから控え室でもひとり黙って下向いているばかりで。小原なんか日系ヒールのギミックでステッキを持ってリングに上がってたんだけど、ほかのレスラーのイタズラで毎日そのステッキが少しずつ削られて。気がついたら凄え短くなっちゃってたんだけど、そうなるまでわからなかったらしいから（笑）。

椎名　そこまで気づかないとイタズラするほうもやりがいがないですね（笑）。

蝶野　もうこんな短くなっちゃって（腰を曲げて杖を突く）。

ガンツ　ダハハハ！　志村けんの婆さんコントみたいに（笑）。

椎名　蝶野さんは言葉がわからないからレストランでカルボナーラを頼むとき、鶏の真似したっていうのはホントなんですか？（笑）。

蝶野　それは、向こうに行った日本人レスラーみんなやってますよ。

玉袋　みんなやってるんだ（笑）。

蝶野　ファミレスみたいなところに入ってもメニューに写真が付いてないからわかんないんですよ。全部ドイツ語だし。だから最初の頃は隣の人が食べているものを指差して、「あれ」って言ってたんだけど、それだと人のもんしか食べられない。それで「ビーフ」って言っても通じないから、「モ～、モ～！」とか牛の泣き真似をしてみたんだけどやっぱり通じないんですよ。

玉袋　ガハハハハ！　レストランで「モ〜、モ〜！」って言ってる蝶野さん、最高だね（笑）。

蝶野　それで唯一通じたのがこれ（羽根をパタパタさせるジェスチャー）。

一同　ガハハハハ！

蝶野　だから鶏しか食べられない。

玉袋　でもチキンばっかり食ってるっていうのはヘルシーはヘルシーですよね。

椎名　ササミばっかり食ってた、初期のパンクラスみたいで（笑）。

蝶野　それで鶏とタマゴばっかり食ってて。ハノーバーって街ではイタリアンレストランの上の賄いさんが泊まるところに部屋を借りて住んでいて、いつも食事は下のレストランで食べてたんですけど、俺が行くと言わなくてもカルボナーラが出てくるようになっちゃってね。

ガンツ　大のカルボナーラ好きだと思われて（笑）。

蝶野　そのレストランの人たちが1回俺の試合を応援に来てくれたことがあったんだけど、みんなで「カルボナーラ〜！」って叫んでたから（笑）。

一同　ガハハハハ！

テネシーのハシフ・カーン

玉袋　〝カルボナーラ蝶野〟だったんだな〜（笑）。でもやっぱり言葉を覚えなきゃいけねえってことで、現地で彼女を作ろうってなったんですか？

蝶野　いや、俺は向こうに行ったとき、最初は全然遊んでなかったんですよ。俺が行った1987年っていうのはちょうどエイズが世界的に問題になり始めた頃で、その1年前はチェルノブイリの原発事故があったりして、ちょっと感染が怖かったんで遊んでなかったんです。それまでドイツに来た日本人っていうのは、昔の安達さんだ、桜田さんだって、みんな女をブイブイ言わせてたみたいなんだけど。

玉袋　ナガサキさんとヒトさんだったらそうだろう

な〜。

蝶野　でも俺は全然遊んでなかったんで、「コイツはなんで何もやらないんだ?」って思われるようになってね。

玉袋　コッチの気があるんじゃないかって(笑)。

蝶野　それはわからないけど(笑)、なんか塞ぎ込んでるように思われてたんですよね。それでブレーメンのトーナメントが終わったとき、後援会主催みたいなパーティーがあって俺があんまり遊ばないっていうんで、イギリスのレスラーたちがそこに連れて行ってくれたんですよ。で、そこは後援会なんで40代、50代の人たちが中心に集まってたんだけど、たまたまマルティーナのお母さんも声をかけられて、「誰か若いコがいたら連れて来てくれないか」って言われて「じゃあウチの娘を連れて行く」っていうカタチで出会ったのが最初だったんです。

玉袋　そうやっていまの奥さんと付き合い始めて、蝶野さんのゲイ疑惑も晴れたというね(笑)。

蝶野　でもホントに「なんでアイツは遊ばないんだ?」って思われてたからね。

椎名　ドイツって風俗が有名ですもんね。

蝶野　エロスセンターっていうのがあるんですよ。

玉袋　エロスセンター!　また直球な名前だな〜!(笑)。

蝶野　街にそういうブロックがあってマンションに入るでしょ?　そうしたらワンルームみたいなところの前で女がイスに座って呼び込みやってて、こっちは白人、こっちは黄色系、こっちは黒人って分かれてる。

玉袋　ほう!　人種別のチョンの間みてえなのがあるんだ。

蝶野　で、人種によって値段が全然違う。俺はそこを見には行ったことあるんだけど怖くて入れなくてね。でも1回、日本から『週プロ』とか『ゴング』の記者が来たとき、一緒にストリップを観に行ったの。で、「せっかくだから前で見ようぜ」って一番前に陣取ってたらストリッパーが目の前に来たとき、俺のことレスラーだって気付いちゃってさ。それで次の日、試合会場で俺がリングに上がったら、「チョーノー！」って叫んでる女がいて、よく見たら昨日のストリッパーなの。で、そういうのって周りのレスラーもわかるじゃないですか？　だから控え室に戻ったら「おまえ、全然遊んでないのかと思ってたらやってんじゃねえか」って言われてね（笑）。

玉袋　ワハハハ！　ストリッパーをたらし込んでるじゃねえかって（笑）。

蝶野　「やってない、やってない」って言ったんだけどね（笑）。

玉袋　それは『週プロ』には載らない、いいストーリーだな〜。海外遠征はずっとドイツですか？

蝶野　いや、そのあとアメリカのカンサス、アラバマ、あとカナダにも行ってますね。

玉袋　けっこうまわってるんですね〜。

蝶野　ただ最初に言ったように、テリトリーが潰れていく時代だったから食えなくてね。それまで武藤さんがいたダラスもそれぐらいに潰れたし。

玉袋　エリック王国が崩壊した頃か〜。

蝶野　橋本選手が行ったテネシーはギリギリ残ってたんだけど、俺が行ったアラバマはそのあとなくなってしまったし。ギャラの未払いもだいぶ発生してね。カンサスなんか1回もカネもらえなかったから。

玉袋　ええ⁉　タダ働きですか？

蝶野　半年間ぐらいタダ働き。最後には潰れちゃって。

玉袋　うわあ。それも悲惨だなあ。

ガンツ　じゃあ「早く日本に帰りたい」って感じだったんですか？

蝶野　いや、俺は口減らしで海外に出された人間だからもう日本に帰れない、新日本には呼んでもらえないもんだと思ってたから。だから向こうに桜田さんとか先輩がいたんだけど、「俺もこういう道を歩まなきゃいけないんだな」って。

玉袋　日本から〝捨てられた身〟として、自分ひとりで生きていくしかないと思ってたんだ。凄いな、それ。

ガンツ　「早く帰って華々しく凱旋帰国したい」とか、そういう思いすらなかったと。

椎名　でも橋本さんは海外にいるときから「日本に帰ったらいくらのギャラで使われて」とか皮算用してたみたいですけどね。

蝶野　橋本選手はカルガリーで安達さんとかに「次はおまえらの時代だ」とか焚きつけられてたから、日本に帰ったあとのことばかり考えてたんですよ。まあ、そもそも橋本選手の場合、海外じゃ全然仕事になんなかったというのもあるけど。カルガリーでヘンなことをして試合を干されちゃったり。

椎名　女の子にサインを求められて、オ○○コマークを描いて国際問題になりかけたという（笑）。

玉袋　国辱もんだよ！（笑）。

蝶野　テネシーでも似たようなもんだったらしいしね。

ガンツ　ダハハハハ！　どこに行っても問題を起こして（笑）。

蝶野　どこに行っても真面目に仕事しないから（笑）。だけど「日本に帰ったら誰を倒してベルトを獲る」とか、そういう夢やプランを一番持っていたのは橋本選手でしたね。

ガンツ　橋本さんはなぜか帰国すれば自分がスターになれると思い込んでたんですよね（笑）。

蝶野　そこが不思議なんだよ。テネシーのハシフ・カーン（橋本のリングネーム）なんか見たら、とてもじゃないけどスターになれるようなレスラーだとは思えないんだから！（笑）。

ガンツ　ダハハハ！　橋本さん自身、のちに「ハシフ・カーンは三流レスラーだったんや！」って言ってましたからね（笑）。

玉袋　そっから三銃士結成になるわけか。

闘魂三銃士、結成

ガンツ　1988年7月29日、有明コロシアムでの闘魂三銃士初結成はその直後くらいですか？

蝶野　ちょっとあとぐらいだと思いますね。有明は俺がカナダにいた頃だったんで。カンサスのマーケットが潰れてカナダに逃げて来たんですよ。ちょうどその頃、橋本選手が連絡してきて三銃士を結成したんですよ。

玉袋　三銃士は破壊王の音頭で始まったんですか？

蝶野　猪木さんの指令ですけどね。ちょうど猪木さんがロスで手術とかやってて、そこに橋本選手が付き人として呼ばれたとき、いろいろ今後の話を聞いたらしいんですよ。それで俺のところに連絡してきて。

ガンツ　橋本さんが猪木さんの使者になったわけですね。

蝶野　ただ、その話が来た時点で武藤さんはプエルトリコでトップ張ってたから、「日本には帰りたくない」って言ってて、俺も同じような感じで「中途半端な状態じゃ帰れない」って想いがあったから躊躇してたんです。でも猪木さんの命令ってことで、とにかく飛行機に乗ってロスで合流して。俺らは日本の情報がわからないんだけど橋本選手だけは知ってて、「蝶ちゃん、これはいくよ。かなり（ギャラが）出るよ」と。「いくらなんだよ」って聞いたら「1本出るだろう」と。「なんだよ1本って。10万か？」って言ったら、「違うよ、100万だよ」って。

玉袋　1試合100万ですか！

蝶野　その当時のアメリカでトップクラスが1000ドル。ネームバリューのある選手で2000ドルとかそんなもんなんですよ。その1000ドルだってビッグショーじゃないとまず無理な数字なんですよ。だから「ありえないだろ。100万なんて出るわけねえじゃねえか」っていう話を橋本選手にしたんだけど、「いやいや、蝶ちゃんは日本の事情をわかってない。日本はいま企画が全部コケて、若い選手に期待がかかってる。俺らしかいねえんだよ」って言ってね。

ガンツ　たしかにあの頃は新生ＵＷＦがブームになる中、新日本はテレビ放送もゴールデンタイムを外れたばかりで一番苦しい時期でしたから、それは一理ありますね。

蝶野　橋本選手はカナダで安達さんから「おまえら最低でも１本出る」とも言われてたらしいんだよね。それで俺らは半信半疑のまま飛行機に乗って成田に着いたら、空港のタラップのところにまでたくさんカメラマンが来てて、「すみません、こっち見てください」って言うから「えっ⁉　誰か来てるの？」って思ったら、そのカメラマンはみんな俺たちを待ってたんだよね。それで３人とも目が点になって「こりゃ１本出るぞ！」って。

一同　ガハハハハハ！

蝶野　で、有明コロシアムの試合前にギャラ精算があったんですよ。坂口さんに３人で呼ばれて、「マジで１本だぜ！（給料袋が）立つぜ」って言いながらワクワクして行ったんだけど、渡された封筒がこんなに薄くて。中を見たら案の定10万なの。こっちはカナダのタイトルマッチもキャンセルして来てるのに、日本まで来てたかだか10万かよって。「ブッチャーの野郎……」って頭にきてね。そしたら当の橋本選手なんか「おまえ、この前貸したカネ、ここから引いといたからな」って言われて、封筒に１万ちょっとしか入ってないの。

玉袋　ワハハハハ！　ハガミしたぶんが引かれて１万しか残らなかった（笑）。

椎名　１００万とか言ってたのに（笑）。

蝶野　それで俺らみんな頭にきちゃってさ、「なんだ、この会社」「こんなのやってられねえよ。好きなだけ暴れて帰ろう」ってやったのが有明の試合だったんですよ。

ガンツ　藤波辰爾&木村健悟&越中詩郎を圧倒したのも、ギャラの不満を相手にぶつけただけですか！（笑）。

蝶野　そう。「もう関係ねえよ。やり逃げだ、やり逃げ」って（笑）。

玉袋　最高だな〜。夢の1本事件（笑）。

ガンツ　先輩を先輩とも思わない、大胆不敵な闘魂三銃士はそうやって生まれたんですね（笑）。

玉袋　10万しかもらえなかったことが、いいふうに転じたんだね。ホントに1本もらってたら、そんなことにはならなかったんじゃねえかな。

蝶野　キレイに受け身取ってたよ（笑）。

一同　ガハハハハ！

玉袋　いいなあ（笑）。

ドイツの破壊王伝説

ガンツ　あの有明での帰国は1試合だけ限定で、正式な帰国はさらに1年以上あとだったんですよね？

蝶野　そう。有明のあと、次の東京ドーム（1989年4月24日『格闘衛星・闘強導夢』）も1試合だけで、その年の秋に正式に帰国だから。でも俺は東京ドームのときに正式帰国かと思ってたから、またすぐアメリカに帰ることになって「これは捨てられる」と思ってね。しかもアラバマに戻ったら現地のオフィスがワーキングビザを申請してたはずなのにやってくれてなくて、イミグレーションで止められてね。入国できなくなっちゃったんですよ。

玉袋　日本にはいられない、アメリカにも戻れなくて、どうなったんですか？

蝶野　「とにかく4日だけ時間をください。その間に荷物をまとめてこの国から出るから」ってお願いしてなんとか入国できたんだけど、「4日いても、もしかしたらブラックリストでもう入れない可能性もあるからそれは覚悟しとけ」って言われてね。4日間で全部処分して、最後に持ってたクルマはアラバマ空港に捨ててアメリカから出たんですよ。それでどこに行ったんですか？

玉袋　クルマ捨てて、国外脱出だ！

蝶野　新日本に電話してもたぶん相手にしてもらえないだろうと思って、マルティーナを残していたこともあったから、とにかくドイツに逃げたんですよ。それからオットー・ワンツに電話をかけて「じつはこういうことがあったんでヨーロッパで使ってくれないか」と。それでドイツでまた試合ができることになったんだけど、しばらくしたら橋本選手から電話がかかってきて、彼は「夏ぐらいに帰って来い」っていう帰国命令が出たらしくて、「蝶ちゃん、日本に帰る前にヨーロッパで試合できねえかな？」って言ってきてね。もう半分観光目的ですよ。

玉袋　蝶野さんは生きるためにドイツに戻ってきたのに、破壊王は観光目的なんだ（笑）。

蝶野　で、まあオットー・ワンツに連絡して「ふたりで使ってくれねえか」と聞いたら「いいよ」と。それで橋本選手もグラーツのトーナメントに2週間出てたんだけど、そのときがまたひどかった！

玉袋　また破壊王が伝説を残したんだな（笑）。

蝶野　向こうは試合前に全選手入場式みたいなのがあるんだけど、そこでコールされたとき、みんなパフォーマンスをするんですよ。俺は2回目である程度わかってたからハチマキして空手着みたいなのを羽織って、「マサヒロ・チョーノー！」って言われたら空手の型みたいなパフォーマンスをやったんだけど。橋本選手は初めてだから「何やろうか……」って毎日考えてたてね。で、日の丸の旗があったから、それをエプロン代わりにタイツに入れて前に垂らして出て行ったの。

玉袋　失礼なヤツだな（笑）。

蝶野　本人はお相撲さんを意識したらしいんだけど。

椎名　日の丸の化粧まわしですか（笑）。

蝶野　それで出て行ったら、プロモーターのオットー・ワンツが「やめろ」と。

玉袋　やめろ（笑）。

蝶野　次の日は日の丸をマントにして出ていったんだけど、それも「やめろ」って言われて3日目ぐらいのときはなんか控え室でハサミ使って物を切ってたの。「何やってんのかな？」って思ったんだけど、リングに上がって「シンヤー・ハシモトー！」って呼ばれたら、紙吹雪を自分の頭の上に投げて扇子をパタパタして散らしてるんですよ。

玉袋　ワハハハハ！　昔の手品師だよ（笑）。

蝶野　それでプロモーターから「もうおまえは何もするな」と。

椎名　やればやるほど裏目に出て（笑）。

蝶野　もうそんなんばっかりだったから。で、最終日にトーナメントの決勝があったんだけど、決勝戦と表彰式の間に時間調整で、俺ら負けた選手のタッグマッチが消化試合で組まれたんですよ。そこに橋本選手も出てたんだけど、試合前に「おまえら、試合が終わった直後に表彰式があるから絶対にシャワーを浴びたらダメだぞ」って繰り返し言われてたら、あんまり「シャワー、シャワー」って言われるもんだから「蝶ちゃん、これシャワー浴びるんだよな？」って聞いてきて。

一同　ガハハハハ！

椎名　混乱しちゃったんだ（笑）。

蝶野　混乱しちゃった（笑）。俺は「たぶん違うと思う」って言ったんだけど、俺らの試合が終わってすぐ式典が始まったら「シンヤー・ハシモトー！」ってコールされてるのに全然出てこないんだよ。「ブッチャー！　ブッチャー！」って呼んでも見つからないし、「おかしいな、トイレでも行ってんのかな？」と思ってたら、案の定シャワー浴びてたという。

玉袋　結局、間違えちゃったんだ（笑）。

蝶野　「ブッチャー、なんでシャワー浴びてんだよ！」って言ったら「えっ⁉　なんで？　蝶ちゃん、シャワー浴びちゃいけないの？」とか言ってさ（笑）。しかもプロモーターが怒ってるもんだから、慌てて頭はシャンプーしたままの泡だらけで腰にバスタオル巻いて出て行ったもんだから、「おまえはもう出なくていい！」ってよけい怒られてね。

玉袋　もうそれ、ドリフの加トちゃんだよ（笑）。

蝶野　そういう意味で伝説のレスラーだよ。

玉袋　そりゃ一緒にいておもしろいな。常に珍道中だもんね。

「時は来たぁ〜」の真相

蝶野　橋本選手とドイツで一緒だったのは2〜3週間ぐらいでしたけどヘンなことばっかりですよ。

玉袋　破壊王はエロスセンターに行ったのかね？

蝶野　エロスセンターは行かなかったんだけども、ちょうど橋本選手とブレーメンで合流したとき、季節は夏だったんで一緒にプールに行ったんですよ。向こうはトップレスなんで「ブッチャー、トップレスだから行こうぜ」って言ってね。

玉袋　トップレスだらけはいいな〜（笑）。

蝶野　で、そのプールには飛び込み台が2メートル、5メートル、10メートルって3つあって、「やろうぜ」って交代で飛び込んだんですよ。最初に俺が2メートルから飛び込んで、次は橋本選手が5メートルから飛び込んで。最後、10メートルは俺の番だったんだけど、橋本選手が「いや、蝶ちゃん、俺に行かせてくれ！」って言うから「じゃあいいよ。ブッチャー、行ってくれよ」って言ったんだけど、いざ10メートルの飛び込み台に上がってみたらプールがこんなちっちゃく見えて、足がすくんじゃってね（笑）。

玉袋　たしかに10メートルの飛び込みは怖い。ビルの3階くらいの高さだもん。

蝶野　現地の子どもたちは俺らを追い越してポンポン飛んでるのに、東洋人の大人ふたりが上で尻込みしてるから注目され始めちゃって。「おい、ブッチャー。みんな見てるぞ。行くのか行かないのか、どっちなんだよ」って言ったら「蝶ちゃん、もうちょっと待ってくれ、もうちょっと待ってくれ」って(笑)。

椎名　もうミスター・ビーンですね(笑)。

蝶野　で、橋本選手が意を決して「蝶ちゃん、行くよ！」って叫んでバーンと飛び込んだんですよ。で、水面から顔を出して「やったぞぉー！」って叫びながら鼻血がダラダラ流れてプールが真っ赤(笑)。

玉袋　ワハハハハ！

蝶野　俺が上から「ブッチャー、鼻血だ、鼻血！」って叫んだんだけど、本人は気づいてなくて周りが拍手してくれてるから、鼻血を流しながら手を振ってんだよ(笑)。

玉袋　破壊王の鼻血は名物だけどね。ブレーメンのプールでも流してるっていうのがいいよ(笑)。

蝶野　なんかどこに行っても伝説を残していくんですよね。

玉袋　破壊王といるといろんな意味で青春の思い出が残るんだろうな〜。

ガンツ　その橋本さんと蝶野さんはドイツ遠征後、正式に凱旋帰国するともうその翌年、2回目の東京ドーム大会(1990年2月10日『スーパーファイトin闘強導夢』)では、猪木&坂口の黄金コンビ相手に早くもメインイベントを飾るわけですよね。

蝶野　あれは橋本選手の力ですね。俺は当時、まだまだのレスラーだったけど、橋本選手は帰国してすぐに結果を出してそれだけのものを持ってましたから。ただ試合以外ではいろいろとスベってたけどね。

椎名　有名な「**時は来たぁ〜！**」※295とかですよね(笑)。

蝶野　あんときはコスチュームの時点でおかしかったんだよ。俺はタイツが白だったから、白の紋付袴を入場コスチュームにしたんだけど、橋本選手もなんか知らないけど「蝶ちゃんに合わせたんだ」って白のコスチュームを用意してきててね。ハチマキして白の幽霊みたいな着物で現われて(笑)。

玉袋　ワハハハハ！　修験者が滝に打たれるみたいな格好だったな。

ガンツ　もしくは志村けんがお岩さんのコントで着

る着物（笑）。

蝶野　それで「ブッチャー、それちょっとおかしくねえか？」って言ったんだけど、「そうかな？」とか言ってさ。そうこうしているうちに控え室にカメラが入ってきてどちらかがコメントを出すことになったんだけど、テレビ局的には海外から帰ってきた若い俺たちに今風のマイクアピールを期待してたみたいで。「じゃあ、ブッチャーじゃなくて俺だろ」って言ったんだけどさ。

玉袋　そりゃあ「アイム・チョーノ！」のほうがいいですよ。

蝶野　それなのに橋本選手が「蝶ちゃん、頼む！俺にいかせてくれ！」って言ってきたんで、しょうがないから任せることにしたんだけど。まず猪木さんの控え室にカメラが入ったら、猪木さんがレポーターにビンタしたでしょ？

ガンツ　有名な「出る前に負けること考えるバカいるかよ！」ですね。

蝶野　あれをモニターで観て「やべえ、猪木さんにパフォーマンスやられたわ。ブッチャー、ちゃんとなんか考えてんのかよ？」って言ったら「大丈夫だ」って硬くなっちゃって。パッとこっちにカメラが来たら、素っ頓狂な声で「時は来た～……」なんだもん（笑）。

ガンツ　そのあと言葉が続かなくて、小声で「それだけだ」で終わるという（笑）。

蝶野　もうあそこでコケちゃったから。「ダメだこりゃ」って（笑）。

玉袋　あそこで蝶野さんが必死に笑いをこらえるっていう名シーンが生まれるわけだもんな～（笑）。

蝶野　橋本選手は自信満々で「任せとけ」って言ってたのに、「時は来た～……」だからね（笑）。

玉袋　でもあのインタビューはいまだにみんな憶えてるくらいインパクトがあったんだから、やっぱりある意味で破壊王はすげえんだよな。

蝶野　ちゃんと伝説を残してくれますからね（笑）。

玉袋　そっから闘魂三銃士の時代になっていくわけだもんな～。

テーズからのＳＴＦ伝授

ガンツ　蝶野さんが**ルー・テーズ**※296さんのところに修行に行ったのはその前でしたっけ？

蝶野　最後に帰国する前にテーズさんのところに寄ったんだよね。

玉袋　蝶野さんから見たテーズさんというのはどうだったんですか？

蝶野　あの歳なのに力はありましたよ。ちょうど俺が行ったときは手術をしたばかりで病み上がりのはずなのに、腕力だとか身体全身の力とか強かったですね。70近いオヤジの力ってこんなにあるのかって。

玉袋　やっぱルー・テーズは鉄人なんだ。〝フッカー〟だもんな。

ガンツ　テーズ直伝の技・ＳＴＦをフィニッシュに

するのはどういったきっかけがあったんですか？

蝶野　新日本のブッカーだったジョー大剛さんが来てくれてたんだけど、「帰国するなら自分だけの新しい技を持って帰らなきゃいけない」って言われてたんですよ。で、どうしようかと思ってたとき、スパーリング中に「こういう技もあるぞ」ってSTFをやって見せてくれたんだよね。

椎名　スパーリングの中で見せた技だったんですか。

蝶野　で、日本じゃ見たことない技だったから大剛さんに「あれ、ダメですかね？」って言って。技の名前を聞いてみたら「ステップオーバー・トゥーホールド・ウィズ・フェイスロック」って言うから、「こりゃ長すぎてダメだ」と。

玉袋　ワハハハ！　名前が長すぎて一度は却下されたと。

蝶野　だけど「頭文字だけ取って〝STF〟だったらいいんじゃないか？」ってなって。最初は「ちょっと地味だよね」とは言ってたんだけど、「よし、これでいこう」ってSTFを日本に持ち帰ったんだけど、実際に日本で使い始めたらみんなから「地味すぎる」と（笑）。

ガンツ　最初は蝶野さんがSTFで勝っても全然沸かなかったんですよね（笑）。

蝶野　やられてるほうの顔も隠れちゃうし、迷惑な技だって（笑）。

ガンツ　ダハハハハ！　でもそれを使い続けることで、G1で優勝する頃には蝶野さんの代名詞になりましたもんね。

椎名　STFってそれまで見たことなかったから、なんかやりたくなる技だったしね（笑）。

ガンツ　あと蝶野さんは凱旋帰国したとき、当時の日本では珍しい受け中心のクラシックなアメリカンスタイルにしたのはなぜだったんですか？

蝶野　いや、みんなと逆をやりたかったんですよね。俺らの先輩、前田さんたちUWF系はいっさい受けずに攻め一辺倒が売りで、新日本のストロングスタイルももともとそれに近いものがあったけど、なんか中途半端だったんですよね。

ガンツ　ＵＷＦが現われたことで、新日のスタイルが中途半端に見えるようになっていたと。

蝶野　でね、その反対の「受け」って言っても、越中さんなんかのスタイルはもうスーパーマンで、あんだけ蹴りを全部受けても勝っちゃうのは「あんなのプロレスじゃない」と俺と武藤さんはいつもケチョンケチョンに言ってたんだけど。

一同　ガハハハハ！

蝶野　俺らが海外出る前、髙田さんと越中さんの試合がドル箱になってたけど、俺らは「あんなのはプロレスじゃねえよな」と思ってて。だから俺はああいうのじゃなくて、しっかり受けて魅せるっていう部分で自分のカラーを出すと。

玉袋　へえ！　ＵＷＦみてえな攻めばっかりじゃなく、それでいて越中さんみたいな受けじゃないっていうもんをやろうとしたんだ。

蝶野　それがプロレス本来の姿だと思ったんですよね。だから俺と武藤さんの試合は比較的受けから始まると。

玉袋　ある意味で昔の全日本的というかね。新日本にそういうスタイルを持ち込んだってことが逆に新しかったんだろうな。

ガンツ　それがのちのアメリカでの成功にもつながるんですかね？

蝶野　どうなんですかね？　でも誰とでも試合ができるようになったのはたしかですね。

ｎＷｏの大ブレイク

ガンツ　ちょっと年代は飛びますけど、蝶野さんが90年代後半にアメリカで大ブームを巻き起こしていた、ｎＷｏ[※297]に加入するきっかけは何だったんですか？

蝶野　きっかけは東スポですよ。

玉袋　あ、東スポなんですか？

蝶野　もともとのきっかけは北朝鮮に行ったとき（1995年4月28日・29日**「平和の祭典」**[※298]）、**WCW**[※299]のブッカーになったばかりの**エリック・ビショフ**[※300]が来ていて。エリックが「チョーノ、アメリカに来れないか？　こっちで黒い軍団を作れないか？」って言ってきたんですよ。当時、俺は狼群団をやってたんだけど、ベビーフェイスに対してじゃなく会社に対して毒づくヒールのグループっていうのがアメリカにはなかったらしくて、「オーナーに毒づくのはおもしろい」と。それで「あれをアメリカでもやってくれないか」という話でね。

ガンツ　へぇ〜、**狼群団**[※301]のコンセプト自体が買われたわけですね。

蝶野　だけど俺も日本で（狼群団を）始めたばっかりだし、**天山**[※302]**（広吉）**やヒロ（斎藤）さんを引き込んでるんで、「俺だけ行くのは無理です」って断わったんですよ。そしたら半年ぐらいあとにハルク・ホーガンがWCWでそういうことをやり始めて、そのとき東スポが言ってきたんですよ。「アメリカで蝶野さんのパクリやってますよ」って。

ガンツ　ホーガンが狼群団のパクリをやり始めたと（笑）。

蝶野　「どう思いますか？」って聞かれたから、べつに怒ってもしょうがないんで「じゃあ合流するか」って答えたら「蝶野、ホーガンと合体」みたいな記事が出て、それがきっかけだったんですよ。

玉袋　東スポの飛ばし記事がきっかけですか！（笑）。

蝶野　思いっきり飛ばし記事。WCWには何の話もしてないから（笑）。

椎名　さすが東スポですね（笑）。

蝶野　だから最初は単なる東スポネタだったんだけど、しばらくしたら「ホーガンが始めたnWoの人気が凄いことになってる」という情報だけが来るようになって。一度自分の目で観てみたいと思って、会社に相談してオフのときにマサさんと一緒にアメリカに行って、WCWの会場にアポなしで入って行ったんですよ。

ガンツ　アポなしだったんですか！

蝶野　普通はいきなり会場に行ったところで直接コンタクトが取れたりはしないんだけど、当時ｎＷｏの**スコット・ホール**[※303]、**ケビン・ナッシュ**[※304]とかは独自で有名な弁護士をつけて新しい契約形態でやってたので、もう会社のアングルとかを超えて（ＷＣＷとは）別のグループになってて。会社というより彼らに直接コンタクトを取ったら、「大丈夫だ」ってことで控え室に通してもらったんだよ。

ガンツ　じゃあｎＷｏジャパンというのは、新日本とＷＣＷの業務提携から生まれたんじゃなくて、蝶野さんとナッシュ＆ホールとの独自の関係から始まったわけですか？

蝶野　そういうことなんですよ。

玉袋　へえ〜、凄えなあ。

蝶野　で、彼らの話を聞いたら、ホールなんかも俺らの日本での動きを見て「そこからストーリーを膨らませた」って実際に言ってて。（ｎＷｏの結束のサインである）ウルフパックも狼群団から来てるんじゃないですか？

ガンツ　ああ、なるほど！　狼＝ウルフですもんね！

蝶野　あの合図自体はＷＣＷがイタリア遠征に行ったとき、ホールがマフィアの会食かなんかに行って、指の合図でマフィアが動いているのを見て、それがカッコいいってことで、プロレスに取り入れたって言ってましたけどね。

玉袋　イタリアンマフィアの暗号を取り入れてるっていうのが凄いな（笑）。

蝶野　で、そのときは日本から東スポも連れて来てたので、ここまできたら何か話しなきゃいけないってことで、「日本でも同じカタチでｎＷｏをできないか？」って話を持ちかけたんですよ。まだ向こうのｎＷｏも始まってそんなに経ってなくて、あれもまだ入ってない頃だったんだけど。なんだっけ、あの細いヤツ？

ガンツ　1－2－3キッド※305（nWo時代はシックス）ですか？

蝶野　そうそう、まだ彼も入ってなかったんですよ。だから当時のnWoは向こうの本当のスーパースターだけの括りだったので、そこに絡むのはちょっと厳しいのかなと思ったんだけど、「いいよ、オッケー」って話がついて。そこで「蝶野、nWoジャパン結成」っていう東スポの飛ばし記事がまた入ってそれが始まりだから。

玉袋　へぇ～、じゃあホントに蝶野さんの個人行動で始まったんですか。

蝶野　そうなんですよ。当時の新日本というのはUWFインターとの対抗戦がドル箱だったこともあって、会社的にも「費用のかかるアメリカの選手はいりません」っていうスタンスで（現場監督の）長州さんもそんな感じで、ガイジンを切り捨てに入ってたんだけど。

ガンツ　もう日本人対決だけでいいと。

蝶野　また第2回のG1（1992年）がWCWとのコラボだったんだけど、あんまりうまくいかなかったからよけいに「アメリカとの提携はいらない」と。逆に新日本が抱えている外国人選手を向こうで引っ張ってもらってっていうレベルだったんで。

ガンツ　スコット・ノートンとか、そのへんの選手もWCWに「どうぞ使ってください」と。

蝶野　で、契約更改のときに「1年間、WCWに行ってもいいか」と聞いたらあっさりオッケーの返事が来たんで「ああ、俺は必要とされてねえな」と思って。新日本と契約するとテレビ朝日の契約も関わっていろいろ規制がかかるんで、結局そこから2年間は新日本とは契約を結ばず、フリーとして新日本とWCWに上がってたんですよ。

ガンツ　へえ！　そうだったんですね。

椎名　それぐらい、アメリカでnWoに入ってやってみたいという気持ちがあったんですか？

蝶野　まあ向こうに行ったところで自分がどのレベ

ルでブッキングされるかわからなかったんだけど、俺自身はその数年前に向こうで**リック・ルード**とやったとき、ケガもあってロクな試合ができなかったのが心残りとしてあったんですよ。

ガンツ　第2回Ｇ１決勝の再戦をアメリカでやったけど、うまくいかなかったんですよね。

蝶野　いつかそのリベンジがしたいと思ってたんですよ。だから腰を据えてやろうとアトランタにアパートを借りて、マルティーナと一緒に1年間向こうに住むっていうプランで最初の1シリーズは行ったつもりだったから。それで『週プロ』で当時新日本の担当だった**佐藤**[※306]**（正行**＝前編集長**）**くんも「取材に来てくれ」って呼んだんですよ。彼も「アメプロなんか……」っていう感じだったから。

ガンツ　当時は『週プロ』も蝶野さんのｎＷｏ入りにピンと来てなかったんですね（笑）。

蝶野　そうそう。だから「佐藤くん、一度こっちに来てアメリカのビジネスを見てみな。日本にないものが絶対ある」と言ってね。俺も選手として何度か単発で（ＷＣＷに）行ってたけど、実際に裏からしっかりビジネス構造が見たいという気持ちがあったんで向こうに飛び込んでね。それでちょうどＷＣＷが人気でＷＷＥを逆転したときに俺はｎＷｏ入りして、それを佐藤くんが『週プロ』で「蝶野、ｎＷｏ合流」みたいな記事を出してくれたことで日本のファンに伝わったんですよ。

玉袋　タイミングがバッチリだったんだな〜。

蝶野　そうですね。ＵＷＦインターとの対抗戦もちょうど終わった頃で、日本人だけでやる偏ったプロレスが飽きられ始めた頃にｎＷｏっていうものを持ち込んだんで、それで火が点いたんでしょうね。で、火が点いたのはいいんだけど、そうすると急に新日本から「帰って来てくれ」っていう連絡がきて、それで日本でも「ｎＷｏジャパン」ってもんを始めたんだけど、結局マルティーナだけを向こうに置いて、俺は日本のシリーズに出たあと、オフの間にＷＣＷ

に行くような生活になったんですよ。

玉袋　アメリカに腰を据えるつもりが、日本との往復の連続になったわけか。大変だな〜。

新日本を変えた潮流

ガンツ　そして蝶野さんがｎＷｏジャパンを大ブレイクさせてから新日本のプロレスが変わりましたよね。いまに続く、アメリカンプロレス的な流れが始まったというか。

玉袋　長州プロレスを呑み込んでいったんだよな。

蝶野　まあ俺としてはなるべく元のプロレス、本来のプロレスに戻していきたいという気持ちはありましたよね。

玉袋　その一方で、猪木さんが総合格闘技を新日本に持ち込もうとしたりして、そのへんのせめぎ合いもおもしろかったな。

蝶野　だからバランスですよね。こっちのプロレスもあれば、あっちのプロレスもあるっていうね。

玉袋　猪木さんや長州さんといった当時の権力者に、無理に抵抗しねえのが蝶野さんのクレバーなところだよ。自分のやりてえプロレスってもんをしっかり持ち込んで、ついでにＴシャツもバカ売れしてね。

椎名　ｎＷｏＴシャツは凄かったですよね。みんな着てましたもん。

玉袋　あのＴシャツのおかげで小鉄さんがずいぶん儲かったっていうね（笑）。

椎名　えっ⁉　小鉄さんが儲かったんですか？

蝶野　当時、グッズの物販っていうのは新日本プロレスサービスっていうリングトラックの会社がやってたから、儲けは新日本本体じゃなくそっちにいってたの。

玉袋　で、小鉄さんがそこの社長だったから。

椎名　そうだったんだ！　ジャイアントサービスの馬場元子みたいに（笑）。

蝶野　だから俺らがｎＷｏジャパンを始めて1年ぐ

らい経ったとき、小鉄さんから感謝の意味で食事会があると。そしてnWoバスも作ってくれて。東京ドーム大会のあとに食事会があったんだけど、武藤さんと2人で「これ、臨時ボーナスが最低100万か200万は出るよな」っていう話をしてたの。

玉袋　また1本2本出るぞと（笑）。

蝶野　そしたら西麻布の叙々苑で焼肉食って終わったんですよ。

椎名　煙に巻かれたんですね（笑）。

玉袋　うまいね！（笑）。

椎名　でもあのTシャツの収益を考えるとボーナス1本どころの話じゃないですよね。

玉袋　もしロイヤリティ契約持ってたら、凄え額いってたと思うよ。

蝶野　そういうグッズ商売が儲かるようになったら、その権利を新日本本体に戻すってことになって、それでもまた会社と小鉄さんがモメ始めてね。

玉袋　ワハハハハ！

蝶野　「坂口の野郎、カネが儲かり始めたらまた戻しやがって！」って（笑）。

玉袋　最高、最高（笑）。いいねえ。

ガンツ　でもそのへんから新日本は選手のグッズ展開に関するロイヤリティ契約とかがちゃんとし始めたんですよね？

蝶野　そうですね。みんなもともとロイヤリティの契約がほぼなかったんですよ。そこで俺は選手会長をやってたから会社といろいろ交渉して改善していったんだけど、経営が傾いてから、テレビ出演料でもなんでも全部会社に入るってカタチに戻ってしまった。そのほうが会社としては有利だから。

ガンツ　選手の力が強くなりすぎないように。

蝶野　いまは**木谷**[※307]**（高明）**さんがまた違うカタチに変えてるのかもしれないけどね。**WWE**[※308]なんかにしても選手の契約年俸も凄く上がったりしないんですよ。でもグッズのロイヤリティがしっかりしてるから、それが当たったら一気にプラス2億とかになる。

ストーンコールド[※309]（**スティーブ・オースチン**）なんか、それで考えられないほどの額にドンドン上がっていったから。

ガンツ　ＷＷＥの場合、世界市場が相手ですしね。

蝶野　その辺のビジネスはやっぱりＷＷＥのうまいところ。ＷＣＷなんかはさっき言ったｎＷｏのナッシュとかホール、ホーガンたちが業界の掟破りみたいな巨額の契約をポンと結んじゃったんで、ｎＷｏ全盛のときはトップクラスのギャラがＷＣＷとＷＷＥで３：１ぐらいの凄く格差がついたんですよ。

椎名　ＷＣＷのほうが３倍上だったんですか？

蝶野　そう。それで結局ＷＣＷは潰れたからね。

玉袋　なるほどな～。

蝶野　ｎＷｏのあと、ゴールドバーグが出てきたでしょ？　ゴールドバーグもナッシュたちと同じマネージャーをつけて凄い額の別契約を結び始めて、それでＷＣＷは破綻したから。

玉袋　そうなると、やっぱりことプロレス関係のビジネスではビンスのほうが経営手腕が上だったってことですね。

蝶野　ＷＷＥは90年代後半、ＷＣＷにトップどころの選手を根こそぎ引き抜かれたんだけど、引き抜き合戦をするのではなく選手を作ることにしたんだよね。それで化けたのがストーンコールドで、もともと彼はＷＣＷでは売れなくて、**ＥＣＷ**かなんかに行ってスタイルを変えたんですよ。いわばインディーで化け始めた選手を引っ張り上げてあそこまでのタレントを作ったわけだから。商品作りがＷＷＥのほうが強かったんですよ。

ガンツ　ストーンコールドになる前のスティーブ・オースチンと蝶野さんは日本でシングルやってますよね？

蝶野　当時の彼はリック・フレアーのプロレスを唯一継承しているような選手で仕事ができるレスラーだったんですよ。ただ、キャラがダメで集客できるレスラーではなかったんで、それでＷＣＷから捨てられてしまった。
玉袋　キャラが弱かったレスラーが、ストーンコールドっつー最高のキャラになるわけだもんな〜。
ガンツ　そういう意味では蝶野さんも自分のキャラを〝ブラック〟にしてヒールターンすることでバンと化けましたよね。
玉袋　あのヒールターンっつーのが当時の日本では凄え新鮮だったんだよ。
蝶野　でもあのときはそこまで考えてなかった。
ガンツ　そうなんですか？　どういった考えでヒール転向したんですか？
蝶野　あの黒に変わる94年のG1の前、俺は選手会長をやってたんですよ。でもそれは労働組合の組合長みたいなもんでね、あっちで勝手なこと言うヤツがいれば、こっちでもまた勝手なこと言うヤツがいて、会社との関係もおかしなことになってってね。こんなことやってても意味ねえなと。
椎名　気苦労が多いだけですよね（笑）。
蝶野　だからその年の契約更改のとき会社と相談して、選手会長を辞めて外国人契約というか、フリーのような契約形態になりたいと。当時はヤス（安田忠夫）が付き人についてくれてたんだけど、もう付き人もいらないし、洗濯も全部自分でやるからフリーにしてくれって。そういう話をしたら「じゃあ、猪木さんと一度相談しろ」ってことになって。猪木さんと焼肉屋かなんかで話したら「それはダメだ。おまえが引っ張っていってくれ」って言われちゃってね。これはラチが明かねえなということで、内々に若手の連中や自分に近いスタッフだけには話をして、これは騙し討ちをするしかねえなと。
椎名　騙し討ち。新日本の伝統ですね（笑）。
蝶野　猪木さん自身がそれを何度もやってるから。これは騙し討ちして既成事実を作るしかねえなということで、G1優勝したあとに賞金ボードをバーンと投げて、反体制に寝返るパフォーマンスをやったんだけど。でも選手会長を辞めたかっただけで、その先のプランがなかったから、翌日から「どうしよう、どうしよう」って（笑）。

玉袋　ワハハハハ！　先のことを考えずに勝手にヒール転向したんですか！（笑）。

蝶野　会社にも何の相談もなしのことだったからね。

椎名　でもそこから狼群団ができて、ｎＷｏジャパンにまでなるんだから凄いですね！

玉袋　現場のストーリーが騙し討ちで動くっていうのも凄えよ（笑）。

蝶野　新日本はしょっちゅうだったから！（笑）。

ガンツ　聞いてないことが次々と起こる（笑）。

蝶野　聞いてない話、ボンボン振ってくるもん（笑）。

玉袋　それが当時の新日本のおもしろさだよな〜。管理が徹底されてねえんだもん！

（※ここでテレビ番組スタッフが入ってくる）

スタッフ　すいません、そろそろリハーサル始まりますので。

玉袋　おっ、蝶野さん、番組収録の時間みたいです。

蝶野　もうそんな時間？　また今回も話が全然進まなかったね（笑）。

玉袋　時は来ちゃったんですよ（笑）。いつかまた3回目をやりましょう！

あとがき

『プロレス取調室』第4弾「さすらいのアウトロー編」、いかがでしたでしょうか！

自分の座標軸をしっかりと持ち、世界で生き抜いてきたサバイバーたちの成功譚、濃厚だったよな。ザ・グレート・カブキ、タイガー戸口、ケンドー・ナガサキといった、本場アメリカマットでトップを張った人たちはもちろんのこと、カミさんと乳飲み子を連れてメキシコでルードのトップになった栗栖正伸もカッコよかった！　ハートがいい男でした。こっちこそ本物の〝クリス・ハート〟だ。人生という名のいい歌を聴かせてくれたよ。

また、カナダではインディアンになり、帰国してキン肉マンになるはずが、ストロングマシンになっちゃった平田淳嗣。自分の顔を売る商売で、顔を隠して生き続けた男の信念を感じたね。それからあのイデタチで瓶ビールをラッパ飲みしてカマしてきたターザン後藤！　麻原彰晃に何度も間違われながら、あの風貌を貫き『新婚さんいらっしゃい』に出ちゃうんだから、タダ者じゃないよ！　もちろん松永光弘も忘れちゃいけねえ。現役時代、ホームセンター通いして自作の凶器を作り続けた男が、引退後は奇妙な楽器を自作してるっていうんだから、その

ＤＩＹ精神、Ｂ21スペシャルのヒロミを超えてるよ！　そして、神取忍。いま女子スポーツが花盛りだけど、女子柔道に陽の当たらない時代から世界で闘ってきた人だからね。「忍」という名前があらわすとおり、押して忍んだ「押忍」の精神がある人だよ。ミスター女子プロレスだけに、雌（メス）だけど雄（オス）というね（笑）。

俺はもうこの人たち全員の人生を映画化したい！　横綱・曙の人生なんて朝ドラ決定だろ。ハワイから裸一貫で日本に来て、苦労を重ねて横綱にまでなった男がプロレスラーになるんだから。いま横綱は蜂窩織炎《ほうかしきえん》という大病やって必死にリハビリしてるけど、がんばってほしい！

このなかじゃ、〝黒のカリスマ〟蝶野正洋がいちばん普通の人に見えるから凄い（笑）。でも、騙されちゃいけない。インタビューの端々に出るクレバーさとおぼっちゃま体質、そこにアウトローぶりが絶妙に合わさってるのは、この男だけだから！

アウトローが抹殺されがちなご時世だが、どっこい生きてる。俺は敬意を込めて、この人たちを新紙幣の肖像画に推薦したい！　元号が変わっても、語り継ぎたい男たちの生き様だよな。

というわけで、俺たちは令和になっても昭和の刑事のような取り調べを続けていくつもりだ。

これからもよろしく頼むぜ！

玉袋筋太郎

注釈

▼01 **ジャイアント馬場**
プロ野球読売巨人軍の元ピッチャーで、1960年にプロレス転向。力道山亡きあとの日本プロレス界エースとして活躍し、その後はアントニオ猪木とともに、プロレス界の両巨頭として君臨した。全日本プロレス創始者。

▼02 **力道山**
大相撲からプロレスに転向し、日本にプロレスを根づかせた日本プロレス創始者。戦後の日本に大プロレスブームを巻き起こした。

▼03 **日本プロレス**
力道山が設立したプロレス団体。

▼04 **グレート小鹿**
1963年に日本プロレスでデビューした現役最古参レスラー。長く、大熊元司との「極道コンビ」として活躍。大日本プロレス創設者であり、現在は同団体の会長。

▼05 **リキパレス**
力道山が東京・渋谷に建設した総合スポーツレジャービル。正式名称はリキ・スポーツパレス。日本プロレスの常設会場のほか、レストラン、サウナ、ボウリング場、キャバレーなども入った、当時としては斬新な施設だった。

▼06 **豊登**
力道山のタッグパートナーとして活躍し、力道山死後は一時期、日本プロレスのエースとなる。生来のギャンブル好きから、数々の横領、借金問題が紛出して日本プロレスを退社。猪木を口説き落とし、1966年に東京プロレスを設立するが、わずか3カ月で消滅した。

▼07 **アントニオ猪木**
ジャイアント馬場とともに、長く日本プロレス界の両巨頭として君臨した、新日本プロレスの創始者。

▼08 **大木金太郎**
日本プロレス力道山道場で、馬場、猪木と同期の韓国出身のレスラー。一本足頭突きが得意技。

▼09 **星野勘太郎**
〝突貫小僧〟の異名を持ち、山本小鉄とのコンビ「ヤマハブラザーズ」としても活躍した。

▼10 **山本小鉄**
新日本プロレス道場のコーチである〝鬼軍曹〟として恐れられ、多くの名レスラーたちを育てた。星野勘太郎とのコンビ「ヤマハブラザーズ」としても活躍。『ワールドプロレスリング』解説者として、古舘伊知郎アナとの絶妙なやりとりも好評だった。

▼11 **ミツ・ヒライ**
1958年に日本プロレスに入門し、1970年にはジャイアント馬場のパートナーとしてNWAタッグリーグ戦にも出場。日プロ崩壊後は全日本に移籍し、1978年に引退した。スーパー・ヘイトこと平井伸和の実父。

▼12 **本間和夫**
大相撲立浪部屋から日本プロレス入り。引退後はプロモーターとなった。

▼13 **竹村正明**
土佐の海のシコ名で大相撲で活躍後、日本プロレスに入団。ヘビー級レスラーとして期待されるも、力道山とトラブルを起こし解雇される。その後、包茎手術に失敗したことから執刀医を恨み殺害。自らも命を絶った。

▼14 **松岡巌鉄**
日本プロレス崩壊後、全日本プロレスに合流したが、馬場と意見が合わずに脱退し、プロレス界から姿を消した。

▼15 **ラッシャー木村**
70年代後半、国際プロレスのエースとして〝金網の鬼〟と呼ばれ、後年はマイクパフォーマンスで人気を博し、宿敵ジャイアント馬場と〝義兄弟タッグ〟も結成した。

▼16 **マサ斎藤**
1964年の東京オリンピック日本代表レスラー。70年代、80年代に全米でトップレスラーとして活躍。1987年に無人島・巌流島でアントニオ猪木と対戦した無観客試合「巌流島の決闘」では、2時間を超える死闘を繰り

広げた。

▼17 サンダー杉山
東京オリンピックのレスリング日本代表で、初期の国際プロレスで看板選手として活躍。引退後はタレントとしても人気を博した。

▼18 芳の里
力道山の死後、吉村道明、豊登、遠藤幸吉とともに日本プロレスの経営を担い、3代目社長にも務めた。

▼19 吉村道明
〝火の玉小僧〟の異名を持ち、主に力道山のタッグパートナーとして活躍した名バイプレイヤー。

▼20 新日本プロレス
1972年にアントニオ猪木が設立したプロレス団体。現存する最古の歴史を持ち、現在でもプロレス界の最大手。

▼21 国際プロレス
1967年に旗揚げし、新日本、全日本より歴史は古いが、猪木や馬場のような大スター不在のため、当時マイナー視されたプロレス団体。ヒロ・マツダ、グレート草津、ストロング小林、ラッシャー木村らが、歴代エースを務めた。

▼22 坂口征二
元柔道日本一で日本プロレス入りした、〝世界の荒鷲〟。新日本旗揚げ2年目から、猪木の女房役として支えた。90年代は新日本の社長を務め、現在は相談役。俳優・坂口憲二の父。

▼23 全日本プロレス
1972年にジャイアント馬場が設立したプロレス団体。新日本プロレスと並ぶ歴史を持つが、馬場の死後、団体の規模は縮小する一方である。

▼24 ジャンボ鶴田
ミュンヘン五輪レスリング代表から、1972年に全日本プロレス入り。1984年に日本人として初めてAWA世界ヘビー級王者となり、80年代後半からは「全日本プロレス完全無欠のエース」と呼ばれた。

▼25 サムソン・クツワダ
全日本プロレス旗揚げ当時から、大型レスラーとして期待されたが、1977年にジャンボ鶴田を誘い新団体を設立しようとしたことが発覚し、全日本を解雇、引退となった。

▼26 馬場元子
ジャイアント馬場の妻。馬場の死後、全日本プロレスのオーナー兼社長も務めた。

▼27 菊池毅
90年代の全日本プロレスで超世代軍の一員として活躍。同期である小橋建太とアジアタッグ王者になったほか、世界ジュニアヘビー級王者にもなっている。

▼28 天龍源一郎
大相撲からプロレスに転向し、ジャンボ鶴田とのコンビや天龍同盟の大将として全日本プロレスのトップで活躍。その後、SWSやWARのエースを経て、新日本を中心としたあらゆる団体で暴れまわった。馬場と猪木の両巨頭から日本人で唯一ピンフォールを奪ったことでも知られる。

▼29 キラー・カーン
70年代半ばからアメリカマットで、〝蒙古の怪人〟キャラクターに変身し、主にWWFなどでメインイベンターとして活躍。アンドレ・ザ・ジャイアントの足をへし折った男として、ニューヨークに悪名を轟かせた。

▼30 プリンス・トンガ
福ノ島のシコ名でトンガ人力士として活躍後、1977年に全日本プロレス入団。その後、キング・ハクのリングネームでWWEやWCWでもトップとして活躍した。新日本プロレスのタマ・トンガの実父。

▼31 ゲーリー・ハート
ザ・グレート・カブキや、グレート・ムタ(武藤敬司)のアメリカ時代のマネージャー。ギミックを考える天才と言われる。

▼32 ブルーザー・ブロディ
〝超獣〟〝インテリジェンス・モンスター〟の異名を持ち、全日本、新日本両団体でトップ外国人レスラーとして主に80年代に活躍。スタン・ハンセンとの超獣コンビは、いまだに〝史上最

強のタッグチーム〟と名高い。

▼33 ハーリー・レイス

NWA世界ヘビー級王者に通算8回君臨した、通称ミスター・プロレス。

▼34 リック・フレアー

ハルク・ホーガンと対極に位置する、アメリカンプロレスの象徴。NWA、WCW、WWEの世界ヘビー級のベルトを通算16回腰に巻き、16タイムス・ワールド・チャンピオンとも呼ばれる。

▼35 テリー・ゴディ

80年代半ば、マイケル・ヘイズ、バディ・ロジャースとのトリオ、ファビラス・フリーバーズとして全米でブレイクし、日本ではスタン・ハンセンのパートナーを経て、スティーブ・ウィリアムスとの殺人魚雷コンビとして、90年代前半の全日本マットで、最強コンビとして君臨した。

▼36『世界のプロレス』

1984年から1987年にかけてテレビ東京系で放送されたプロレス番組。本場アメリカのNWAやWWF、ダラスWCCWの試合をふんだんに流し、ザ・ロード・ウォリアーズはこの番組の影響もあり、初来日から爆発的な人気を呼んだ。

▼37 フリッツ・フォン・エリック

〝鉄の爪〟の異名を持つ名レスラーであり、米国テキサス州ダラス地区の大プロモーターで、NWA会長も務めた。

▼38 ロード・ウォリアーズ

80年代後半、日本とアメリカ両方で大ブレイクを果たしたタッグチーム。

▼39 ジャイアント・キマラ

アフリカ原住民ギミックの怪奇派大型レスラー。80年代前半にダラスWCCWで人気を博し、その後、WWFでハルク・ホーガンとも抗争を展開。90年代の全日本プロレスでは、キマラ2号ことボツワナ・ビーストとのタッグでも活躍した。

▼40 ミッシング・リンク

カブキ、ジャイアント・キマラと並ぶ、80年代前半を代表する怪奇派ペイントレスラー。もともとは正統派だったデューイ・ロバートソンが、類人猿ギミックでブレイクした。

▼41 ケリー・フォン・エリック

〝鉄の爪〟フリッツ・フォン・エリックの三男。元NWA世界ヘビー級王者で、WWEではテキサス・トルネードのリングネームでも活躍した。

▼42 エリック兄弟

兄弟5人がプロレスラーになった、フリッツ・フォン・エリックの息子たち。その多くが自殺等、悲劇的な死を遂げ。呪われたエリック一家とも呼ばれた。

▼43 大熊元司

グレート小鹿とのタッグ、極道コンビとして活躍。長らく全日本の前座戦線を沸かせたが、1992年腎不全により52歳で死去。

▼44 タイガーマスク

1981年から1983年に新日本プロレスで活躍。大プロレスブームを巻き起こした立役者。正体は佐山サトル。

▼45 佐山サトル

のちのプロレス界に多大なる影響を与えた初代タイガーマスク。1983年に新日本退団後は、第1次UWFでいわゆる〝UWFスタイル〟と呼ばれる格闘技スタイルのプロレスを確立。その後、シューティング(修斗)を創始。総合格闘技のパイオニアでもある。

▼46 大仁田厚

1985年に全日本プロレスで引退後、1989年に独立団体FMWを設立。日本プロレス界他団体が他団体時代に突入するきっかけを作り、デスマッチを中心とした、ハードコアスタイルのパイオニアでもある。

▼47 ジャイアントサービス

馬場夫妻が経営し、全日本プロレスのグッズを独占的に制作・販売した会社。

▼48 SWS

メガネスーパーが親会社となり、1990年に旗揚げしたプロレス団体。豊富な資金力で全日本、新日本からレスラーを大量に引き抜いたことから、『週刊プロレス』で大バッシングされるなどして、わずか2年半で崩壊した。

▼**49 スティーブ・ウイリアムス**
〝ドクター・デス〟の異名を持ち、日本では新日本、全日本、IWAジャパンなどで活躍。テリー・ゴディとの殺人魚雷コンビは、90年代を代表するタッグチームだった。

▼**50 田中八郎**
SWSの親会社である、メガネスーパーの社長（当時）。

▼**51 グレート・ムタ**
武藤敬司が80年代末、アメリカのNWA、WCWで名乗ったリングネーム。90年代以降は、武藤の別人格として、日本でも主にビッグマッチに出場する。

▼**52 ZERO1**
橋本真也が設立したZERO—ONEの後継団体。大谷晋二郎らが中心レスラー。

▼**53 三又又三**
オフィス北野所属のタレント。2017年4月より、ZERO1のGMを務める。

▼**54 松澤チョロ**
元『紙のプロレスRADICAL』編集者。現スーパーフリーアルバイター。阿修羅・原的な破滅的生活態度から阿修羅チョロとも呼ばれる。

▼**55 山口日昇**
元『紙のプロレス』編集長で、ハッスルエンターテインメントの社長も務めた。現在は『ガールズ武道エンターテインメント SEI☆ZA』をプロデュース。

▼**56 小川直也**
元・柔道世界一。プロレス転向後、橋本真也との一連の抗争で名を馳せ、〝暴走王〟の異名を持つ。「ハッスル」ではキャプテン・ハッスル、セレブ小川として活躍。現在もバラエティ番組等に出る際は、ハッスルポーズを披露することが多い。

▼**57 ハッスル**
PRIDEを主催していたドリーム・ステージ・エンターテインメントが立ち上げた、〝ファイティング・オペラ〟を標榜するエンターテインメントプロレス。小川直也のハッスルポーズなどで、一時、世間を巻き込む人気を博した。

▼**58 木村政彦**
30〜40年代に柔道全日本選手権13連覇を達成した不世出の柔道家。1950年にプロ柔道家となり、1951年にブラジルでエリオ・グレイシーに勝利。その後、プロレスラーに本格転身するが、1954年12月、力道山との決闘に敗れ、一線を退いた。

▼**59 田中米太郎**
大相撲出身で、力道山時代の日本プロレスで活躍したプロレスラー。馬場正平（ジャイアント馬場）のデビュー戦の相手としても知られる。

▼**60 永源遙**
日本プロレス、新日本、全日本、ノアの前座戦線で長らく活躍したレスラー。相手の攻撃を受けると、客席にツバを吐く、〝ツバ攻撃〟がお約束だった。

▼**61 ミスター・ヒト**
日本プロレス崩壊後、海外を中心にフリーの日本人ヒールとして活躍。カナダのカルガリーに移住し、当地に武者修行に訪れた、橋本真也、獣神サンダー・ライガー、馳浩ら、多くの若きレスラーを世話した。

▼**62 カール・ゴッチ**
〝プロレスの神様〟と呼ばれ、生涯強さを追求した、日本プロレス時代のアントニオ猪木の師匠筋。他に藤原喜明、木戸修、佐山聡、前田日明、鈴木みのるらがゴッチに師事。主にUWF系のレスラーに多大なる影響を与えた。

▼**63 木戸修**
カール・ゴッチ直伝の技術で、新日本プロレス、UWFで活躍した〝いぶし銀〟と呼ばれるレスラー。長女はプロゴルファーの木戸愛。

▼**64 藤波辰爾**
1978年にWWWFジュニアヘビー級王者

となり、日本にジュニアを定着した立役者。長州力との〝名勝負数え唄〟で80年代のプロレスブームで一翼を担い、長く新日本のトップとして活躍した。2015年にWWE殿堂入り。

▼65 ミスター・モト

ハワイ出身の日系二世レスラー。日本プロレス後期には、ブッカーも務めた。

▼66 ドリー・ファンク・ジュニア

元NWA世界ヘビー級王者で、弟テリーとのタッグ「ザ・ファンクス」で、70年代から80年代にかけて、絶大な人気を誇った。

▼67 パク・ソンナン

身長198センチを誇り〝韓国の巨人〟〝韓国の馬場〟を異名を持ち、70年代に国際的に活躍した韓国人レスラー。1976年10月6日、大邱で行われた猪木戦はセメントマッチだったと言われる。

▼68 ディック・ザ・ブルーザー

〝生傷男〟の異名を持ち、AWA世界ヘビー級、WWA世界ヘビー級王座も獲得した60～70年代の超大物レスラー。クラッシャー・リソワスキーとの〝極道コンビ〟としても一世を風靡した。

▼69 ウイルバー・スナイダー

日本では〝原爆男〟の異名でも呼ばれた60～70年代のトップレスラー。ダニー・ホッジとのコンビで、馬場&猪木のBI砲からインタータッグも奪取している。

▼70 バーン・ガニア

元NCAA全米レスリング王者で、1948年のロンドンオリンピックのアメリカ代表選手。プロレス転向後はAWAの帝王と呼ばれ、世界チャンピオン兼プロモーターとして活躍した。

▼71 グレッグ・ガニア

〝AWAの帝王〟バーン・ガニアの息子。ジム・ブランゼルとのコンビ「ハイフライヤーズ」としてAWA世界タッグ王者に君臨した。

▼72 ドン荒川

70～80年代に新日本プロレスで活躍した〝前座の力道山〟。コミカルな〝ひょうきんプロレス〟で、前座戦線を沸かせた。

▼73 ミツ荒川

50年代後半から70年代前半にかけて、アメリカマットで活躍した、ハワイ出身の日系ヒールレスラー。

▼74 AWA

バーン・ガニアが主宰するアメリカのメジャー団体で、その世界王座は80年代までNWA、WWFと並ぶ、世界3大王座と呼ばれた。

▼75 ニック・ボックウィンクル

70年代から80年代にかけて、延べ7年以上もAWA世界ヘビー級王座に君臨した名レスラー。1984年、ジャンボ鶴田が日本人初のAWA王者になったときの対戦相手でもある。

▼76 レイ・スティーブンス

主に60年代から70年代にかけて活躍。その巧さには定評があり、多くのレスラーに影響を与えた。ニック・ボックウィンクルとのコンビでAWA世界タッグ王座にもついた。

▼77 ビル・ロビンソン

イギリスの〝蛇の穴〟ビリー・ライレージム出身で、欧州最強の男と呼ばれた名レスラー。1975年に行われたアントニオ猪木との名勝負は語り草。

▼78 試練の十番勝負

全日本プロレスの次期エース候補だったジャンボ鶴田がさらに成長するために1976年から1979年にかけて行われた番勝負。バーン・ガニア、テリー・ファンク、ビル・ロビンソン、ハーリー・レイスら大物と対戦し、最終的に鶴田の4勝2敗4分だった。

▼79 ワフー・マクダニエル

〝狼酋長〟の異名を持つインディアンレスラーの大御所。2019年にWWE殿堂入り(レガシー部門)をはたした。

▼80 長州力

ミュンヘン五輪レスリング代表として新日本プロレス入り後、80年代前半に藤波辰巳との名勝負数え歌で大ブレイク。90年代から00年代にかけては、新日本の現場監督として、辣腕をふるった。

▼81 新間寿

元・新日本プロレス営業本部長。猪木vsモハメド・アリをはじめ、数々の大一番を実現させ、「過激な仕掛け人」と呼ばれた。

▼82 アブドーラ・ザ・ブッチャー

〝黒い呪術師〟と呼ばれ、全日本プロレスマットを中心に、長きにわたり活躍した、悪役レスラーの代名詞的存在。

▼83 ハンセンvsアンドレ

1991年9月23日、新日本プロレスの田園コロシアム大会で実現した、スタン・ハンセンvsアンドレ・ザ・ジャイアントの一戦。プロレス史上に残るど迫力マッチとして、今も語り草。

▼84 こんばんは事件

1981年9月23日、新日本プロレスの田園コロシアム大会。宣戦布告のために、アニマル浜口、寺西勇を引き連れ現れた、元・国際プロレスのラッシャー木村が、マイクを握り開口一番「こんばんは」とあいさつした事件。宣戦布告には似つかわしくない、丁寧な挨拶に笑いが起きたが、木村の真面目な性格がよく表れているとも言える。

▼85 国際軍団

国際プロレス崩壊後、新日本プロレスに殴り込みをかけた、ラッシャー木村、アニマル浜口、寺西勇の軍団。

▼86 WWF

ビンス・マクマホンが代表を務める、世界最大のプロレス団体。70年代～80年代半ばまで、新日本と業務提携を結んでいた。

▼87 ビンス・マクマホン

世界最大のプロレス団体、WWEの代表取締役会長兼最高経営責任者。父ビンス・マクマホン・シニアから買い取り、受け継いだ会社を、世界的なエンターテインメント企業に成長させた。

▼88 ハルク・ホーガン

元WWF世界ヘビー級王者。80～90年代のアメリカンプロレスの象徴であり、世界で最も有名なプロレスラー。1983年の第1回「IWGP」決勝で、必殺のアックスボンバーによって、猪木を病院送りにした一戦はあまりにも有名。

▼89 ダイナマイト・キッド

藤波辰爾、初代タイガーマスクのライバルとして活躍した、70～80年代のジュニアヘビー級を代表するレスラー。

▼90 JBエンジェルス

山崎五紀&立野記代のコンビ。1987年から1988年にかけてWWFでも活躍した。

▼91 前田日明

新日本プロレスから、1984年に第1次UWFのエースとなった、UWFの象徴的存在。〝格闘王〟の異名を持ち、80年代末、日本にUWFブームを巻き起こし、のちの総合格闘技人気の礎を作った。

▼92 UWF

1984年に設立されたプロレス団体。スーパー・タイガーこと佐山サトルが中心となり、格闘プロレスを展開。その後、1988年からの第2次UWFは第ブームを巻き起こし、のちの総合格闘技界に多大なる影響を与えた。

▼93 ジャパンプロレス

1985年に長州力らが設立したプロレス団体。全日本プロレスと業務提携を結んでいた。

▼94 カネック

70～80年代にメキシコのヘビー級最強のレスラーとして活躍。アンドレ・ザ・ジャイアントをボディスラムで投げ捨てたことでも有名。

▼95 UWA

1975年に設立されたメキシコのプロレス団体。長らく新日本プロレスと提携し、選手交流が行われた。

▼96 ジョニー・バレンタイン

50年代から70年代にかけて全米を股にかけて活躍。〝金髪の妖鬼〟の異名を持ち、1966年には東京プロレス旗揚げ戦でアントニオ猪木と伝説的な名勝負を演じた。

▼97 ジャック・ブリスコ

元アマチュアレスリングの全米学生王者からプロレス入りし、1973年にNWA世界へビー級王者となる。馬場が日本人初のNWA世界王者となったときの相手としても有名。

▼98 ジン・キニスキー

〝荒法師〟の異名を持ち、60年代にNWAとAWA両方の世界王座に就いた名レスラー。1966年8月に大阪球場で行われたジャイアント馬場戦は、馬場が自身のベストマッチに選ぶほどの名勝負となった。

▼99 ザ・シーク

〝アラビアの怪人〟と呼ばれ60年代から活躍、のちの悪役レスラーたちに、多大なる影響を与えたヒールの第一人者。

▼100 ドクトル・ルチャ

元『週刊ゴング』編集長の清水勉。メキシコのルチャ・リブレに造詣が深く、ルチャ博士の意味合いから、スペイン語でドクトル・ルチャと呼ばれる。

▼101 タイガー・ジェット・シン

70年代、新日本プロレス最狂のヒールとして、猪木と抗争を繰り広げた〝インドの狂える虎〟。上田馬之助との悪の名コンビでも知られる。

▼102 クリス・ベノワ

90年代にペガサス・キッド、ワイルド・ペガサスのリングネームでジュニアのトップとして活躍。その後、小さな身体でWCWとWWEの世界王者となるが、2007年に自殺と見られる悲劇的な死を遂げた。

▼103 グラン浜田

70年代半ばから、メキシコでメインイベンターとして活躍した、日本人ルチャドールの第一人者。プロレスラー浜田文子は実娘。

▼104 藤原喜明

70年代に新日本の前座戦線で実力者として知られ、1984年に第1次UWF移籍後、〝関節技の鬼〟としてブレイク。1991年に自身の団体「藤原組」を旗揚げした。

▼105 ミスター・ポーゴ

新日本プロレス旗揚げシリーズでデビューするも、わずか1シリーズで退団。その後は海外を渡り歩き、90年代に入って大仁田厚のライバルとなり、インディーのトップヒールとして活躍した。

▼106 モハメド・アリ戦

1976年6月26日、日本武道館で行われた、アントニオ猪木と、当時の現役ボクシング世界ヘビー級王者モハメド・アリによる「格闘技世界一決定戦」。試合結果は3分15ラウンド闘い、判定でドロー。

▼107 エル・トレオ

エル・トレオ・デ・クアトロ・カミノス。70年代から90年代半ばまで存在した、メキシコのメジャープロレス団体「UWA」のビッグマッチ会場。本来は闘牛場であり、3万人近い最大収容人数を誇る。

▼108 浜田文子

グラン浜田の四女。90年代末から女子プロレス団体アルシオンのエースとしても活躍した。

▼109 小林邦昭

80年代前半、初代タイガーマスクのライバルとして活躍。虎の覆面を剥いだことから、〝虎ハンター〟と呼ばれた。

▼110 栗栖ジム

栗栖正伸が大阪市平野区にオープンした「栗栖正伸トレーニングジム」。金本浩二、中西百重をはじめ、多くのプロレスラーを輩出した。

▼111 奥村茂雄

東京プロレス、全日本プロレスなどで活躍後、2004年からメキシコにわたり、メジャー団体CMLLでOKUMURAのリングネームで長年活躍する日本人ルチャドール。

▼112 大塚直樹

元・新日本プロレスの営業部長で、独立したのち長州力らを率いて、ジャパンプロレスの社長となった。

▼113 ジョン・テンタ

大相撲から大相撲から全日本プロレスに入団。ジ・アースクエイク、シャークといったリングネームでWWE、WCWでも活躍した。

▼114 アニマル浜口ジム

アニマル浜口が東京・浅草で経営するトレーニングジム。大谷晋二郎、大森隆男、坂田亘、内藤哲也ら、多くのプロレスラーを輩出したことで知られる。

▼115 FMW

大仁田厚が1989年に旗揚げしたプロレス団体。日本におけるインディー団体の先駆けだった。

▼116 スペル・デルフィン

サスケとともに初期みちのくプロレスを支え、その後、大阪プロレス、沖縄プロレスを立ち上げ、現在は海鮮プロレスを主催。大阪府和泉市議会議員でもある。

▼117 邪道

たけしプロレス軍団の練習生としてプロレス入り。ユニバーサル、W☆ING、冬木軍などを経て、現在は新日本プロレス所属。デビューから一貫して外道とのタッグで活躍中。

▼118 ブロンド・アウトローズ

1989年から90年代初頭にかけて新日本で活動していたヒールユニット。ヒロ斎藤、保永昇男、後藤達俊ら金髪にし、そこにスーパー・ストロング・マシンが加わり結成された。のちにレイジング・スタッフに改称。

▼119 ベイダー

1987年12月に、TPG(たけしプロレス軍団)の刺客として新日本に初登場。その後、新日本のIWGPヘビー級、WCW世界ヘビー級、UWFインターのプロレスリング世界ヘビー級、全日本の三冠ヘビー級と、メジャータイトルを総なめにした、90年代最強と呼ばれるレスラー。

▼120 スコット・ノートン

マサ斎藤にスカウトされて、新日本プロレスに参戦。90年代はガイジンエースとして活躍した。

▼121 バンバン・ビガロ

80年代後半から90年代にかけて、新日本プロレス、WWE、WCWといった日米のメジャー団体で活躍した、〝動ける巨漢レスラー〟の先駆け。プロレスの巧さには定評があり、北尾光司、サルマン・ハシミコフら、大物ルーキーのデビュー戦の相手も務めた。

▼122 トニー・ホーム

フィンランド出身の元ボクサーのキャリアを持つプロレスラー。90年代前半、橋本真也との異種格闘技戦で抗争を展開。その後、前田日明のリングスを経て、ルドヴィッグ・ボルガのリングネームでWWEでも活躍した。2010年、40歳で没。

▼123 橋本真也

〝破壊王〟の異名を持ち、武藤敬司、蝶野正洋との闘魂三銃士として、90年代新日本プロレスのエースの一角として活躍。2001年に自身の団体ZERO-ONEを旗揚げ。2005年、40歳の若さで亡くなった。

▼124 後楽園での一騎打ち

1990年8月3日に新日本の後楽園ホール大会で行われた橋本真也vs栗栖正伸の一騎打ち。若きエースとベテランヒールの一戦は壮絶な名勝負として語り草のなっている。

▼125 ケンドー・カシン

レスリング全日本王者からプロレスに転向した石澤常光が変身したマスクマン。マット界イチのひねくれ者とも言われる。

▼126 ケンドーコバヤシ

よしもとクリエイティブエージェンシー所属のお笑い芸人。プロレス・格闘技ファンとして知られ、越中詩郎ブームの仕掛け人でもある。

▼127 ハードコアチョコレート

プロレスや特撮、映画などをモチーフにしたTシャツが人気のアパレルブランド。

▼128 大磯武

東京プロレス、国際プロレスで闘ったのち、豊登の誘いで財宝探しに連れて行かれたフィリピンの地に留まり、現地でプロレス団体を設立。レスラー育成に務めた変わり種。

▼129 寺西勇

国際プロレスで、ジュニアヘビー級のテクニシャンとして活躍。国際崩壊後、ラッシャー木村、アニマル浜口と国際はぐれ軍団として、新日本で暴れ、その後、長州力率いる維新軍に合流した。

▼130 大坪飛車角
木村政彦率いる旧国際プロレスから日本プロレスに移籍した柔道出身のレスラー。日本プロレスではカール・ゴッチの補佐として、コーチも務める。将棋の有段者でもあるから本名の大坪清隆から飛車角に改名。

▼131 上田馬之助
髪を金色に染め、〝まだら狼〟〝金狼〟と呼ばれた、日本人ヒールの第一人者。タイガー・ジェット・シンとの悪のコンビとしても活躍。

▼132 木村健悟
主に80年代の新日本プロレスで、藤波辰巳のパートナー、ライバルとして活躍したレスラー。歌のうまさに定評があり、何枚かレコードも出している。

▼133 大城大五郎
プロレス入り前はキックボクシングで活躍。坂口征二、木村健悟、キラー・カーンとともに、日本プロレスから新日本に移籍した。

▼134 ディック・マードック
70年代に全日本で、80年代には新日本で活躍した名レスラー。ダスティ・ローデス、アドリアン・アドニス、マスクド・スーパースターらとのコンビで、タッグでもその実力をいかんなく発揮した。

▼135 キラー・カール・コックス
日本では〝殺人鬼〟の異名でも知られる、白人至上主義者をギミックにしたヒール。主に60年代~70年代に全米で活躍し、ブレーンバスターの元祖とも言われる。

▼136 テリー・ファンク
1973年にNWA世界王者となり、70年代後半から80年代前半に全日本マットで凄まじい人気を誇った名レスラー。大ベテランとなった90年代にも、率先してデスマッチ、ラフファイトを展開し、ハードコア・レスリングの先駆者としても、多くのレスラーの尊敬を集める。

▼137 NWA
戦後から80年代半ばまで、プロレス界で絶大な権力を誇った、プロモーター連帯組織。正式名称はナショナル・レスリング・アライアンス(全米レスリング同盟)。

▼138 タイガー服部
新日本プロレス所属レフェリー。元レスリング全日本王者で、70年代はフロリダマットなどで、マサ斎藤や高千穂明久(ザ・グレート・カブキ)のマネージャーとしても活動していた。

▼139 武藤敬司
グレート・ムタとして全米トップレスラーとなり、90年代の新日本プロレスを橋本真也、蝶野正洋と牽引したトップレスラー。2002年の新日本退団後は、全日本プロレスの社長にもなった。

▼140 バズ・ソイヤー
〝狂犬〟の異名を持ち、主に80年代に全米で活躍したレスラー。80年代後半には新日本プロレスの常連外国人でもあった。得意技パワースラムのキレは絶品。

▼141 ジャンクヤード・ドッグ
80年代に活躍したアフリカ系アメリカ人ベビーフェイス。リングネームを略してJYDとも呼ばれる。

▼142 ホーク・ウォリアー
80年代に一世を風靡したタッグチーム、ザ・ロード・ウォリアーズの片割れ。90年代半ばには佐々木健介(パワー・ウォリアー)と、ヘルレイザースを結成。

▼143 ロッキー・ジョンソン
ハワイの大物ピーター・メイビアを義父に持ち、ザ・ロック(ドゥエイン・ジョンソン)の実父。黒人スター選手でドロップキックの名手だった。

▼144 ザ・ロック
90年代後半から00年代前半にかけ、WWEでストーンコールド・スティーブ・オースチンと並ぶ活躍を見せた、超大物レスラー。俳優ドゥエイン・ジョンソンとしても知られる。

▼145 ホセ・ゴンザレス
プエルトリコのトップレスラーで、現地のメ

ジャー団体WWCでマッチメーカーも務めた。マスクマン、インベーダー1号としても活躍。しかし、日本ではブロディ刺殺犯としてのイメージがあまりにも強すぎて、レスラーとして評価されることはない。

▼146 越中詩郎

80年代は高田延彦とのジュニア版名勝負数え歌を展開し、90年代以降は平成維震軍のリーダーとして知られる。ヒップアタックの使い手世界一。

▼147 ハル薗田

覆面レスラー、マジック・ドラゴンとしても活躍。80年代末は、全日本の若手のコーチとして小橋建太らを育てたが、1988年に飛行機事故にて死去。

▼148 渕正信

1974年にデビュー以来、45年間、全日本プロレス一筋である王道プロレスの重鎮。BS-TBSで『渕正信の幸せ昭和食堂』という番組も持っている。

▼149 将軍KYワカマツ

国際プロレスでデビューし、80年代後半はストロング・マシーンズらの悪のマネージャーとして活躍。メガネスーパー田中八郎・元社長と昵懇の仲であり、SWS設立にも関わった。

▼150 ジョージ高野

80年代半ばはマスクマン、ザ・コブラとして、新日本ジュニアの中心選手として活躍した。素顔に戻ってからは、SWSに移籍し「パラエストラ」の道場主としても活躍。自身の団体、FSRを率いたこともあった。

▼151 NOW

SWS解散後、同団体の「道場・檄」「パライストラ」の選手が中心となって旗揚げしたプロレス団体。社長はケンドー・ナガサキ。わずか2年で活動停止した。

▼152 レボリューション

相撲部屋のような部屋別制度をとっていたSWSにおける天龍部屋。

▼153 パラエストラ

「部屋別制度」を導入していたSWSで、ジョージ高野が道場主を務めた部屋。佐野直喜、ドン荒川ら、主に新日本出身のレスラーが所属した。

▼154 道場・檄

大相撲を模した部屋別制度をしいていたSWSで、ワカマツが道場長を務めた部屋。のちに谷津嘉章に道場長が変わった。

▼155 大日本プロレス

1994年にグレート小鹿が設立したプロレス団体。現在はデスマッチ路線と、ストロングスタイル(ストロングBJ)の両輪で人気を博す。

▼156 ヒクソン・グレイシー

グレイシー柔術創始者、エリオ・グレイシーの三男。450戦無敗の男の異名を持ち、高田延彦、安生洋二、山本宜久、船木誠勝らを〝なんでもあり〟のバーリ・トゥードで次々と下し、マット界に多大なる影響を与えた。

▼157 山川竜司

90年代後半に大日本プロレスの主役的存在であったデスマッチファイター。ケンドー・ナガサキのバーリトゥード修行の際、ブラジルに同行したこともある。

▼158 アカデミア・ブドーカン

ブラジルの格闘技ルタリブレの名門道場。ペドロ・オタービオやジョイユ・デ・オリベイラなどを輩出したことで知られる。

▼159 平直行

80年代末にシュートボクシングのトップ選手として活躍。90年代前半はリングスやK-1のリングで総合格闘技を行い、MMAの先駆けともなった。漫画『グラップラー刃牙』のモデルとしても有名。

▼160 鮎川れいな

ニューハーフプロレス団体ダイナマイトバンプの創始者でもあるニューハーフレスラー。

▼161 デストロイヤー

〝白覆面の魔王〟と呼ばれ、力道山の宿敵として足4の字固めを武器に大活躍したマスクマンの第一人者。70年代は日本テレビのバラエティ番組にレギュラー出演し、お茶の間の人気者となった。

▼162 安田忠夫
大相撲の元・小結、孝乃富士。1993年に新日本プロレス入り。2001年大晦日の「INOKI BOM-BA-YE 2001」で、ジェロム・レ・バンナを破り、お茶の間の感動を呼ぶ。その後、IWGPヘビー級王者にもなったが、ギャンブルで身を崩し、2011年に引退。

▼163 百田光雄
力道山の次男で、全日本プロレスでは長らく前座第1試合に出場。「6時半の男」として人気を博した。長男はプロレスラーの「力道山三世・力」。

▼164 川田利明
90年代に全日本プロレス四天王の一角として活躍。その後、ハッスルなどを経て、現在はラーメン店「麺ジャラスK」を営む。

▼165 三沢光晴
1984年に二代目タイガーマスクとなり、1990年に素顔となってから、全日本プロレスのエースとして、黄金時代を作り上げた立役者。2000年にはプロレスリング・ノアを設立し、社長レスラーとして闘い続けたが、2009年に試合中の事故で帰らぬ人となった。

▼166 佐藤昭雄
70年代は全日本プロレスの一員として、日本とアメリカを行き来しながら活躍。80年代半ばは、マッチメイカーも務め、若手選手に積極的にチャンスを与えていった。その後、WWF（現WWE）の極東地区担当マネージャーも務めた。

▼167 ミスター珍
日の丸の鉢巻を締め、ハッピ姿で、下駄を凶器にする古典的な日本人ヒールレスラー。90年代には、現役最年長最古参レスラーとしてFMWのリングにも上がっていた。

▼168 保永昇男
1980年に新日本プロレスでデビューし、ジャパンプロレスを経て、新日復帰後はブロンド・アウトローズの一員として活躍。1991年のトップ・オブ・ザ・スーパージュニアでは、決勝で獣神サンダー・ライガーを破り優勝している。

▼169 冬木弘道
1979年、国際プロレスに入団。同団体の崩壊後、全日本で天龍同盟の一員として活躍。その後、冬木軍のボスとなり、大仁田後のFMWではプロデュースも行った。

▼170 新倉史裕
1981年に新日本プロレスでデビュー。ジャパンプロレス移籍後、馳浩と海外修行に出て、覆面コンビ、ベトコン・エキスプレス1号として活躍。その後、SWSやNOWにも参戦した。

▼171 仲野信市
80年に新日本プロレスでデビューし、新人時代は高田延彦とライバル。80年代後半は三沢光晴扮する2代目タイガーマスクのパートナー、決起軍の一員としても活躍した。

▼172 笹崎伸司
80年代後半のジャパンプロレス、新日本プロレスの若手レスラー。90年代はUWFインターでブッカーとして活躍。多くのレスラーを日本に送り込んだ。

▼173 ザ・コブラ
初代タイガーマスク（佐山サトル）引退後、その後釜のようなかたちで、1983年11月から新日マットに登場したマスクマン。しかし、天才である佐山タイガーとどうしても比べられてしまい、人気爆発には至らず。1986年に突如姿を消し、次のシリーズにジョージ高野が凱旋帰国した。

▼174 ボブ・ガイゲル
60年代から70年代にかけて活躍したプロレスラー。現役引退後もNWAセントラル・ステーツ地区のプロモーターとして辣腕をふるい、NWA会長にも通算3回就任している。

▼175 『プロレス・スターウォーズ』
84年から87年まで『フレッシュジャンプ』で連

載された、みのもけんじ作画のプロレス漫画。

▼176 伊藤正男
日本プロレス崩壊後、全日本プロレスに移籍。1978年から海外各地を転戦。80年代半ばまでアメリカ・カナダを主戦場としていたが、その後、プロレス界から消息を断つ。

▼177 W★ING
初期FMWのフロント陣やミスター・ポーゴが中心となり、1991年に旗揚げされたプロレス団体。過激なデスマッチを売りにして、コアなファンから熱狂的な支持を受けるも、杜撰な経営で崩壊した。

▼178 茨城清志
90年代の伝説のインディー団体W★INGの代表。もともと『週刊プロレス』の前身である『プロレス&ボクシング』編集者から業界キャリアをスタートさせ、『ゴング』海外特派員や、ジャパン女子プロレス、全日本女子プロレス、FMWの渉外担当などを経て、W★ING代表となった。

▼179 青柳政司
誠心会館館長を務める名古屋の大物空手家で、1988年に大仁田厚と異種格闘技戦を行ったのがきっかけとなり、プロレスに本格参戦。平成維震軍やプロレスリング・ノアの一員として活躍した。

▼180 荒井昌一
FMWにリングアナウンサーとして入社後、大仁田引退後の1995年に社長へ就任。若手のハヤブサをエースにエンタメ路線へと舵を切るが、次第に団体の経営は悪化。2002年に葛飾区の水元公園で首を吊って死んでいるのが発見された。負債を苦にした自殺とみられている。

▼181 ハヤブサ
1991年にFMWでデビュー。ファイヤーバード・スプラッシュなど華麗な空中殺法を武器に、新生FMWのエースとして活躍するが、2001年、試合中に頸髄損傷の重傷を負い、現役引退を余儀なくされた。2016年死去。

▼182 シャーク土屋
FMWでコンバット豊田、クラッシャー前泊とともにヒールユニット「コンバット・アーミー」を結成、工藤めぐみらと抗争を展開。対抗戦時代には「猛毒隊」を結成し、団体の垣根を越えて活躍。2016年引退。

▼183 クラッシャー前泊
FMWで「コンバット・アーミー」の一員として大暴れした後、1991年にはシャーク土屋とのコンビで、当時WWWAタッグ王者だった全日本女子プロレスの豊田真奈美&山田俊代組に挑戦状を叩きつけ抗争を展開、これが女子プロレス対抗戦時代の幕開けとなった。

▼184 長谷川咲恵
90年代前半に活躍した全日本女子プロレスのレスラー。一時期、覆面レスラー、ブリザードYukiにも変身した。

▼185 デビー・マレンコ
ポリス・マレンコが主宰する「マレンコ道場」出身の女子プロレスラー。1991年に初来日後、長谷川咲恵との「日米新世代タッグ」で新風を巻き起こした。

▼186 UFC
1993年にスタートした、世界最大のMMA（総合格闘技）団体。

▼187 サブゥー
「アラビアの怪人」ザ・シークの甥として、1991年に初来日。自爆をいとわぬ自虐ファイトで観客の度肝を抜いた。その後に参加したECWでもハードコアスタイルでマニア層を魅了し、団体のカラーを決定づける。団体側の思惑には捕らわれないフリーランサーぶりから「インディーの帝王」と呼ばれた。

▼188 グラジエーター
ザ・グラジエーター。1990年FMWに初来日。2M近い長身から放たれるノータッチのトペ・スイシーダや、高低差バッグンの「アッサム・ボム」を武器に、FMWのエース外国人レスラーとして活躍した。

▼189 ビッグ・タイトン
1991年にFMW初来日。自身と同じ2メ

ートル近い巨体であるザ・グラジエーターとともに巨人タッグを結成。WWF時代には「2代目レーザー・ラモン」として活動していたことも。

▼190 ファイヤーデスマッチ
1991年5月6日のニチイ三田店駐車場特設リング大会で、大仁田&後藤vsシーク&サブゥーによる「有刺鉄線トルネードタッグ・ファイヤーデスマッチ」が開催されるが、事前に火力の確認が行われなかったため、予想以上に火の勢いが強くなり、1分ほどでリング上は酸欠状態に。試合続行は不可能となり、4分31秒無効試合というトホホな結末に。

▼191 新生FMW
1995年大仁田厚引退後のFMWを指す。エースを任されたハヤブサをはじめ、金村ゆきひろや田中正人(現・田中将斗)らのハードコアスタイルが支持を集める一方で、当時WARから移籍してきた冬木弘道が主導の下、「エンタメ路線」を展開。物議をかもした。

▼192 レザー・フェイス
映画『悪魔のいけにえ』に登場した殺人鬼「レザーフェイス」をモチーフにした怪奇派レスラー。1992年W☆INGプロモーションに初来日。入場時に火花の飛び散るチェーンソーを持って入場し、観客を恐怖のどん底に陥れた。

▼193 植地毅
フリーライター、デザイナー。W★INGのTシャツを数多く手がけた。

▼194 クラッシャー・リソワスキー
60年代~70年代を代表するラフファイター。ディック・ザ・ブルーザーとタッグを結成して、馬場&猪木組と試合をするなど、日米マットを渡り歩いた。

▼195 覆面十番勝負
1974年7月25日のミル・マスカラス戦を皮切りにして2年間に渡り行われた、ザ・デストロイヤーが覆面レスラーと対決する十番勝負。旗揚げして軌道に乗った全日本プロレス初のヒット企画となり、のちに「ジャンボ鶴田・試練の十番勝負」も開催された。

▼196 齋藤彰俊
1991年にW★INGで「格闘三兄弟」のひとりとして活躍後、新日本で小林邦昭との〝決闘〟によりブレイク。その後は平成維震軍やプロレスリング・ノアで活躍。

▼197 ピラニアデスマッチ
大日本プロレス1996年8月19日横浜文化体育館大会のケンドー・ナガサキvs松永光弘戦で実現した、荒唐無稽なデスマッチ。リング中央にピラニア数十匹が泳ぐ水槽が設置され、18分35秒で水槽に転落した松永のTKO負けとなった。ちなみにここで使用されたピラニアは、当時松永自身が飼育していたペット。

▼198 プロレス予備校
日本テレビ『天才・たけしの元気が出るテレビ!!』の番組内で放送された女子プロレスラー育成企画「女子プロレス予備校」のこと。元気美佐恵、シュガー佐藤らがこの企画を経てデビューした。

▼199 寛水流
猪木が、自身に挑戦してきた空手家・水谷征夫と創設したフルコンタクト空手団体。プロレスラーの後藤達俊や松永光弘が、かつて所属した。

▼200 極真
大山倍達が創始した空手団体極真会館。

▼201 水谷征夫
安藤昇の小説『東海の殺人拳』のモデルとされる空手家。1982年にアントニオ猪木と一緒に「寛水流空手」を創設した。

▼202 梶原一騎
『タイガーマスク』『空手バカ一代』『あしたのジョー』『巨人の星』など、数々の名作を手がけた漫画原作者。

▼203 後藤達俊
水谷征夫の紹介で、1982年新日本プロレスに入門。ヒロ斎藤、保永昇男とともに「ブロンド・アウトローズ」を結成して以降、ヒールとして活躍。必殺技は捻りを加えたバックド

ロップ。

▼204 ウィリー・ウィリアムス
映画『地上最強のカラテPART2』で巨大グリズリーと闘ったことから、〝熊殺し〟の異名を取る空手家。1980年2月27日蔵前国技館ではアントニオ猪木との異種格闘技戦が実現。両陣営のセコンドが入り乱れる混乱の中、4R1分24秒両者負傷によりレフェリーストップ。のちにリングスにも参戦した。

▼205 格闘技の祭典
1987年1月に亡くなった梶原一騎の追悼興行として、実弟の真樹日佐夫が中心となり、1988年から年1回開催されていた格闘技興行。梶原一騎ゆかりの選手として、歴代のタイガーマスクらが参戦した。

▼206 真木日佐夫
梶原一騎の弟で、兄と同様に漫画原作者として活躍。武闘派としても知られ、極真会館の大山倍達とは義兄弟の契りを交わしており、空手家として独自の門派である真樹道場を設立している。

▼207 ジェリー・フリン
マレンコ道場出身のプロレスラー。1989年FMWに初来日後、翌年には藤原組へと主戦場を移し、藤原喜明や船木誠勝らと好勝負を展開した。

▼208 剛柔流空手
沖縄空手をルーツに持ち、松涛館流、糸東流、和道流と並ぶ空手四大流派のひとつ。

▼209 マーシャルアーツ
日本では、空手やキックボクシングなどの立ち技格闘技の総称として用いられる。かつては異種格闘技戦路線を敷いていたアントニオ猪木に、WWWF（現在のWWE）から「WWWF世界マーシャルアーツ王座」のベルトが贈られたことも。

▼210 パイオニア戦志
剛竜馬、高杉正彦、アポロ菅原の3人で1988年に結成されたプロレス団体。新日本プロレス、全日本プロレスの2団体時代に設立された、「インディー団体」の草分け的存在。

▼211 剛竜馬
国際プロレスから新日本に移り、藤波辰巳と名勝負を展開。後年はパイオニア戦士、剛軍団、冴夢来プロジェクトなど独立団体を率いて、「プロレスバカ」として、一時期プチブレイクした。

▼212 高杉正彦
国際プロレス退団後、全日本プロレスでマスクマン、ウルトラセブンに変身。湘南プロレスとして自主興行も行う。

▼213 金村キンタロー
1990年にパイオニア戦志でデビュー後、W★INGで命知らずのデスマッチを数多く闘って、トップレスラーの仲間入り。FMW移籍後は冬木弘道と行動をともにし、ミスター雁之助や邪道&外道らと「ブリーフブラザーズ」を結成する。

▼214 ピラニア軍団
1991年に新日本プロレスでごく短期間活動したヒールユニット。栗栖正伸、キム・ドク、松永光弘で結成されていた。

▼215 TNT
プエルトリコ出身のプロレスラー。1987年の世界最強タッグリーグ戦にアブドーラ・ザ・ブッチャーのパートナーとして初来日。巨体に似合わぬ俊敏なテコンドースタイルでファンを驚かせた。

▼216 W★INGプロモーション
「世界格闘技連合W★ING」を前身にして、1991年に設立。FMWを超えた過激なデスマッチ路線で、マニア層を熱狂させた。

▼217 新日vs誠心会館の抗争
1991年12月8日の後楽園ホールで、小林邦昭が青柳館長の門下生に暴行を加え、抗争が勃発。この一連の抗争で新日の中堅選手が脚光を浴びた一方、誠心会館側の選手として齋藤彰俊がブレイクした。

▼218 アイスマン
W★INGでミゲル・ペレスJr.らと抗争した、全身タイツのマスクマン。その正体は、ダ

グ・ファーナスとのコンビで「世界最強タッグ決定リーグ戦」にも参加したことがあるリッキー・サンタナ。

▼**219 K-1**

1993年に空手の正道会館が母体となりスタートした、立ち技の世界的な格闘技イベント。90年代から00年代初頭、日本の格闘技界を牽引したが、2011年に創始者・石井和義館長が商標権を手放した。

▼**220 谷川貞治**

『格闘技通信』など格闘技専門雑誌の編集長を歴任した後、2003年にはK-1プロデューサーに就任。現在は新格闘技イベント「巌流島」のイベントプロデューサーとなっている。んあ〜。

▼**221 ボブ・サップ**

身長200センチ、体重150キロの巨体を武器に、2002年に格闘技初心者ながら、PRIDEやK-1で大活躍。一躍、社会現象となる人気を獲得し、プロレスのリングでもIWGPヘビー級王者となり、プロレス大賞のMVPも獲得した……が、いまはその見る影もない。

▼**222 ピーター・メイビア**

70年代に活躍したサモア出身のプロレスラー。ドウェイン〝ザ・ロック〟ジョンソンの祖父としても知られる。

▼**223 ジミー・スヌーカ**

その跳躍力あふれる運動能力の高さから〝スーパーフライ〟の異名を持ち、日米マットで一世を風靡した。ブルーザー・ブロディとのタッグでも有名。

▼**224 ドン・ムラコ**

80年代、主にWWFを主戦場にしたサモア系プロレスラー。1994年には覆面を被り、「赤鬼」という名で来日したことも。

▼**225 LLPW-X BANK**

豊島区大塚に居を構えるLLPWの道場。

▼**226 ブリバト**

ブリリアントバトルガールズの略。井上貴子プロデュースのアイドルレスラープロジェクト・「VoLumeII」の2期生・SAKIとMIZUKIが結成したタッグチーム。

▼**227 ジャパン女子プロレス**

1986年に「プロレス版おニャン子クラブ」を当初のコンセプトとして設立された女子プロレス団体。初期は秋元康がアドバイザーを務めた。1992年に崩壊後、JWPとLLPWに分裂。

▼**228 キューティー鈴木**

ジャパン女子プロレスでデビュー。解散後はJWPで活躍。その愛らしい容姿で多くの男性ファンを魅了したアイドルレスラー。

▼**229 尾崎魔弓**

ジャパン女子プロレス分裂後、JWPへ参加。〝魔性の女〟と称されるヒールファイトが信条。現在もOZアカデミーで現役を続けている。

▼**230 ダイナマイト関西**

1986年にジャパン女子プロレスで、「ミスA」の名前でデビュー。JWP旗揚げ時に「ダイナマイト関西」へ改名。得意技はスプラッシュマウンテン。

▼**231 ビューティ・ペア**

70年代後半に女子プロレスブームを巻き起こした、ジャッキー佐藤とマキ上田のタッグチーム。デビュー曲『かけめぐる青春』は、80万枚(一説には100万枚以上)の大ヒットとなった。

▼**232 クラッシュギャルズ**

80年代半ば、女子プロレスブームを巻き起こした、長与千種とライオネス飛鳥のタッグチーム。

▼**233 ダンプ松本**

80年代中盤、「極悪同盟」のリーダーとしてクラッシュギャルズと抗争を繰り広げ、女子プロレスブームを巻き起こした人気悪役レスラー。

▼**234 ジャッキー佐藤**

70年代後半、ビューティ・ペアの片割れとして、またWWWA世界シングル王者として、女子プロレスのトップに君臨したレスラー。19

85年にはジャパン女子プロレス立ち上げにエースとして関わるが、1986年に神取忍に敗れたのを機に引退した。

▼235 全日本女子プロレス
1968年に松永高司ら松永四兄弟によって創設されたプロレス団体。何度かの大ブームを巻き起こすが、不動産投資事業の失敗から経営が悪化し、2005年に解散した。

▼236 北尾光司
元・大相撲横綱の双葉黒。1990年2月10日の新日本、東京ドーム大会でプロレスデビュー。しかし、現場監督の長州力と衝突し新日を離脱。1992年10月の高田延彦との格闘技世界一決定戦でKO負け。

▼237 セメントマッチと言われる試合
1987年7月18日、ジャパン女子プロレスの大和大会で行われた伝説のケンカマッチ。事前にお互いシュートマッチであることを認識した、前代未聞の一戦で、神取がアームロックで完勝。敗れたジャッキーはプロレス界を去った。

▼238 松永一族
全日本女子プロレスの創業一族。

▼239 南原清隆
お笑いコンビ・ウッチャンナンチャンのナンチャンの方。90年代には格闘技バラエティ番組『リングの魂』でMCを務めた。

▼240 長与千種
1984年、ライオネス飛鳥と結成したタッグチーム「クラッシュギャルズ」で一大ブームを巻き起こす。現在は女子プロレス団体「マーベラス」の代表を務めている。

▼241 井田真木子
1991年に『プロレス少女伝説』で大宅壮一ノンフィクション賞を受賞。「心を折る」という表現は、この作品からと言われている。2001年に44歳の若さで急逝。

▼242 高田延彦
前田日明と並ぶ、UWFの象徴的存在。90年代にUWFインターのエースとして活躍し、1997年には『PRIDE.1』でヒクソン・グレイシーに敗れるも、引退後はPRIDEの統括本部長となる。

▼243 LLPW
ジャパン女子プロレスが崩壊後、JWPメンバーと袂を分かつ形で、1992年に風間ルミが社長となり旗揚げ。神取忍、ハーレー斉藤らが所属した。2011年に「LLPW—X」に改称。

▼244 JWP
ジャパン女子プロレス解散後、子会社だった「JWPプロジェクト」を母体として設立。尾崎魔弓、キューティー鈴木、コマンド・ボリショイらが所属。2018年4月に活動を休止。

▼245 オールスター
1993年4月2日に横浜アリーナで行われた、女子プロレス初のオールスター戦。熱戦が続きすぎて、メインイベントが終わったのは、日付が変わった4月3日の午前零時すぎだったこともあり、伝説となっている。

▼246 北斗晶
90年代前半の女子プロレス対抗戦時代に最もブレイクした、スーパースター。佐々木健介と結婚して引退後、タレントとしても大活躍中。

▼247 ブル中野
ダンプ松本引退後、「獄門党」を結成。その圧倒的な強さから〝女帝〟と呼ばれ、アジャ・コングとの死闘などで、クラッシュギャルズ引退後の女子プロレス界を牽引した。ブル様。

▼248 アジャ・コング
90年代前半にブル中野との壮絶な抗争で一時代を築いた女子プロレスラー。現在に到るまで25年以上、女子プロレス界のトップに君臨している。

▼249 豊田真奈美
その跳躍力の高さと圧倒的なスピードから〝飛翔天女〟と呼ばれ、必殺技「ジャパニーズ・オーシャン・サイクロン・スープレックス」を武器に一時代を築いた。2017年に引退。

▼250 神取vs北斗戦
1993年4月2日に横浜アリーナで開催さ

れた、女子プロレスオールスター興行で初対決。プロレス史に残る壮絶なケンカマッチの末、30分37秒で北斗が勝利。

▼251 金網てっぺんからのギロチン
1990年11月14日、横浜文化体育館で行われた、ブル中野vsアジャ・コングの一戦で、ブルは金網の最上段からギロチンドロップを敢行し、アジャに勝利した。

▼252 あんな凄い試合
2000年7月2日に後楽園ホールで実現したシングルマッチ。天龍が一切容赦せずに神取の顔面へグーパンチを叩き込み、2R2分11秒・天龍のTKO勝ち。試合後、神取の顔は無残に腫れ上がった。

▼253 ウルティモ・ドラゴン
メキシコで最も有名となった日本人であり、世界的なマスクマン。プロレス学校闘龍門メキシコ校長として、CIMA、オカダ・カズチカを始め数多くのレスラーを育て上げた。

▼254 風間ルミ
高校生でキックボクサーとしてデビュー後、ジャパン女子プロレスに入団。解散後にLLPWを設立して、女子プロレス界初の社長兼任レスラーとなる。都会の流星。

▼255 WAR
SWS崩壊後、天龍源一郎が中心となって設立したプロレス団体。

▼256 フルコン山田編集長
格闘技雑誌『フルコンタクトカラテ』で編集長を務めた山田英司。前田日明に女子便所で恫喝された際、「前田の掌底をスウェーでかわした」と豪語していた。ザンス山田とも呼ばれているざんす。

▼257 ミル・マスカラス
“千の顔を持つ男”と呼ばれる、メキシコの世界的なプロレスラー。

▼258 『プロレスアワー』
1968年11月から東京12チャンネル(現テレビ東京)で放送されていたプロレス中継。海外のプロレス映像が流されていた。

▼259 杉浦滋男
『国際プロレスアワー』のメイン実況を務めた、東京12チャンネル(現・テレビ東京)のアナウンサー。

▼260 ヒロ斎藤
80年代に新日本、全日本、両方でジュニアヘビー級王者となる。90年代以降は、ブロンド・アウトローズ、nWoジャパン、チーム2000といったヒールユニットのバイプレイヤーとして活躍した職人レスラー。

▼261 原薗善由紀
前田日明(当時は明)と同じ日に新日本プロレスでデビュー。190センチという恵まれた体格に将来が嘱望されていたが、デビューまもなく引退した。

▼262 船木誠勝
1985年に当時の史上最年少15歳で、新日本プロレスにてデビュー。UWF、藤原組を経て、1993年に鈴木みのるらとパンクラスを設立。2000年5月のヒクソン・グレイシー戦で一度は引退したが、2007年大晦日より現役復帰した。

▼263 高野俊二
新日本プロレスから、1985年にスーパー・ストロング・マシン、ヒロ斎藤とカルガリーハリケーンズを結成して独立。その後、全日本、SWSを経て、自身の団体PWCを設立し、高野拳磁に改名。90年代はカルト的な人気を博した。

▼264 大山総裁
伝説の空手家・大山倍達(国際空手道連盟総裁)。極真カラテ(フルコンタクト空手)の創始者であり、その半生は劇画『空手バカ一代』でも描かれた。

▼265 ブレット・ハート
カナダのプロレス一家、ハート・ファミリーの六男。90年代のアメリカンプロレスを象徴する、トップ中のトップレスラー。

▼266 スタンピード・レスリング
プロレス界の名門・ハート・ファミリーの父であるスチュ・ハートが代表を務めたカナダの

プロレス団体。ダイナマイト・キッドやクリス・ベノワらを輩出。

▼267 マスク・ド・スーパースター
70年代末から80年代半ばに新日本プロレスで、ディック・マードックやアンドレ・ザ・ジャイアントのパートナーとして活躍。その後、WWFではタッグチーム、ザ・デモリッションとしてタッグ王者にもなった。

▼268 モンゴリアン・ストンパー
モンゴリアン・ギミックでブレイクしたラフファイター。得意技は「殺人ストンピング」。

▼269 ドン・レオ・ジョナサン
異名は〝人間台風〟。2メートル近い巨体に似つかわしくない卓越した運動神経で、観客の度肝を抜いた。得意技はハイジャック・バックブリーカー。

▼270 ダニー・クロファット
1988年、ダグ・ファーナスと「カンナム・エキスプレス」を結成。全日本マットでフットルース(川田・冬木組)、ニュー・ブリティッシュ・ブルドッグス(キッド・スミス組)らと名勝負を展開した。

▼271 ストロングマシン
1984年、新日本プロレスに現れた謎のマスクマン。のちにマシン1号を名乗り、4号まで増殖。その後はスーパー・ストロング・マシンに改名した。

▼272 キン肉マン
80年代に大人気だった『週刊少年ジャンプ』連載のプロレス系ヒーロー漫画。屁のつっぱりはいらんですよ。

▼273 マシン軍団
80年代半ば、ワカマツがマネージャーを務め、新日本マットで暴れたマスクマン軍団。マシン1号から4号まで、同じマスクを着用した。

▼274 レインメーカー
現在の新日本プロレストップレスラー、オカダ・カズチカの異名。

▼275 「ストロングマシン We are NO・1」
1985年にキングレコードから発売された『俺はKYワカマツだ 檄』B面に収録された伝説のテーマ曲。「ストロングマシーン!ウイアーナンバーワーン!」「ゴー! マシン!ゴー!」とひたすら連呼する内容。

▼276 ミスター・アトミック
1956年に初来日して人気を博した覆面レスラー。覆面に凶器を忍ばせた「反則頭突き」が必殺技。

▼277 柴田勝頼
現在、新日本プロレスを中心に活躍する「ザ・レスラー」。1999年に新日本でデビューするが、自分が理想とする〝新日本〟を求めて2005年に退団。ビッグマウス・ラウドを経て、船木誠勝とともにチームARMSを発足し、総合格闘技HERO'S、DREAMなどで活躍。2011年からは新日本プロレスに再び参戦した。

▼278 桜庭和志
90年代末から00年代にかけて、当時格闘技界の頂点に君臨したグレイシー一族を、次々と倒し、日本に総合格闘技ブームを起こした、元UWFインターナショナルのプロレスラー。

▼279 ホイス・グレイシー
グレイシー柔術を引っさげ、初期UFCで3度優勝を果たし、バーリ・トゥード(MMA)を世に広めたパイオニア。エリオ・グレイシーの六男であり、ヒクソンの実弟。2000年5月の桜庭和志との合計90分に渡る死闘は、あまりにも有名。

▼280 アリストトリスト
nWoブームに沸く2000年に蝶野正洋が設立した、プロレス界初のファッションブランド。当時のプロレスグッズにはない洗練されたデザインがファンを喜ばせた。

▼281 高阪剛
1994年にリングスでデビュー。UFC18でのバス・ルッテン戦で〝世界のTK〟として一躍有名に。現在はWOWOWのUFC中継で解説も務めている。

▼282 獣神サンダー・ライガー
1989年4月24日、永井豪現在のアニメ『獣

神ライガー』とのタイアップで、東京ドームでデビュー。90年代から世界のジュニアヘビー級を牽引し続けてきた、世界的スーパースター。

▼283 大矢剛功
1986年に新日本プロレスでデビュー。以後、SWS、NOWと渡り歩き、FMWでは得意技のバックドロップを武器に活躍。現在も北都プロレスを主戦場にして元気に活動している。

▼284 飯塚高史
90年代はサンボの技術を駆使した、新日本プロレスの正統派レスラーだったが、2008年にヒール転向し豹変。鈴木軍の一員などとして暴れまわった。

▼285 エル・サムライ
1985年に新日本プロレスでデビューした松田納が、メキシコ修行を経て、マスクマンのエル・サムライに変身。獣神サンダー・ライガーを破り、IWGPジュニア王者になった他、1997年の「ベスト・オブ・ザ・スーパージュニア」に優勝するなど、ジュニア・ヘビー級戦士として、一時代を築いた。

▼286 片山明
1986年に新日本プロレスでデビュー。大矢とは同期で、〝片山ロケット〟の異名を持つトペ・スイシーダを得意としていたが、SWSへ移籍後、試合中に首を負傷して引退。

▼287 ヒロ・マツダ
主に60～70年代にアメリカで活躍した、正統派・日本人レスラーの第一人者であり、元NWA世界ジュニアヘビー級王者。ルーキー時代のハルク・ホーガンを育てたことでも知られる。

▼288 ジョー大剛
自動車事故で右脚切断の重傷を負い、レスラーを引退した後、北米を拠点にブッカーとして活躍。海外修行に出た若手選手のトレーナーとしても有名で、多くのレスラーの肉体改造を施した。

▼289 闘魂三銃士
1984年に同期入門した、武藤敬司、蝶野正洋、橋本真也、三人の総称。90年代、黄金期の新日本プロレスを牽引した。

▼290 畑浩和
80年代の新日本プロレス若手レスラー。海外修行先のメキシコで佐野直喜、浅井嘉浩(のちのウルティモ・ドラゴン)とのトリオで活躍するも、帰国後はケガに泣かされ、1989年に引退。

▼291 IWGPリーグ戦
世界中に乱立するベルトを統一し、真の世界王者を決めるというコンセプトで、アントニオ猪木が提唱したもの。1983年に第1回大会が開かれたあと、年に一度開催され、5回で終了。その後は新日本のタイトル化された。

▼292 オットー・ワンツ
オーストリアを本拠地とするヨーロッパ有数のプロレス団体CWA代表であり、AWA世界王者にもなったプロレスラー。

▼293 AKIRA
野上彰の現在のリングネーム。新日本プロレス若手時代は、武藤敬司、蝶野正洋、橋本真也ら闘魂三銃士とほぼ同期。90年代には飯塚孝之(現・高史)とのタッグ「JJ・ジャックス」として活動し、一部好事家の間で伝説となっている。

▼294 小原道由
アニマル浜口ジム出身のプロレスラー第1号。ヒールを演じることが多かったが、小川vs橋本戦のセコンドで乱闘の最前線に立ったことで、〝ポリスマン〟としても有名に。ハウス。

▼295 「時は来たぁ～」
1990年2月10日「スーパーファイトIN闘強導夢」のメインイベントである猪木&坂口組との試合前に、アナウンサーからコメントを求められて橋本が放ったひと言。その突飛な発言にパートナーの蝶野が思わず吹き出し、伝説の迷シーンに。

▼296 ルー・テーズ
40年代から70年代まで、「世界チャンピオン」と名のつく、数々のベルトを腰に巻いた〝20世紀最大のレスラー〟。日本では〝鉄人〟と呼ばれ、カール・ゴッチとともに、日本のプロレス発展

に多大な貢献をした。

▼297 nWo
1996年にヒールターンしたハルク・ホーガンが、スコット・ホール、ケビン・ナッシュと結成。日本では蝶野やグレート・ムタが加入して、一大ブームに。「nWo」Tシャツもバカ売れした。

▼298 平和の祭典
北朝鮮の平壌で1995年4月28日・29日に開催された、アントニオ猪木プロデュースのプロレス興行。2日目(メインは猪木vsリック・フレアー)の観客動員数は19万人で、プロレス史上最多記録。また、このイベントでの出会いをきっかけに、佐々木健介と北斗晶が結婚した。

▼299 WCW
90年代にWWEと並ぶ勢力を誇った、アメリカのメジャー団体。90年代初頭から半ばまで、新日本プロレスと協力関係にあった。

▼300 エリック・ビショフ
アメリカのプロレス団体・WCWの副社長に就任後、WWF『マンデー・ナイトロ』を開始して、視聴番組に『マンデー・ナイト・ロウ』の裏率戦争を仕掛ける。nWoブーム時にはリング上にも登場して、一躍有名に。

▼301 狼群団
1994年にヒールターンに成功した蝶野が、ヒロ斉藤、天山広吉とともに結成。その後、蝶野がnWoに加入したことで、「nWoジャパン」に発展解消。

▼302 天山広吉
1991年に新日本プロレスでデビュー。小島聡とのコンビ「テンコジ」で長く活躍。シングルプレイヤーとしても、IWGPヘビー級王座を4度活躍、G1クライマックスも3度制するなど、トップを極めた。

▼303 スコット・ホール
nWoのオリジナルメンバー。WWFでは「レイザー・ラモン」と名乗り、これがお笑いコンビ「レイザー・ラモンHG&RG」の由来。必殺技はレイザーズ・エッジ。

▼304 ケビン・ナッシュ
nWoのオリジナルメンバー。WWFでは「ディーゼル」のリングネームで活動していたが、商標登録されていたため、WCW移籍の際、スコット・ホールと一緒に本名の「ケビン・ナッシュ」へ改名。nWoのオリジナルメンバーとして大ブレイクする。

▼305 1-2-3キッド
90年代にWWEやWCWで活躍したショーン・ウォルトマン。ユニバーサルレスリング連盟ではライトニング・キッド、nWo時代はシックス、WWEでのDX時代はXパックと、時代によってリングネームを使い分けた。

▼306 佐藤正行
『週刊プロレス』元編集長。ターザン山本編集長時代は主に新日本プロレスを担当。八丈島での取材の際、寝ている間に現国会議員である馳浩に眉毛を剃られた挙句、逆モヒカンにされたエピソードも。ケンファー。

▼307 木谷高明
現ブシロード取締役。2012年に新日本プロレスの全株式を買収して社長に就任。多額の広告宣伝費を投じて若きスター選手が台頭するマット上をバックアップし、低迷していた新日本プロレスの業績をV字回復させた。

▼308 WWE
ビンス・マクマホンが代表を務める世界最大のプロレス団体。近年は中邑真輔、ASUKA、カイリ・セインと、日本人選手も多数活躍している。

▼309 スティーブ・オースチン
愛称は「ストーンコールド」。WWEアティテュード路線時代を代表するエースレスラーで、必殺技はスタナー。現在は映画俳優として活躍。

［著者プロフィール］

玉袋筋太郎＋プロレス伝説継承委員会

玉袋筋太郎（たまぶくろ・すじたろう）
1967年、東京都生まれ、お笑い芸人、浅草キッドの片割れ。

堀江ガンツ（ほりえ・がんつ）
1973年、栃木県生まれ。プロレス・格闘技ライター。

椎名基樹（しいな・もとき）
1968年、静岡県生まれ、構成作家。

［初出一覧］

ゲスト：ザ・グレート・カブキ……『KAMINOGE』vol.27
ゲスト：タイガー戸口……『KAMINOGE』vol.76
ゲスト：栗栖正伸……『KAMINOGE』vol.83
ゲスト：ケンドー・ナガサキ……『KAMINOGE』vol.44
ゲスト：ターザン後藤……『KAMINOGE』vol.62
ゲスト：松永光弘……『KAMINOGE』vol.46
ゲスト：曙……『KAMINOGE』vol.17
ゲスト：神取忍……『KAMINOGE』vol.25
ゲスト：平田淳嗣……『KAMINOGE』vol.10
ゲスト：蝶野正洋……『KAMINOGE』vol.33,63

驚天動地《きょうてんどうち》!! プロレス取調室《とりしらべしつ》
～さすらいのアウトロー編《へん》～

印刷　2019年5月15日
発行　2019年5月30日

著　　者　玉袋筋太郎《たまぶくろすじたろう》＋プロレス伝説継承委員会《でんせつけいしょういいんかい》
発 行 人　黒川昭良
発 行 所　毎日新聞出版
〒102-0074
東京都千代田区九段南1-6-17 千代田会館5F
営業本部　03-6265-6941
図書第一編集部　03-6265-6745

印刷・製本　図書印刷

ISBN 978-4-620-32584-2